# 大学生心理健康教育

## （第2版）

主　编　王世杰　王长喜

武汉理工大学出版社
·武　汉·

**图书在版编目(CIP)数据**

大学生心理健康教育/王世杰,王长喜主编. —2版. —武汉:武汉理工大学出版社,2017.8

ISBN 978-7-5629-5622-8

Ⅰ.①大… Ⅱ.①王… ②王… Ⅲ.①大学生—心理健康—健康教育 Ⅳ.①G444

中国版本图书馆CIP数据核字(2017)第211154号

**项目负责人**:吴正刚 楼燕芳　　**责任编辑**:楼燕芳 吴正刚
**责任校对**:雷 蕾　　**封面设计**:许伶俐
**出版发行**:武汉理工大学出版社
**社　　址**:武汉市洪山区珞狮路122号
**邮　　编**:430070
**网　　址**:http://www.wutp.com.cn
**经　　销**:各地新华书店
**印　　刷**:武汉兴和彩色印务有限公司
**开　　本**:787×1092 1/16
**印　　张**:16
**字　　数**:360千字
**版　　次**:2017年8月第2版
**印　　次**:2017年8月第1次印刷
**定　　价**:38.00元

# 《大学生心理健康教育》

## 编 委 会


**主　编**：王世杰　王长喜

**副主编**：孙灯勇　梁宇颂

**编　委**：李　倩　熊　婕　陈震宇　程江红　周树芝<br>高　潮　雷五明　李　竹　唐光蓉　马丽娅

PREFACE

# 前言

大学阶段，是学生人生观、价值观、世界观形成和稳定的重要时期，也是学生成长、成熟、成人和成才的关键时期。但是，当今的社会是一个信息网络化、价值多元化的时代，一方面，各种负面思想无孔不入，可能会对分辨是非能力还不强的大学生产生巨大的消极作用。另一方面，由于社会的转型，经济发展的不平衡，社会贫富差距的拉大，就业压力的增大，以及独生子女一代所独有的一些特点，给部分大学生带来了心理上的困惑。高校时有发生的大学生心理危机事件，常常引起社会的广泛关注。加强大学生的心理健康教育工作，关注大学生的心理健康状况，维护大学生的心理健康水平，提高大学生的心理素质，一直以来受到党和政府各级管理部门，以及高校各级领导和管理者的高度重视。2004 年，《中共中央国务院关于进一步加强和改进大学生思想政治教育的意见》指出，要开展深入细致的思想政治工作和心理健康教育；要针对大学生实际，制订大学生心理健康教育计划，确定相应的教育内容、教育方法；积极开展大学生心理健康教育和心理咨询辅导，引导大学生健康成长。2011 年 5 月，教育部又下发了《普通高等学校学生心理健康教育课程教学基本要求》的文件。文件要求各高校根据学生心理健康教育的需要，结合本校实际，制定科学、系统的教学大纲，组织实施相应的教育教学活动，保证学生在校期间普遍接受心理健康课程教育；要把高校学生心理健康教育课程纳入教学计划和培养方案。

为让大学生对心理健康有一个比较全面与正确的认识，学会正确地维护自己的心理健康，提高心理素质，各高校纷纷大力加强大学生心理健康教育工作。其中，“大学生心理健康教育”课堂教学作为向大学生传播心理健康知识、提高大学生心理素质、挖掘大学生心理潜能的重要途径之一，受到高校心理健康教育工作的管理者和教师的高度重视，各高校纷纷把“大学生心理健康教育”课程设置为选修课或必修课。为了有效地向大学生传播心理健康知识，提高大学生的学习兴趣，让学生真正能够通过对这门课的学习而受益，高校从事心理健康教育和教学的老师分别就“大学生心理健康教育”课程内容的设置和教学方法等进行了有益的探索。

本教材的参编者均为高校从事心理健康教育和教学工作多年的心理学专业教师，他们既具有较扎实的心理学专业知识，又具有丰富的心理健康教育实践经验，掌握了大学生心理健康方面的第一手信息和材料。他们对当今大学生的心理健康状况，以及大学生中常见的典型心理困惑和心理障碍比较了解。参编教师们所具有的专业知识和第一手的信息与材料为保证本教材内容的质量提供了充分的保障。本教材的内容既体现出了学科的专业性，又与大学生的实际生活紧密联系。在内容的设置上，本教材采取专题的方式，各章自成一体，相互独立，具体内容涉及大学生中普遍存在的、突出的心理困惑和矛盾冲突，以及正确的应对方式，方便教师教学和学生学习。全书包括认识自我、健全人格、情绪调控、压力应对、和谐人际、相知相爱、高效学习、网络心理、珍爱生命和创业心理等章节。每一章中有大学生所遇相应困惑的典型案例及应对方式，章末还专门设置了“活动训练营”模块，便于学生在课外进行自我体验，增强对知识的理解与领悟。

本教材无论从内容设置上，还是从行文风格上，都具有可读性、趣味性、适用性、操作性和指导性，既可以作为高校教材以及学生家长、教育工作者等的参考书，也可以作为大学生心理健康教育知识普及的阅读材料。

编　者

2016 年 5 月

CONTENTS

# 目录

# 第一章

# 快乐成长，从心开始

## 典型案例

晓洁本是一个乐观、开朗、自信的女孩子，上大学后，她曾踌躇满志地去参加各种社团的招新应聘，但都没有被录取；她曾努力想和寝室的同学搞好关系，但时不时地会和寝室同学产生矛盾和冲突；她曾立志要拿奖学金，但老师讲课的进度太快，有些课程总是听不懂……当她感到苦恼和郁闷时，曾想过寻求心理咨询老师的专业帮助，但一想到这些并非很严重的问题，就打消了寻求专业帮助的念头。慢慢地，她变得越来越不快乐，对自己也产生了怀疑。

那么，是谁夺走了晓洁的快乐？是这个充满压力的环境吗？

## 第一节　谁动了我的快乐

当我们由少年慢慢成长为青年时，我们是否发现：随着年龄的慢慢增长，我们的烦恼也慢慢增加了呢？不知从什么时候开始，“郁闷”成了我们的口头禅，我们似乎再也不像小时候那样容易感受到快乐了。我们长大了，可我们为什么会不快乐呢？

## 一、我为什么不快乐

### （一）价值冲突

国与国之间的不断开放、经济的全球化，使得世界变得越来越小，不同文化在交往中碰撞，在碰撞中交融，价值取向从单一走向多元。而我们必须在多元文化大环境中生存、学习和工作，因此个体内部和人际间的价值冲突就不可避免地出现了，从而使我们陷入苦恼和郁闷中。

### （二）人际淡漠与冲突

生活节奏的加快和竞争的加剧，使得人与人之间的直接交往日益减少，情感联系渐渐淡漠。一方面，互联网让我们拥有很多虚拟朋友，但相逢不必曾相识、相交未必是相知的网络交往特点，让我们周围有很多“熟悉的陌生人”，身处闹市却备感孤独与凄凉。另一方面，随着人口密度的不断增大、工业化和城市化的不断加强，出现人际摩擦和冲突的概率大大增加，人际冲突日益频繁，我们不得不经常处于应激和压力之中，从而产生烦恼。

### （三）选择的增加

由于经济、文化生活条件的不断变化，社会给年轻一代提供的选择机会多了，选择的自由度也大大增加了，当今社会的教育、习俗和价值取向均崇尚、鼓励年轻一代独立自主、自由选择。选择自由度的增加虽然给我们提供了更多的发展机遇，但是这种自由是一种使人焦虑痛苦、剥夺人的安全感的自由，是一种使人想要逃避的自由。因为我们必须做出选择，无人能替我们做出选择，而且只能由我们自己承担选择的后果。而选择所带来的结果的不确定性，必然会让我们感到郁闷和烦恼。

### （四）社会的期望

对于作为大学生的我们来说，一方面，由于社会对人才素质的要求在不断提高，我们所面临的学习及就业压力也随之不断增加；另一方面，由于大学生作为一个特殊的群体，作为同龄人中的佼佼者，身上承载着学校、社会、家庭太多的关注和期望，在学习、就业等方面所承受的心理压力必然大于其他人。因此，在巨大的心理压力下感到郁闷和烦恼也就不足为奇了。

### （五）自我意识的发展

随着青春期的到来，我们开始考虑这样的一些问题：我是一个怎样的人？在别人的心目中我是什么样子的？我们很希望能够得到别人的积极肯定和称赞。但是要得到别人的积极肯定和称赞是有条件的，不管我们是否愿意，社会所关注的人都有特定的标准，即价值条件，只有符合社会的期望和标准，才会得到积极肯定；不符合价值条件的，就得不到积极肯定。为了得到积极肯定，我们很希望自己符合价值条件，但符合价值条件就意味着要接受现实的自我，包括自己的缺点。而人们常常会认为接受现实的自我（包括缺点），就意味着自己不如别人，因此我们往往难以心平气和地接受自己的弱点、接受现实自我，因而就会感到不快乐。

造成我不快乐的因素还有很多，所有这些来自社会的、文化的、个人的因素都不可阻挡地影响着现代人的精神生活，高节奏、高科技、高风险和高压力给现代人带来的不仅是成功的机遇，更多的是无法回避的心理重负和挑战。面对这些心理重负和挑战，如果没有健康的心态，我们就会长期处于郁闷的状态之中，甚至影响自己的人生发展。因此，作为大学生的我们，应当积极关注自己的心理健康，健康、快乐地成长。

## 引申阅读

"八佰伴"集团是日本一家从事零售业的公司，在总裁和田一夫的苦心经营下，公司从小到大，不断发展，成为日本最大的零售集团。然而，市场无情，和田一夫在72岁时遭受严重的挫折，事业跌入谷底。看到这位闻名遐迩的世界级企业家一夜之间从事业的顶峰掉入苦难的深渊，人们议论纷纷。有的人认为他元气大伤，肯定会穷困潦倒、了此一生。然而，事实使大家出乎意料。和田一夫并没有一蹶不振，从此沉沦下去，而是坚强地站了起来。他很快调整好心态，与几个年轻人携手合作，开办了一家网络咨询公司，向自己陌生的IT产业发起了挑战。由于他虚心好学、不耻下问，同时运用做零售业的经验，很快就把生意做得红红火火。

当别人问和田一夫为何能够反败为胜、东山再起时，他说是快乐的心情和积极的心态使他在失败时没有失去成功的希望，让他在事业的低潮和人生的重创面前看到光明的前途。早在涉足商场之初，他就开始培养一种良好的习惯：督促自己每天坚持写一篇"快乐日记"，里面记录的全是快乐的事情。同时，他把每个月末召开的工作例会取名为"快乐例会"，要求每个部门负责人在具体检查和布置工作之前，首先要向大家汇报一下本月以来最快乐的事情。可以说，与快乐同行是和田一夫制胜的法宝。

通过这个故事，我们能感悟到什么呢？所谓境由心造，对同一种遭遇，个人的心态不同，结果就会有很大的差异。生活就像一面镜子，我们对他笑，他就对我们笑；我们对他哭，他就对我们哭。快乐是掌握在我们自己手中的，只有当我们拥有健康的心态时，我们才能够更加健康、幸福、快乐地成长。

## 二、心理健康与快乐成长

### (一) 心理健康的人更容易感受到幸福和快乐

在庄子的《养生主》篇里，有这样一则故事：生活在水池里的野鸟，要走十步才能吃到一口食物，走百步才能喝到一口水，虽然觅食不易，但它却不希望被养在笼子里——尽管不必劳神地去寻找食物和水，却由于不能自由自在地飞翔而变得不快乐。

美国有一位实业家，在经济不景气时失去了巨额财产，他必须以微薄的资金重新组织公司。失去财产的他却认为拥有庞大的财产固然快乐，但他现在却过着从未有过的舒畅生活。

幽默大师林语堂在他 76 岁高龄时突遭丧女之痛，夫妻俩悲伤万分、心灰意冷之际，太太问他："我活着干什么？"林语堂答："活着要快乐。"

所以说，人的幸福、快乐与否，并非取决于财产和处境，而在于我们用何种心态去接受人生的考验。我们之所以感受不到快乐、体验不到幸福，是因为我们总是习惯于给幸福、快乐设置太多的条件："只有拿到奖学金，我才会快乐"、"只有我喜欢的女孩子也喜欢我，我才会感到幸福"、"只有挣的钱足够多，我才会感到幸福"……然而，幸福、快乐真的需要条件吗？如果说有条件，那就是我们是否拥有能够感知幸福和快乐的健康心灵。当我们拥有了健康、快乐的心态，就能做到以淡泊自处，以知能让人，就能做到爱自己、爱他人，就能做到认识世界和欣赏生活，就能做到在不违反社会规范的条件下从心所欲，从而通往幸福、快乐之路。

### (二) 心理健康的人更容易保持乐观和自信

有一位女生，长得身材窈窕、黑发如瀑、明眸皓齿、肤如凝脂，可她总在为自己的相貌感到自卑，因为她觉得自己的牙齿长得不好看。于是，她不敢笑，从来都是抿着嘴只露出两颗牙齿。同学们都说她冷淡、高傲，其实，她只是怕人看到自己那些不好看的牙齿。男生追求她的时候，她就想，我的牙齿不好看他还追求我，肯定是别有用心，于是放弃了好几个条件很好的男生……

是不是每一个人都必须做到十全十美、完美无缺，才能感到乐观、自信呢？

有一则寓言故事，讲的是一只破水罐和一只好水罐同时被主人用来挑水，主人每次到家时，好水罐的水都是满满的，可是破水罐的水却已经漏得只剩下一半。为此，破水罐感到非常自责、自卑，觉得自己一无是处，并请求主人解雇自己。听了破水罐的话后，主人将它带到自己每日挑水必经的路上，指着争相盛开的花儿说："这是我们的功劳啊！"破水罐这才发现，在自己经过的一侧，开满了美丽鲜艳的花朵，而在好水罐经过的那一侧却光秃秃的，寸草未生……

其实，世界上没有十全十美的人，也没有一无是处的人。不可否认，每个人都会发现自己有这样或那样的缺点：当我们与才华横溢的人站在一起时，便会发现自己的平庸；当我们与腰缠万贯的人站在一起时，便会发现自己的贫穷；当我们与貌若天仙的人站在一起时，便会发现自己的黯淡……可是，只要我们用心去寻找，也会发现自己的优点：虽然我们没有横溢的才华，但我们心地善良；虽然我们的物质并不富有，但我们的精神富足；虽然我们没有美貌，但我们待人真诚……这就如同图 1.1 中四个正方形中央的小方块，我们也许认为四个小方块的颜色是递增的，事实上，四个小方块的颜色是相同的，只是因为和它们做"对比"的背景颜色不同而使我们的眼睛受了欺骗。同样的道理，我们之所以看不到自己的优点，就是因为我们所选择的"对比背景"不对，总是习惯于把自己的缺点和别人的优点作比较。

图 1.1　四个正方形中央的小方块的颜色鉴别

因此，我们是否乐观、自信，是与我们能否悦纳自我分不开的。只有当我们能够愉快地接纳自己的优点和缺点时，才能够在困难和挫折面前始终保持乐观、自信的心态。而悦纳自我，则是心理健康的人的基本标志。

## （三）心理健康的人更容易与他人保持良好交往

心理健康还是人际良好交往的保证。在与他人的交往中，如果不能保持健康的心态，我们可能会比较敏感、多疑，别人无意中说的一句话、做的一件事，我们都会认为是针对自己；我们可能会处处忍让，对于别人提出的要求，即使自己不乐意去做也不敢拒绝别人，以期望和每一个人都能建立并维持良好的人际关系；我们可能会苛求别人，总要求别人时时、处处都能满足自己的要求；我们可能会习惯于以自我为中心，不愿为他人着想，不懂得站在别人的角度去看问题，不善于理解别人……

有一则名叫"画外人生"的故事，说的是有一个画家，画了一幅他认为生平画得最好的画，他很想让别人评价一下这幅画，于是他临摹了一幅，并把这幅临摹的画放在路边，请路过的人看了这幅画后在他认为画得最不好的地方做个记号。到了晚上，他把这幅画收回来一看，心里顿时凉了半截，他发现这幅画上所有的地方都被做上了记号，换言之，这幅画没有一个地方是画得好的。对于这种情况，他不相信，当天夜里又临摹了一幅一模一样的画，第二天仍然把画放在路边，不同的是请路过的人看了这幅画后在他认为画得最好的地方做个记号。到了晚上，他把这幅画收回来后，发现这幅画上所有的地方又都被做上了记号，换言之，这幅画上的每一个地方都有人认为是画得最好的。也就是说，这幅画上的每一个地方，既有人认为是画得最好的，也有人认为是画得最不好的。

可见，由于受不同的家庭背景、生活经历、知识经验等的影响，对于同样的事情，不同的人往往会有不同的看法。在人际交往中，如果我们时时、处处以别人的观点为行动标准，就会感到无所适从；如果要求别人时时、处处以我们的观点为行动标准，最终的结果也只能是失望。只有保持健康的心态，我们才能在人际交往中做到既承认自己，又尊重别人，能体谅别人的痛苦，能在友好的关系中享受轻松和快乐，能与别人融洽地相处、良好地交往。

## （四）心理健康的人更容易拥有成功的人生

一个人是否具有良好、健康的心理，还会影响到他的人生成败。美国教育家戴尔·卡耐基就认为："一个人的成功只有15％是由于他们的学识和专业技术，而85％是靠良好的心理素质和善于处理人际关系。"

小赵从小聪慧过人，并以优异的成绩考上了大学。研究生毕业后，小赵留在北京一家中美合资企业做策划。他的非凡才干深得公司领导层的赏识，不久，年仅27岁的他就被提拔为中层管理人员。后来，经同事介绍，他认识了一个女朋友。由于生活方式差异太大，两年之后女朋友和他分手了。失恋给他带来了极大的打击，他总是情不自禁地沉浸在过去的回忆中，深深地思念女朋友，人也变得有些神思恍惚。带着这样的情绪上班，难免影响工作。一个月过去了，他没能完成任务；两个月过去了，他仍然没能完成任务……于是公司毫不客气地将他辞退了。失恋又失业，他的情绪更加失落。他母亲看到这样的情形，认为他不宜待在北京，便动员他回到了家乡。回到家乡休养一段时间后，不愿让母亲失望的他又去了北京，希望再找份工作。然而糟糕的精神状态让他求职屡屡碰壁。在北京奔波了三个月后，身无分文的他只能又选择回到家乡。再次失败而归的他心情更加郁闷了，整日郁郁寡欢，见人爱理不理，周围的人见他行为怪异，也都不愿理他了。有一天，街坊邻居们吃惊地发现，出现在街上的他蓬头垢面，衣衫不整，一边走一边四下里看，发现矿泉水瓶等垃圾便捡起来当宝贝似地搂住……一位本应前程似锦的大学生，为什么他的人生却如此失败呢？就是因为他缺乏良好、健康的心态。

因此，心理不健康的人，即使学习很优秀也是难以有所作为的。只有拥有了健康的心态，面临困难、挫折时才能及时地调整自己，正确地看待困难和挫折，使自己保持乐观、自信的心态，并最终战胜困难、挫折，从而拥有成功的人生；相反，如果没有健康的心态，往往难以合理地看待困难和挫折，从而使自己陷入悲观、消极的心态中无法自拔，甚至一蹶不振，最终会被困难、挫折击垮。

# 第二节　什么是心理健康

## 一、什么是健康

我国有个成语“杯弓蛇影”，说的是古代有位乐广公，十分好客，家里常常高朋满座。一日，有位客人在喝下几杯酒以后，发现酒杯中有一条蛇的影子，他误以为是赤炼蛇，认为自己中毒了，其实这是因为墙上雕弓的影子正好映在杯中。回家以后，他果然得了病，一天重似一天，服药也不见功效。乐广公闻讯前来探病，听病人说出中毒的原委之后，知道是场误会，就力劝其再去他家，将酒杯中的毒蛇和弓影相互指证，病人才知自己并未中毒，病乃霍然而愈。这个成语故事说明，人的身体健康和心理健康是相互影响的。

过去，人们对“健康”的认识只局限于身体没有疾病，而不太重视心理的健康。随着人类科学文明的不断发展，人们的“健康”意识已不仅局限于生理学范畴，人们越来越认识到了心理健康的重要性。1948 年，世界卫生组织明确指出：健康不仅是指没有疾病，而是指在躯体上、心理上等各个方面都能保持完全和谐的状态，也就是说，健康至少应包含身体健康和心理健康两方面的含义。

1989 年，世界卫生组织又提出了 21 世纪健康新概念：“健康不仅是指没有疾病，而且包括躯体健康、心理健康、社会适应良好和道德健康。”

最近，世界卫生组织又提出了人的身心健康的八大标准，即“五快三良”。“五快”是食得快、便得快、睡得快、说得快、走得快。食得快，说明胃口很好，对食物不挑剔，证明内脏功能正常；便得快，说明排泄轻松自如，胃肠功能好；睡得快，说明中枢神经系统功能协调，且内脏无病理信息干扰；说得快，表明头脑清楚，思维敏捷，心肺功能正常；走得快，证明精力充沛、旺盛，无衰老之症。“三良”是指良好的个性、良好的处世能力、良好的人际关系。

对于人类的健康来说，生理（身体）健康和心理健康是相辅相成、缺一不可的。生理健康有利于保持心理健康，心理健康又可以促进生理健康；反之，生理的不健康会影响到心理健康的维持，心理的不健康也会导致身体疾病的产生。我们也许曾经有过这样的体会，当我们生病的时候，可能会特别容易感到烦躁、不安或心情忧郁；病愈之后，心情也会随之好转。大量的心理学及医学研究证明，心理健康与生理健康是密切联系的。例如，当一个人具有急躁、没耐性、争强好胜、易激动、行动快、做事效率高、整天忙忙碌碌、经常感到时间不够用等 A 型行为及心理特征时，他就比较容易患上冠心病；当一个人长时间处于焦虑、紧张、恐惧、愤怒、敌意和抑郁等情绪状态中时，很容易导致血压升高，患上原发性高血压；当一个人经常产生焦虑、愤怒、忧愁、悲伤等不良情绪，并过度地压抑这些不良情绪、使其不能得到合理疏泄时，则易患癌症。因此，经常保持心情愉快、乐观进取的精神，对身体健康是非常重要的，也是非常有帮助的。如果我们的心态是健康的、乐观的，那么抵抗力也会得到增强。

## 二、什么是心理健康

什么是“心理健康”呢？

早在1946年，第三届国际心理卫生大会就指出：所谓心理健康，是指在身体、智能及情感等与人的心理健康不相矛盾的范围内，将个人心境发展成最佳状态。心理健康的标志为：①身体、智力、情绪十分调和；②适应环境，人际关系中彼此能谦让；③有幸福感；④在工作和职业中，能充分发挥自己的能力，过有效率的生活。

《简明不列颠百科全书》中指出：心理健康是指个体在本身及环境许可的范围内所达到的最佳功能状态，但不是指十全十美的绝对状态。

我国学者王登峰、崔红认为：心理健康是个体在良好的生理状态基础上的自我和谐及与外部社会的和谐所表现出的个体的主观幸福感。也就是说，心理健康应是个体的一种主观体验，是身心和谐的结果。主观幸福感是心理健康的最终表现，也是个体良好的生理状态以及个体的内部和外部和谐的结果。

虽然人们对什么是心理健康至今尚无一个公认的说法，但仍可确定这些关于心理健康的看法都认识到并强调个体的内部协调和外部适应，都把心理健康看作是一种内外协调的良好状态。

### 自我心理测试

**你是一个容易感受到幸福的人吗？**

心理学家认为，一个人的心理健康程度是与他的主观幸福感密切相关的，心理越健康的人，越容易感受到幸福。想知道你是否是一个容易感受到幸福的人吗？那就做一下下面的这个小测试吧！

下面给出了一些关于生活感受的问题，它们的答案并没有对错之分。请你仔细地回顾自己的生活，并根据个人的真实感受做出回答。如果问题中所提到的情况与你的真实感受相符，就回答“是”；如果问题中所提到的情况与你的真实感受不相符，就回答“否”；如果不能确定问题中所提到的情况与你的真实感受是否相符，就回答“不能确定”。你准备好了吗？下面就开始吧！

1. 和你所认识的大多数人相比，你觉得你的生活算是比较好的吗？
2. 你认为你所做的大多数事情都是有意义的吗？
3. 你相信明天会更好吗？

4. 大多数情况下你的心情都是比较愉快的吗？

5. 即使你能够做到，你也不想改变自己的生活吗？

6. 回首往日的生活，你觉得大多数你想要的重要东西都得到了吗？

7. 你相信不久的将来会有一些愉快的事情在你身上发生吗？

8. 即使发生了不好的事情，你也相信它会往好的方面发展吗？

9. 你觉得你是一个能和别人和睦相处的人吗？

10. 你觉得你的大多数朋友都是喜欢你的吗？

11. 如果人生能够重新选择，你认为你会比现在过得好吗？

12. 与同龄人相比，你觉得自己曾做过许多愚蠢的选择吗？

13. 你认为一般人的生活是越过越差，而不是越过越好吗？

14. 你觉得你的生活是平淡无奇的吗？

15. 即使有好的事情在你身上发生，你也会觉得它不会长久吗？

现在，我们就来看一下你是否是一个幸福的人。1～10 题你回答“是”的次数越多，11～15 题你回答“否”的次数越多，说明你越容易感受到幸福；反之，则越不容易感受到幸福。

## 三、怎样的人才是一个心理健康的人

要判断一个人的心理是否健康，实际上涉及心理健康的标准问题。由于不同的人对心理健康的认识不同，因此国内外学者所提出的心理健康标准也不尽相同。

美国著名心理学家马斯洛(A. H. Maslow)认为，具有自我实现的人格特征的人是心理健康的人。所谓自我实现的人，就是精神健全、能充分开拓并运用自己的天赋、能力、潜质的人。马斯洛还认为应从十五个方面去衡量一个人的心理是否健康：心理健康的人洞察现实生活的能力强；心理健康的人接受自我、接受他人、接受自然；心理健康的人的行为是自发的和自然的，很少做作；心理健康的人把注意力主要集中在自身以外的问题上，而不太关心自身；心理健康的人在社会中是超然独处、最有个性的人，同时也是最合群、最友好的人；心理健康的人需要的满足主要不是依赖于外界来实现的，而是依赖于自己的潜力以及潜在的资源；心理健康的人善于欣赏生活，常保持新鲜感；心理健康的人常有高峰体验；心理健康的人对人类怀有很深的认同、同情和爱的情感，具有帮助他人的真诚愿望；心理健康的人有良好的人际关系；心理健康的人不注重阶层、种族和教育程度等的差别，乐于虚心拜能者为师；心理健康的人有很强的伦理道德观念，是非分明，敢于对自己的行为负责，不文饰错误；心理健康的人富有幽默感；心理健康的人富有创造性；心理健康的人能抵制社会文化的诱惑和限制。

我国台湾学者黄坚厚提出衡量一个人的心理是否健康的四项标准是：乐于工作；能与他人建立和谐关系；对自身具有适当的了解；和现实环境有良好的接触。

我国学者王登峰、张伯源在《大学生心理卫生与咨询》一书中，提出心理健康的八个标准是：了解自我，悦纳自我；接受他人，善与人处；正视现实，接受现实；热爱生活，乐于工作；能协调与控制情绪，心境良好；人格完整和谐；智力正常，智商在 80 分以上；心理行为符合年龄特征。

尽管国内外学者给出了很多心理健康的判断标准，但由于这些标准都比较抽象，因此我们可能仍然不能很好地了解：到底什么样的人才算是心理健康的人呢？

## 四、大学生心理健康的标准

对于大学生来说，心理健康的人至少应具备以下五个特征：

### （一）心理健康的人身心是和谐统一的

身心和谐统一，是指一个心理健康的人，他内在的想法和外在的行为是和谐的、一致的，他不会压抑自己的真实想法去迎合别人。如果一个人的身心不统一，则可能影响其心理健康。小李是一名大三的学生，聪明敏感，表面上也很随和，从来不向别人发火。他个矮人黑，大家给他起了个外号，叫“小白”。由于他个矮，很多同学见到他，就会不由自主地弄一下他的头发，叫一声“小白”，他不恼，一概应承着，附送谦和的微笑，因而人缘很好。终于，有个外校的美丽女生，在一次校际联欢时，知道小李的名字后，好奇地问：“你并不姓白，大家为什么喊你‘小白’？”这一次，小李面部抽搐，什么也没说，猛然转身离开了人声鼎沸的会场。后来，他在日记里宣泄自己被人嘲弄的苦闷，他写道：“为什么别人的快乐要建立在我的痛苦之上？每当别人弄我的头发时，我恨不得把他的“爪子”都剁下来。可是，我不能。我很痛苦，不知道该怎么办才好……”其实，之所以会造成这种局面，是因为小李从来没有公开表示过自己的愤怒，他内在的想法和外在的行为是不一致的、不和谐的。如果他能够及时地与同学们沟通和交流，公开自己内心的愤怒和不满，哪怕只有一次，大多数人也会尊重他的感受，收回自己的轻率和随意。

这个男生表面上的豁达，内心的苦闷，就是一个典型的身心分裂状态。一个身心处于分裂状态的人，是不可能保持心理的健康的。

### （二）心理健康的人是“爱自己”的

“爱自己”是指在对自己有适度了解的基础上，能够以积极的态度看待自己、接纳自己。对于心理健康的人来说，“爱自己”是至关重要的。也许我们会说：“我身上有那么多的缺点，怎么可能爱自己呢？”这是因为，人们常常误认为“爱自己”是有条件的，只有当自己变得足够优秀的时候或者能够得到别人好的评价的时候才能爱自己、接纳自己。事实上，“爱自己”是与自己是否优秀、是否得到别人的好评等外在条件无关的。在日常生活中，我们可能常常看到有的学生学习成绩很好，各方面表现也不错，老师和同学对他的评价也挺好，可他仍然不爱自己、不接纳自己，认为自己这也不行、那也不行；相反，有的学生各方面表现平平，在旁人看来没什么值得夸耀的地方，可他却善于发现自己的优点并积极地鼓励自己。一个人能否“爱自己”，关键取决于他的心理是否健康。

心理健康的人“爱自己”，所以他能够坦然地看待和接纳自己的优点和缺点。当他看到自己在某些方面不如别人时，不会妄自菲薄，不会自己跟自己过不去，更不会讨厌自己、以自己为羞。他会客观地看待自己的不足：对于那些无法改变的不足，如身材矮小、相貌不佳以及其他无法改变的缺陷等，他会坦然地接纳；对于那些可以改变的不足，如不良的学习习惯、不善于与别人交往等，他会积极地想办法去改变，努力地去发展自己的潜能。

心理健康的人“爱自己”，所以他不会苛求自己成为十全十美的人，不会刻意地伪装自己以迎合别人的需要，不会为了获得别人的好评而伪装自己。他不会盲目地和别人比高低，也不会拿别人的标准来衡量自己。因为他认识到正是自己身上的优点和缺点才构成了“独特的我”、“独一无二的我”，所以他内心能够体会到安宁感和踏实感，从而致力于实现自己的价值、发展自己的潜能，而不是整日惶恐于如何获得别人的好评。

## 课堂活动

### 学会爱自己

**心理训练**：学会爱自己。

**目的**：通过训练认识自己是一个与众不同的人，并学会承认自我、接纳自我。

**时间**：约 50 分钟。

**操作**：

(1) 每个学生自制一个表格，包括以下内容：①我的优点及优点的来历。把自己的长处一一列出，并写明每一条长处是怎么来的，主要是受了谁的影响。②我的不足及不足的来历。把自己的不足之处写出，并写明每一条不足是怎么来的，主要是受了谁的影响。

(2) 每个学生根据自己表格上所列的长处，逐一分析这些长处对自己今后发展的好处；根据表格上所列的缺点和不足，逐一分析这些不足中哪些是不可改变的，哪些是可以改变的，并思考如何去改变那些自己能够改变的缺点，接受那些自己不能改变的缺点。

(3) 每个学生的自我分析结束后，由6～8人组成一个小组，让小组内的每个成员相互交流体会和感受。

### (三) 心理健康的人是“爱他人”的

在心理健康的人的眼中，周围的大多数人都是善良的，是与人为善的，是可与之为友的，因此，心理健康的人是“爱他人”的，他在与别人交往时，能够以诚恳、公平、谦虚、宽容的态度对待别人，能够容忍别人的短处和缺点，能够尊重别人的意见和权益。即使别人做了对他不利的事情，在没有客观事实为依据的情况下，他也不会轻易地讨厌别人或怨恨别人。正是因为心理健康的人是“爱他人”的，别人都乐于和他交往，所以心理健康的人是拥有自己的朋友的。

虽然心理健康的人也会有他不喜欢甚至讨厌的人，但那只是极少数。如果一个人认为他周围的人都不是好人，甚至认为他周围的人都是与他为敌、处处跟他过不去的，那么他的心理健康就有问题了。事实上，有的大学生总是与别人处理不好关系，就是因为他们不“爱他人”，总认为别人故意与自己作对。当他学习时，若别人说话声音较大，他会认为别人是故意和他过不去；当他睡觉时，若别人还在玩电脑，他会认为别人是有意打扰他；当他看到别人在一起议论时，会认为是在议论他……因为不“爱他人”而导致悲剧的极端例子就是马家爵事件。马家爵在接受记者采访的时候曾经说到，他之所以会杀害他的四个同学，是因为“我和他们（被他杀害的四个同学）那么多年住在一起，我真心把他们都当作朋友，想不到他们却说我的为人不好。我很绝望，我在大学一个朋友也没有，我在学校那么落魄，我在大学这么失败，都是他们造成的，都是因为他们在其他同学面前说我很怪，把我的生活习惯、生活方式、隐私都说给别人听，我感觉自己完全暴露在别人眼里。他们这么说我，我就恨他们。”可是，记者到学校采访马家爵的同学时，发现没有人说他有什么奇怪的生活方式，只是说他比较内向、不太与人交往，有时候性子比较急。可见马家爵自己的感受并不是真实的，他之所以对周围的同学有这样的看法，实际上是因为他主观上认为别人都是故意和他过不去而造成的。

## 课堂活动

### 学会爱他人

**心理训练**：学会爱他人。

**目的**：学习发现并欣赏别人的优点，促进相互肯定与接纳。

**时间**：约 50 分钟。

**操作**：

(1) 5～10 人组成一组围圈坐。请每一位成员轮流坐或站在团体中央，其他人轮流说出他的优点及受人欣赏之处（如性格、相貌、处事……）。规则是必须说优点，态度要真诚，努力去发现他人的长处，不能毫无根据地吹捧，这样反而会伤害别人。

(2) 被称赞的成员说出哪些优点是自己察觉的，哪些优点是自己不知道的。

(3) 要求每一位成员都要注意体验被人称赞时的感受，学会用心去发现他人的长处，做一个乐于欣赏他人的人？

### （四）心理健康的人是乐于改变自己的

心理健康状态并不是一种静态的平衡，也不是永久性的无压力、无冲突、无痛苦，而是动态的，始终处于不断的变化之中。在心理平衡与不平衡的交错中，个体只有进行有效的自我调整，才能保持与现实环境之间的动态协调，进而追求成长与发展。当周围的环境发生变化时，心理健康的人能够坦然地面对现实、接受现实，并根据周围环境的变化适时地调整自己、改变自己，采取有效的方法解决自己面临的问题，使自己与周围的环境保持和谐的关系及良好的接触，并在此基础上谋求更进一步的发展。

虽然心理健康的人偶尔也会有幻想，但一般不会长久，他会很快地调整自己去面对现实，改变自己，去适应环境，而不是幻想或奢望周围环境来适应自己。相反，心理不健康的人则不敢面对现实，没有足够的勇气去接受现实的挑战，他们往往逃避现实，或沉湎于不切实际的幻想与奢望中，或抱怨自己“生不逢时”，或责怪社会、命运对自己不公而怨天尤人，却没有意识到要及时地调整自己、改变自己，采取有效的方法去解决问题。

小孙以全校第一的高考成绩考上某名牌大学后，由于对大学的学习不适应，第一学期的学习成绩并不理想。此时的他不是积极地想办法让自己尽快地适应大学生活，而是迷上了网络游戏，每天花费大量的时间，甚至逃课、通宵地玩网络游戏。因为在网络游戏中别人达不到的游戏级别他都可以达到，使得他认为自己的聪明才智能够在网络游戏中得到充分的体现，在大学学习中找不到的自信可以在网络游戏中找到导致他的学业成绩非常不理想。

小王在小学和中学都是班上的学习尖子，当她考上一所名牌大学后，突然发现班上的每一个人几乎都是原来班级的学习尖子，她要想在大学里继续保持学习尖子的地位很难。为此她感到非常焦虑，久而久之患上了抑郁症。事实上她没有意识到自己长大了，环境变了，所作比较的对象也变了。此时的她首先应及时地调整自己的目标和期望，以适应环境的变化，当她对新的环境慢慢适应之后，再来提高自己的目标和期望，才能谋求更进一步的发展和提高。

### （五）心理健康的人是爱学习、爱工作的

心理健康的人是爱学习、爱工作的，他能够把学习、工作看作是乐趣，能够在学习、工作中尽情地享受学习、工作的乐趣，而不是把学习、工作看作是负担。他还能在学习、工作中尽可能地发挥自己的个性和聪明才智，并从学习、工作中获得满足之感。

大一第二学期开学没几天，小陈就给家里人打了长达一个多小时的电话，一直不停地哭，要马上回家，不愿再待在学校。原来，她的父母从小对她的学习要求非常严格，只要成绩考得不理想父亲就会打她。小学时，她的成绩不太好，父亲经常打她，上中学后她的成绩有了很大的提高，父亲渐渐不再打骂她，但她已经养成了“每次考试只能考好，不能考差”的思维习惯，当考取好成绩时她不开心，担心自己下次考不好别人会笑话；考试成绩不好时她更不开心，担心别人会笑话自己。上大学后，她在学习上仍然抓得非常紧，第一学期的成绩排在班级前几名。第二学期，她发现周围同学都非常努力，担心自己保持不了学习上的优势，就想更刻苦地学习，但发现自己总进不

了学习状态，感到非常着急，于是出现了情绪崩溃的情况。她为什么会出现情绪的崩溃呢？是由于她过分看重学习的结果，学习只是为了获取好成绩，而且只能获得好成绩，不能获得坏成绩。她抱着这样一种患得患失的心态去学习，从来没有在学习的过程中用心地去感受学习的乐趣，自然也就不可能在学习中获得满足感和自信心了。

## 五、心理不健康的表现

当我们的心灵遭受到“心理病毒”的猛烈侵袭，也就是当我们面临的压力超出我们所能承受的范围时，如果同时我们又缺乏同伴、家庭、学校、社会等的支持，我们的心理健康就有可能遭到破坏，产生这样或那样的心理问题。在大学生当中，比较常见的心理不健康主要有以下几种表现：

### （一）抑郁症

抑郁症是最常见的心理问题，是情绪上的“感冒”。如果得了抑郁症，就会长期感到情绪低落，对什么事情都提不起兴趣，什么事都不想做，什么活动都不想参加，体验不到生活、学习、嬉戏的乐趣，产生疲惫感、无价值感、无助感和无望感，严重时还会产生轻生的念头。当然，如果只是偶尔感到悲伤、疲劳或气馁，这并不是抑郁症，因为患有抑郁症的人是不可能凭借自己的力量摆脱抑郁情绪的，也不会因为外部环境的改变而使抑郁缓解。

人为什么会得抑郁症？确切原因到目前为止还不是很清楚，但绝大多数心理专家认为抑郁症是脑部疾病，它与遗传因素有关，并受社会压力、药物和睡眠等因素的影响。当一个人同时存在以下多个社会、心理和躯体方面的问题时，脑内可能会发生某种生物化学改变，导致五羟色氨减少，就出现了抑郁症：

- 长期承受较大的心理压力。
- 人际关系问题。
- 经济压力问题。
- 突发的、严重的损失或丧失，如突然失去亲人等。
- 悲观厌世。
- 自尊心弱。
- 处理问题的能力有限。
- 患上慢性躯体疾病。
- 家族里曾经有人患有抑郁症。

抑郁症对人的躯体、思维、感受和行为都会产生负性影响，它会影响到人们正常的工作、学习和家庭生活。一个人如果患上抑郁症，他会将周围一切都看成灰色的，对各种事物均做出悲观的解释，承受着巨大的情感痛苦。他每天清晨睁开眼睛的那一刻就为新的一天担忧不已，甚至不能自拔，几乎整天“纠结”于无价值感、无助感和无望感之中。他对前途感到悲观失望，认为自己没有出路，对自己的现状缺乏改变的信心和决心，认为自己生活、学习毫无价值，充满了失败感，觉得自己一无是处，感到自己给别人带来的只有麻烦，不会对任何人有用，认为别人也不会在乎自己，严重时还会反复出现自杀的想法，给家人和朋友带来了消极的影响。然而，绝大多数抑郁者不知道这是一种应该而且能够治疗的心理疾病。一般来说，严重的抑郁症通常需要进行药物治疗并同时配合心理咨询，而轻度抑郁症通过单纯的心理咨询就可以恢复。

已有研究表明，15～24 岁是抑郁症发作的高峰期。在这一年龄段患有抑郁症的人，常常被误诊为喜怒无常、适应不良、想家、爱发脾气、睡眠不好、神经衰弱等。同时，由于大多数人面临抑郁时并不会说“我得了抑郁”，而是说我爱发脾气、睡眠不好等，从而使人们常常把抑郁和一般问题混淆起来。而大学生正好处于这一年龄段。因此，对于大学生来说，学会识别抑郁症并及时求治对于维护心理健康是非常有必要的。

## 自我心理测试

### 抑郁症的自我评估

请评估一下你在过去两周或更长时间内是否出现了以下症状：

- 绝大多数时间感到悲伤、情绪低落、高兴不起来、郁闷、想哭泣。
- 对平日感兴趣的多数活动失去了兴趣或愉快感降低。
- 精力不足或过度疲劳。
- 体重或食欲发生变化。
- 睡眠困难或睡眠过多。
- 坐立不安、急躁或易激惹。
- 不适当的内疚、无价值感或无助感。
- 思考问题困难，集中注意力困难、记忆困难或犹豫不决。
- 反复出现死亡或自杀的想法，觉得自己还不如死了好。

如果你同时存在上述几个症状，最好尽快找心理咨询老师或精神科医生，不要再拖。这样会使你自己免遭更多的痛苦。

### （二）焦虑症

小李近半年来总有紧张感、不安感，学习时心烦意乱、没有耐心，担心考试考不好；在路上骑车时，害怕别人会撞到自己；有时甚至担忧自己或家人会突然死去，每当这个惶恐的念头出现时，他就会心慌、呼吸急促、满头冷汗，坐立不安，晚上经常做噩梦。由于小李陷入了这些不切实际的焦虑、紧张之中，他的学习成绩一落千丈。

小王是学哲学专业的，从大一第二学期开始，每到期末考试临近阶段，她就会紧张、心悸、不自主地手颤，还伴有较严重的失眠。原来，她虽然是学哲学专业的，但还要学高等数学和物理等理科课程，而数理化是她的弱项，当初就是因为这个原因她才报考文科专业的，没想到上了大学还是要学数学、物理，她因此感到学习的负担很重。而在大一第一学期的期末考试中，她的数学、物理成绩都不及格，情绪一直十分紧张，无法自行缓解，久而久之，导致一到考试期间就紧张焦虑。

其实，小李和小王的表现，就是焦虑症的表现。焦虑症是一种复杂的负性情绪，是指当预期到不好的结果或处于某种不良的处境时，所表现出来的一种不愉快的、紧张的、恐惧的情绪，主要表现为心神不定、坐立不宁、唉声叹气，仿佛灾难临头，对过去的事情茫然若失，对未来将要发生的事情又忐忑不安，弄得惶惶不可终日。

### （三）强迫症

宋代书画家米芾好洁成癖，他用的器具别人不能用；他的坐榻，也不愿让别人坐。如果别人坐了，客人一走，他就叫人洗刷。有一次，他的朝靴被别人借用了一次，他厌恶极了，三番五次地用水洗刷，最后竟把靴子洗坏了。他平时洗手的方式也很特别，是由别人拿着长柄银斗舀水冲洗，冲洗后两手相拍，直到把水拍干，决不用手巾擦拭。连选女婿，他也讲究清洁，有个人姓段名拂，字去尘，米芾看了他的名字就十分满意，说："既拂了，又去尘，真是我的好女婿！"于是，就把女儿嫁了过去。

事实上，米芾的好洁成癖就是强迫症的表现。强迫症主要表现为反复出现某些想法和念头，或反复做出某种动作，这种重复性想法或动作并不是由于外界压力引起的，但又不是自己想要去做的，明知这些重复性想法或动作是不合理、不必要的，极力地想抵抗和排斥，但又难以摆脱，因此内心感到焦虑、痛苦。

患有强迫症的人，自知是强迫观念毫无意义，却欲罢不能；自知是强迫情绪十分荒唐，却非如此不能释怀；自知是强迫意念非理性，却冲动不止欲罢不能；自知是强迫行为刻板丢人，却定要重新演绎。强迫症之所以让人烦恼，在于它的重复性和挥之不去，它会占据我们大部分的注意力、精神和时间，给我们的生活造成极大的痛苦和困扰。

### （四）精神分裂症

小陈是以他所在家乡高考状元的成绩考上某重点大学的。由于来自边远地区的农村，当他来到大学后，发现自己与来自大城市的同学相比，是何等落后，感觉自己什么都不知道，也没有什么特长，为此感到非常自卑。于是，他想通过在学习上取得好成绩来找回自己的自信。但是，由于他的英语底子比较薄，无论他怎么努力，学习成绩都上不去。在沉重的心理负担下，到了二年级第二学期，他出现了两门功课不及格的情况。慢慢的，同学们发现他经常用家乡话自言自语，有时甚至一个人在角落里独自发笑。有一天，同学们都在寝室里整理内务，他突然指着寝室的某个角落大声地说："是谁在那里装了窃听器？"大家感到莫名其妙，在寝室里检查了半天，也没有发现窃听器。可他坚信不疑地认为有人在寝室里装了窃听器偷听他说话，而且他还听到周围有很多人在说他的坏话……

小陈实际上是得了精神分裂症。精神分裂症主要表现为：反复出现言语幻听，如听到很多人在说自己的坏话，实际上并非如此；思维破裂、言语不连贯、思绪松散、思想内容贫乏，所答非所问或问十句答一句；感到思维被插入，如听到别人在命令自己做事；思维中断，说到一半突然不知道自己要说什么；感到思维被广播，觉得自己内心的想法被传遍；有被洞悉感、被控制感，觉得自己内心的想法都被别人知道了；妄想，总觉得有人要害自己，或深信某个人是喜欢自己的；情感倒错，时哭时笑等。总之，精神分裂症给人的印象是患者产生了荒谬的思想内容、歪曲的信念、不可理喻的推理和判断。

# 第三节　心理健康的护航者——心理咨询

在国内，心理咨询如今已由一个时髦词汇变成一个平常词汇，很多人都会谈论心理咨询，心理咨询师、心理咨询、心理治疗等词汇也经常见诸各类媒体，但真正了解心理咨询、懂得合理使用心理咨询的人并不多。

## 一、什么是心理咨询

要回答心理咨询是什么，得先澄清心理咨询不是什么。首先，心理咨询不是普通的谈话。在日常社交中，我们都免不了与他人谈话，而这类谈话免不了流于形式，内容浮浅、非个人化。但心理咨询的谈话过程却非常个人化、人性化、富有内涵，而且有其独特的设置。其次，心理咨询不是思想政治教育。心理咨询作为一门专业的学科，有着自身严谨的理论基础和服务设置，思想政治教育的目的是说服被教育者，使其价值观遵从于社会主流价值观，而心理咨询则是运用专门的理论和技术陪伴来访者寻找自身的问题及解决办法，不评价、教育来访者。最后，不是人人都能给他人做心理咨询。我们身边有很多同学对心理学很有兴趣，也十分乐于助人，他们加入心理协会的最大目的就是将来能亲自为其他同学做心理咨询。这是一个很大的误区。作为一项专业性很强的职业，心理咨询师的训练流程十分漫长，大学心理协会会员的知识、能力水平是难以胜任的。但作为心理协会会员，经过努力学习，是能够胜任科普类心理健康教育活动的协同组织工作和心理困扰同学的陪伴、支持工作的。

那么，心理咨询到底是什么呢？心理咨询是由专业人员即心理咨询师运用心理学的相关知识，遵循心理学的原则，通过各种技术和方法，协助来访者解决心理问题

（包括发展性心理问题和障碍性心理问题）的过程。

从本质上讲，心理咨询是一个过程，在这个过程当中，一位受过专业训练的咨询师，致力于与来访者建立一个具有治疗功能的关系，来协助对方认识自己、接纳自己，进而欣赏自己，以致克服成长的障碍，充分发挥个人的潜能，使其人生得到统合并丰富地发展。

从上面的描述中不难发现，心理咨询确实可以达到助人成长的目的，但原则是“保密、无条件积极关注和助人自助”。在整个过程中，来访者自身扮演了重要的角色，心理咨询要产生效果，从始至终，都离不开来访者的积极参与，咨询师充其量只能起“协助”作用，只不过专业人士有时能四两拨千斤而已。此外，为了产生效果，心理咨询还有一套独特的规则，也称为设置，咨询师和来访者两方都必须遵守它。

### 快乐拓展

**心理咨询前的心理准备**

1. 积极承担改变的责任。来访者不能像看医生那样，向医生说明病情后，就被动地等待医生开药方、配药。咨询师并没有灵丹妙药，不能在来访者求助时就提供适用的改变方案。想要获得改变，来访者就要积极主动地承担起改变的主要责任。来访者真诚、努力、合作、负责的态度有助于达到最后咨询的良好效果。

2. 树立强烈改变的愿望。改变自我意味着要打破“旧”习惯，建立“新”习惯，这是一个曲折、反复的过程。在此过程中，来访者可能会体验到暂时的脆弱和改变中的痛苦，如果没有坚定的改变信心，没有强烈的改变愿望，很可能因失败而退缩，回到旧的状态中。

3. 建立一个现实而合理的咨询期望。心理困惑、心理障碍不可能像治疗发烧、感冒那样立竿见影。改变需要一个过程，需要建立良好的咨访关系。因此，心理咨询切忌急躁，要想获得明显改变，可能需要连续多次的咨询。

4. 提前预约，熟悉心理咨询的基本情况。很多来访者对心理咨询并不熟悉，刚开始参加心理咨询难免会有些焦虑、顾虑。提前预约，熟悉了解心理咨询，可在很大程度上降低焦虑不安，消除不必要的担忧，以相对轻松的心态面对咨询。

## 二、如何看待心理咨询

关于心理咨询，有一个非常有趣的故事，说的是有一对恋人约会，结果小伙子迟到了，姑娘问为什么迟到，小伙子回答说：“我去找心理咨询师了，所以来晚了一点。”如果这件事分别发生在中国和美国两个不同的国家，结果会有怎样的不同呢？如果这件事发生在中国，姑娘可能会马上与小伙子分手。但是如果发生在美国，姑娘却会更加喜欢这位小伙子，因为她认为一个懂得用心理咨询的方法调整自我的人，一定不会把他的消极情绪转嫁到别人头上，不会把别人当成发泄情绪的对象，所以与这样的人生活在一起，必然会和谐舒适。

确实，在我们国家，许多人对于心理咨询的认识还存在着许多偏差和误解，提到心理咨询时，人们常常会带着不同程度的误解。

误解一：只有心理异常或有严重心理问题的人才去心理咨询。

其实，心理咨询的对象可以是任何自愿要求咨询的人。据联合国的最新调查，全球完全有或者完全无心理疾病的人只占人类的6%和9.5%，而84.5%的大多数人处于一种亚健康状态（即第三种状态），心理治疗只针对6%的少数异常者，而心理咨询关注的正是占84.5%的有小问题的大多数正常人。也就是说，一般正常人，甚至心理健康的人都可以去咨询，通过心理咨询，我们可以从中获得指导和帮助，促进自己潜在能力的充分发展。

误解二：只有弱者才去心理咨询，我是一个强者，我不需要心理咨询。

其实，在竞争激烈的社会生活中，我们的精神需求越来越迫切，总会在某些时候、某些方面碰到种种挫折和险阻，内心需要并渴望倾诉、宣泄、交流和安抚，作为真正的强者，应该面对现实的挑战，利用一切可能利用的条件，积极寻求帮助，尽早走出困境，而不应该采取退却和回避的态度。心理咨询也就是辅导人生的过程，在很大程度上是帮助我们顺利完成人生发展的课程，促进自己的人生发展。

我国许多人对心理咨询存在偏见，主要是因为不了解。其实，心理咨询并不神秘，不需要什么特殊的仪器和设备。心理咨询室只是一间普通的房间，只拥有必需的桌子、椅子等，在这里，最关键的是进行工作的心理咨询师和他（她）所具备的素质和水平。那么，什么是心理咨询呢？

**心理咨询人人需要**。在心理咨询室，通常不把来咨询的人叫作“患者”，而称作“来访者”或“当事人”。由此可见，心理咨询师并不认为来心理咨询室的是“病人”。心理咨询师的主要职责是保证来访者的心理健康和调整来访者的心理状态，也就是说，人们并非一定要等到出现什么症状才来看心理咨询师。随着社会的发展和生活节奏的加快，人的心理压力和心理不良状态可能会越来越突出，心理咨询师要做的事情就是帮助来访者更轻松地生活并面对现实。

**心理咨询量身定做**。心理咨询注重的是“具体问题具体分析”，也就是针对每一个个体的具体问题进行咨询。因此，心理咨询其实是一个理解和分析的过程，只有你的阐述能够使心理咨询师充分理解，医生才能准确地进行分析和判断，也才能真正地帮助你。在需要确定来访者真正情况的时候，也可能借助心理测试表和心理测试工具，这些固定的表格和工具都是几代心理学家在实践中总结发明的结晶，能起到难以想象的作用。

**心理咨询不是看病，而是调整**。你并不一定需要遇到特定的情况才去看心理咨询师，在你烦躁的时候、在你感觉到无助的时候、在你兴奋过度的时候、在你痛苦欲绝的时候，甚至在你还来不及察觉自己的问题的时候，你都可以在心理咨询师那里有所收获，至少你要明白：到心理咨询师那里并不是去看病，而是去做调整。

**心理咨询不是做演讲**。有的人在去做心理咨询之前，总是感到很紧张，担心自己不善言辞、说不清楚，因此事前总是要做很多准备，使自己的心理负担很大。其实，你不用担心心理咨询师是否听得明白，因为在他觉得有不清晰的片段的时候，他会提示你该重点述说什么。你也不用拐弯抹角，真正的心理咨询师会捕捉到你讲述的含义，所以，你在和心理咨询师接触的时候最好直截了当，有什么说什么，需要什么讲什么。

**心理咨询师会守口如瓶**。你不用担心自己所述说的对自己不利，在心理咨询的过程中，你可以畅所欲言，毫无顾忌。要知道，心理咨询师有自身的职业道德和准则，保守职业秘密是他们必修的课程。

**不是所有的心理咨询都能取得良好的效果**。如果你要去进行心理咨询，可以先冷静地分析，给自己提出两个问题：对自己目前的处境和现状满意吗？自己愿意付出一定的代价，尽力在某些方面在一定程度上改变自己吗？如果回答是肯定的，你才会有强烈的、主动寻求咨询的愿望，才能在咨询中作为主角，积极主动地向咨询员敞开思想，倾吐肺腑之言，提供真实情况，和咨询员一起讨论、谈心、分析、寻找解决问题的方案，这样才能达到促进人格发展、心理成熟、战胜心理疾患的目的，才能使心理咨询活动取得良好的效果。

**心理咨询是"授人以渔"，而不是"授人以鱼"**。心理咨询只是帮助你找到解决问题的方法，而不是直接告诉你解决问题的方法。因此，心理咨询师只是帮助你解决心理问题的专家，但他不是生活参谋，他不能替代你的痛苦，更不能替你拿主意或干涉你的私人生活。

**心理咨询不是万能的**。心理咨询只是一种关注心灵的生活技巧，对人生发展有促进、指导和帮助作用，但我们不能把心理咨询的作用扩大化，认为它可以解决我们学习、工作、生活中的全部难题。

心理咨询作为一种专业的、有效地帮助我们心理成长的途径，在需要时应合理加以利用。为了给我们的快乐成长护航，学校一般都设立了心理咨询室，并配有专业的心理咨询老师。有的学校还开设了心理热线，方便为同学们提供心理援助。需要说明的是，心理热线尽管方便，却不能取代一对一的心理咨询。从专业角度讲，它仅仅适合那些需要及时获得情感支持和有针对性的心理健康知识的同学。而对于自感心理困惑较深、持续时间较长、不适感较强的同学，与心理咨询师面对面的交流效果往往更好。更需要说明的是，效果更好绝不等于包治百病，心理咨询师并没有窥探我们内心的本领，更不等于救世主。但面对心理咨询等于面对自己的心理困扰，这是一个真正勇敢的人才能做出的抉择。

## 章末回顾

高节奏、高科技、高风险和高压力给现代人带来的不仅是成功的机遇，更多的是无法回避的心理重负和挑战。对于大学生来说，价值的冲突、人际关系的淡漠和冲突、选择的增加、社会的期望、自我意识的发展等都会使他们面临巨大的心理压力和冲突，从而感受不到幸福和快乐。心理健康，已成为大学生能否快乐成长、成就幸福人生的重要影响因素。

健康至少应包括身体健康和心理健康两个方面。对于一个人来说，身体健康和心理健康是相辅相成、缺一不可的，只有身体和心理都健康的人才是真正健康的人。

虽然人们对于心理健康有不同的认识和看法，但有其共同点。对于大学生来说，心理健康的人应当是一个身心和谐统一、爱自己、爱他人、爱学习、爱工作、爱生活、乐于改变自己的人。

心理健康对于每个人的成长都具有重要的意义和价值，它是一个人幸福、快乐的源泉，乐观、自信的基石，良好交往的保证和人生成败的关键。

心理咨询是一个过程，在这个过程当中，一位受过专业训练的咨询师，致力于与来访者建立一个具有治疗功能的关系，来协助对方认识自己、接纳自己，进而欣赏自己，克服成长的障碍，充分发挥个人的潜能，使其人生得到统合并丰富地发展。

## 反思与成长

1. 花几分钟时间回顾一下本章的内容，然后以自己为对象进行思考：

(1) 我是否具备心理健康的特质？

(2) 我准备如何完善自己，使自己具有更多的心理健康特质？

2. 我是如何理解心理健康与快乐成长、幸福人生的关系的？

# 第二章

# 认识自我，悦纳自我

## 典型案例

小文是一位刻苦勤勉的大学生，刚进大学就决心绝不虚度光阴，想让自己的专业水平和综合能力在大学四年里得到全面提高。她在班级、学院和学校担任了各种职务。她的大学生活非常充实，上课、自习、工作、兼职……排满了她的日程。几年下来，她获得了学校无数奖项，但是她一点也不快乐，时常有"高处不胜寒"的孤独感，几乎没有什么知心朋友。与她经常相处的同学并不认可她，她处处谦让的室友对她并不亲热，其他的同学对她也是客气中透着生疏。

她很困惑：自己成绩好、能力强，为什么不被认可？脾气好、心眼好，为什么不被接纳？她觉得同学们大都不好相处，嫉妒她的才华，漠视她的勤奋，嘲笑她的"孤陋寡闻"……她有很强烈的挫败感与自责心理。

通过了解，我们发现：小文的父母对她的要求很高，管教得很严。一直以来，父母都是以批评为主，当她犯错或者表现不好时就会数落她的种种不是，所以她非常缺乏安全感，对自己信心不足。这致使她在人际交往中很容易自责，处处谨慎，时时谦让，不敢大胆地表达与沟通。只有在取得好成绩的时候，父母才会表现出对她的认可，所以她特别关注自己的成绩与荣誉。在大学里，她非常渴望被关注、被认可，于是拼命学习与工作。她虽然成绩好、能力强，却不自信，活在别人的眼光里，而且少了生活的情趣和与人交流的话题。

从小文的身上我们可以看到，优秀的人不一定自信和快乐。在大学校园里，由于自我意识偏差导致的茫然、彷徨、退缩、自责等案例比比皆是。人只有学会认识自己、悦纳自己，才会变得自信、乐观、豁达。

# 第一节 "我"是谁 ▶▶▶

你认识自己吗？这个问题似乎不该成为问题。人们常说："别人不了解，我还不了解自己吗?"可事实正如法国诗人拉封丹所言："有些人了解全世界，但不懂得自己。"

我们先从一个希腊神话讲起。在希腊的奥林匹斯山上，有一座德尔菲神殿，神殿里有一块石碑，上面写着："人，认识你自己。"宙斯等众神觉得人类没有真正地认识自己，就派了一个狮身人面的怪兽斯芬克斯来到人间，它整天守在过往行人必经的路上，重复让众人猜一个谜："什么动物早上用四条腿走路，中午用两条腿走路，而到了晚上则用三条腿走路?"如果行人能够答对谜底，它就放他过去，否则就把他吃掉。这样，日子一天天过去，一直没有人正确回答，所以众多的行人也就成了斯芬克斯的口中之物。有一天，一个叫俄狄浦斯的年轻人来到斯芬克斯面前后，终于说出了这个神秘的谜底——人。斯芬克斯听到后大叫一声，跳下悬崖摔死了。这就是著名的"斯芬克斯之谜"。

从古代西方圣人苏格拉底"认识你自己"的呼声，到古代中国先哲老子的谆谆告诫"知人者智，自知者明"，无一不说明人类认识自身的重要性。直到今天，认识自我仍是每一个人必须面对的大问题。只有充分认识了自己，才能更好地发展自己，完善自己，做一个真真正正的人。

下面我们来做一个心理练习：我说我是谁。

请拿出一张白纸，按照表 2.1 的提示匿名写出 20 条"我是……"。

**表 2.1 "我说我是谁"心理练习表**

| | | | |
|---|---|---|---|
| 1.我是： | 6.我是： | 11.我是： | 16.我是： |
| 2.我是： | 7.我是： | 12.我是： | 17.我是： |
| 3.我是： | 8.我是： | 13.我是： | 18.我是： |
| 4.我是： | 9.我是： | 14.我是： | 19.我是： |
| 5.我是： | 10.我是： | 15.我是： | 20.我是： |

要求尽量符合真实的我，尽量选择一些能代表自己个性特征的语言，可以描述现实中的你，也可以描述理想的你；可以是外在条件，也可以是内在素质，但表述避免过

于笼统，例如：我是大学生。

根据所写的内容，可以对照下面的标准来了解对自己的认识情况。

(1) 描述的数量：若写出 10 条以上，说明对自我的了解比较明确；若写出 8～10 条，说明对自己有一定了解；若写出的数量在 8 条以下，则说明不了解自己或者不敢表达自己。

(2) 描述的内容：是否涉及理想与未来的自己。若有，则说明有信心、有梦想；若无，则说明信心不足、缺少梦想。

(3) 描述的类型：描述涉及的特点体现在哪些方面？（请在表 2.2 涉及的内容后画钩）

**表 2.2　描述的类型**

| | | | | | |
|---|---|---|---|---|---|
| 内在素质() | 智力水平( ) | 情商性格( ) | 意志力　( ) | 道德品质( ) | 各类能力( ) |
| 外在条件() | 家庭状况( ) | 社会关系( ) | 外貌因素( ) | 身体条件( ) | 其他(　　) |

(4) 描述的性质：积极肯定的描述与消极否定的描述的情况（表 2.3）。

**表 2.3　描述的性质**

| | |
|---|---|
| 如果只有肯定没有否定： | 需要警惕是否有自傲的倾向 |
| 如果只有否定没有肯定： | 可能太自卑，放大了缺点与劣势，忽视了自身的优点与潜力 |
| 如果积极肯定的多： | 恭喜你！你是一个自信的人，相信你能过上开心、充实与成功的生活 |
| 如果消极否定的多： | 你需要悦纳自我，找到前进的勇气与方向 |

## 一、自我意识的概念

伴随着不断的成长，我们会一遍又一遍地问自己："我是谁?""我为什么这样?""我如何改变自己?"。这些就是自我意识。我们意识到自己是一个人，是一个独立存在的个体。我们所有的印象、思想与情感构成了意识——不断变化的世界中连续的自我意识。

自我意识是一个复杂的、多维度的、多层次的心理系统，是人对自己以及自己与周围世界关系的认识、体验和评价。从古希腊哲学家亚里士多德的《灵魂论》算起，对人类精神现象（即心理活动）的探讨与研究，至今已有两千多年的历史。

自我意识一直都是心理学研究的重要内容。在心理学的发展史上，不同的心理学家对自我有着不同的解读。精神分析学派创始人弗洛伊德提出了自我的"三结构说"，即本我(id)、自我(ego)和超我(superego)。意识是人脑对客观事物的主观反映，它既是心理学研究的重点，也是研究的难点。与意识相对应的是“潜意识”，弗洛伊德曾用冰山比喻它。意识只是浮在水面上的冰山的尖峰，而潜意识则是潜藏于海底的冰体，不为人所易见。美国心理学家威廉·詹姆斯（W. James）提出，凡属于我或与我有关的事物都是自我的内容，如身体、品质、能力、愿望、家庭等，自我通过“物质自我”、“精神自我”和“社会自我”三个层次起作用。社会心理学家库利（C. H. Cooley）提出了“镜像自我”的概念（图 2.1）。他指出，自我是一面镜子，它从别人那里反映自己的行为，自我是经历无数次他人评价而形成的社会产物。而米德（G. H. Mead）则认为，自我分为“主体我（I）”和“客体我（Me）”，“主体我”代表每个人的自然特性，而“客体我”代表自我的社会属性；“主体我”先于“客体我”形成，“客体我”的形成需要很长时间，自我意识的发展包含“主体我”与“客体我”的不断对话。

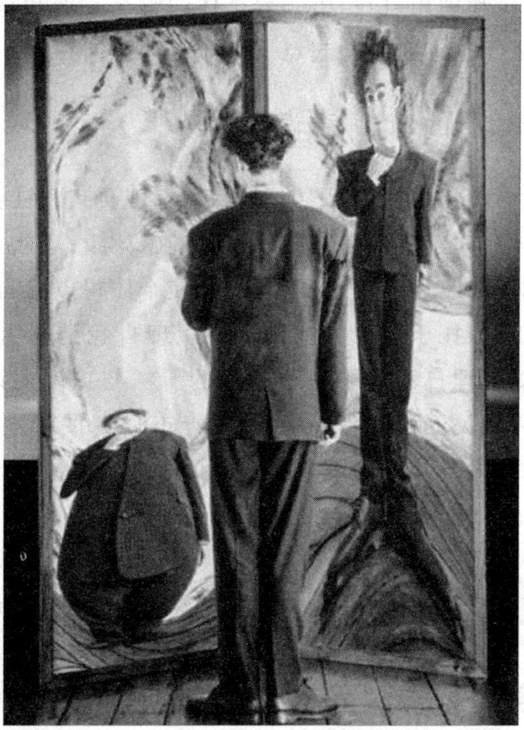

**图 2.1 镜像自我**

当代心理学把自我意识作为心理结构的一部分，认为自我意识是人对自己存在的认识和把握。它是人的意识发展的高级阶段，是人格的自我调控系统；它在人格的形成和发展中起着组织、控制和推动的作用。自我意识是一个联结个体、社会影响和社会行为的概念。通俗地说，自我意识是指一个人对自己存在的觉察，即自己认识自己的一切。人们常说，人生最大的挑战就是战胜自己。形成健康的自我意识，正确认识和把握自我，是战胜自己的前提。自我意识水平的高低不仅是个体心理发展水平的重要标志，而且将影响和制约个体的人生选择和行为取向。自我意识是一个人在社会化过程中逐步形成和发展起来的，具有目的性、社会性、能动性，它对个性的形成、发展起着调节、监督、校正的作用。

## 二、自我意识的内涵

自我意识，是“主体的我”（英文中的主格 I）对“客体的我”（英文中的宾格 me）以及“我”与外部世界关系的意识。它包括三个层次的内涵：首先，自我意识是个体对自我生理、心理及社会关系诸多方面的意识；其次，它不仅仅表现为在认知方面的自我认知和自我评价，也表现为在情绪方面的自我体验和意志方面的自我调节；最后，自我意识统一了现实自我和理想自我，引领着个体的整个心理和行为，对人的心理和行为起着调控作用，是个性心理完善的起点。

### （一）内容层次上的自我意识

自我意识从内容层次上看，包括了生理自我、心理自我和社会自我三个方面。

生理自我是个体对自己身体、生理状态（如身高、体重、容貌）的认识和体验，是个体在与他人交往的过程中通过学习逐渐形成的，使个体得以将自我和非我区别开来，并意识到自己的生存是依托于自己的躯体的。生理自我是与生俱来的，随着自我意识的发展，个体逐渐对生理自我有了一个明晰的看法与正确的认识。在不同的生理阶段，个体对生理自我的关注程度是不同的，如青年时期的大学生会对生理自我产生较高的心理关注。有的大学女生特别在意自己的外表，关注自己是否漂亮、迷人及有吸引力；有的大学男生则非常关注自己的体形与身高，乃至生理器官、声音的吸引力等。

心理自我是个体对自己的心理活动、个性特点、心理品质的认识、体验，包括对自己的感知、记忆、思维、智力、能力、性格、气质、爱好、兴趣等的认识和体验。随着个体的成长，心理自我不断发展，情感、智力、能力、兴趣、情绪等的认识与体验能力与日俱增，个体逐渐学会了评价心理自我，体验心理自我，如初恋与失恋的体验、成功与失败的体验等。随着自我意识的发展，个体的社会角色渐渐明晰并占据重要位置，与此相应的责任感、义务感、角色感同步递增。

社会自我是个体对自身与外界客观事物关系的认识、体验，包括个人对自己在客观环境及各种社会关系中的角色、地位、权利、义务、责任等的认识。大学生常用“我已经长大了”、“我已经独立了”等来表达自己的社会自我，期望家庭、社会给予积极的肯定与认可。

生理自我、心理自我与社会自我是密切联系、相互影响的，它们都包含着不同的自我认知、自我体验与自我控制，三者之间不同的组合构成了个体自我意识之间的差异，也使每个人对他人、对自己、对社会都有独特的看法和体验。

## （二）形式结构上的自我意识

自我意识从形式结构上看，是一个包括认知、情感和意识的完整的、多层次、多维度的心理系统，包括自我认知、自我体验和自我控制三个方面。

自我认知是主观自我对客观自我的评价，包括自我感觉、自我观察、自我印象、自我分析、自我评价等，是自我意识中的认知成分。自我认知解决“我是一个什么样的人”的问题。自我认知层面上还包含现实自我与理想自我的冲突。青年大学生的理想自我一般都比较完美，高于现实自我，在实际中就会出现对现实自我的不满，表现出自卑甚至自弃的情绪。大学生的自我认知以真实自我为轴心上下摆动，当取得一点成绩时，便会显示出自负的一面；而当遇到挫折时，便会产生自卑的否定性评价，这在大学生自我认知中是客观存在的。

自我体验是主观自我对客观自我产生的情绪体验，是在自我认知的基础上产生的，是自我意识中的情感成分。自我认知决定自我体验，而自我体验又强化自我认知，主要集中在“能否悦纳自己”、“对自我是否满意”等方面。自我体验的内容十分丰富，包括义务感、责任感、优越感、荣誉感、羞耻感等。在传统的教育中，对自我体验的重视与强化一般较欠缺。事实上，自我体验对处于成长阶段的个体而言具有不可替代的重要作用。同样的事件，不同个体的体验会截然不同。很多从体验中获得的自我远远优于从理性中获得的体验。这种自我体验具有不可替代性，每份体验都是独特的。大学生应用心体验自我的成长，体验成长中的每一次阵痛、每一次受伤、每一次微笑，这些都将构成灿烂人生中一道道美丽的风景线。

自我控制是对自己的行为和思想、言语的控制，以达到自我期望的目标，包括自我激励、自我监督、自我教育等，是自我意识中的意志成分。自我控制是自我的最高阶段，让个体知道“怎样克制自己”、“如何改变自己”、“如何成为理想的那种人”等。常言说的“自制力”就是指自我控制的能力。心理学研究表明：自我控制与大脑额叶的发展紧密相关，当生理正常发展时，自我认知与自我体验决定了自我控制。大学生可通过发挥主观能动性，选择认识角度，转变认知观念，调整自我认知评价体系，积极感受自我。自我控制是自我意识的关键环节，“知”与“行”之间有很长的路。大学生常常“心动而不行动”，心动较易，而真正历练意志则需要更多的自我控制。不妨以早晨起床为例，对懒惰者而言，这是需要意志的，特别是在寒冬的早晨，面对被窝里的温暖和起床的痛苦，需要进行思想斗争。当意志成为一种习惯时，自我控制便会“自动化”。成功的人都有较强的自我控制能力。但过度的自我控制往往是不可取的，会产生负面的消极影响。如自我控制能力过强的学生会因为在现实中的挫败而产生自我怀疑与否定。

引申阅读

**阿德勒和《自卑与超越》**

1870年,心理学家阿德勒出生于奥地利维也纳郊区的一个较为富裕的中产阶级犹太人家庭。他自幼体弱多病,由于患有软骨病,长相又矮又丑,饱受死亡的恐惧和身体虚弱的愤怒。他身体活动不便,在身体健康的哥哥面前总是感到很自卑。从小他就立志当一名医生。起初,他支持弗洛伊德《梦的解析》一书中的观点,与弗洛伊德的关系甚好。最终因为两人的观点不同而分道扬镳。1907年,阿德勒发表了有关由缺陷引起的自卑感及其补偿的论文,指出:由身体缺陷或其他原因引起的自卑不仅会导致个体发生精神疾病或甘于堕落,而且会使人刻苦努力,以弥补自己的弱点。1920年,阿德勒出版《自卑与超越》一书,原名为《生活对你的意义》(What life should mean to you),论述了自卑感与优越感、早期的记忆、家庭的影响、爱情与婚姻等多方面内容。正是基于对自己的正确认识,阿德勒最终成为著名的心理学家。

## 三、自我意识的发展

自我意识作为人所特有的一种复杂的心理现象,并不是与生俱来的,个体的自我意识从无到有,最后达到成熟,走过了漫长的发展历程,它是在社会交往中,伴随着语言和思维的形成与发展而发展起来的。

### (一)自我发展三阶段

我国心理学家提出了自我发展的三阶段模式,即生理自我、社会自我和心理自我三个发展阶段。

**1. 生理自我阶段**

生理自我阶段是自我意识发展的最原始阶段,其时间一般在个体0～3岁期间。这一阶段的自我意识,是以躯体需要为基础的生理自我。这个时期表现出来的行为是以自我为中心的,以自己的想法来解释外界的现象;认为外部世界为他而存在,以他为中心。

**2. 社会自我阶段**

从3～14岁,个体自我意识的发展进入第二阶段。这一阶段的自我意识服从于社会和他人,“用别人的观点去评价事物、认识他人,对自己的认识服从于权威或同伴的评价。”这一以“社会自我”为主要内容的自我意识发展阶段,也被称为“客观化时期”。

**3. 心理自我阶段**

从青春期开始到青年后期，是个体自我意识发展的第三阶段。在这一时期，个体开始清晰地意识到自己的内心世界，并开始关注自己的内在体验，喜欢用自己的眼光和观点去认识外部世界，开始有明确的价值探索和追求，强烈要求独立，产生了自我塑造、自我教育的紧迫感和实现自我目标的驱动力。这一阶段也被称为自我意识的"主观化时期"。

## （二）埃里克森的人生发展阶段

美国著名精神病医师埃里克森认为，青年期的发展核心是自我同一性的确立。他提出了"人生发展八阶段"理论，并详细论述了每个阶段特定的心理、社会发展任务。埃里克森认为，每个阶段心理、社会发展任务的完成，危机的解决，就会产生积极的品质，反之，就会产生消极的品质。

**1. 婴儿时期：信任—不信任（0～1 岁）**

这是获得信任感以及克服不信任感的阶段。所谓信任，表现为婴儿的需要与外界对他需要的满足保持一致。这一阶段的婴儿对母亲或其他养育者表示信任，婴儿感到所处的环境是安全的，周围的人是可以信任的，由此会扩展为对一般人的信任。如果婴儿得不到周围的人的关心与照顾，他就会对外界特别是对周围的人产生害怕与怀疑，以致影响到下一阶段的顺利发展。

**2. 婴儿后期：自主—羞怯、怀疑（2～3 岁）**

这是获得自主感以及避免怀疑感与羞耻感的阶段。个体在第一阶段婴儿时期处于极强的依恋状态下，全权由成人照顾。到了这一阶段，儿童开始有了独立的要求，如想自己穿衣、吃饭等，开始尝试探索周围的世界。这时候，如果父母允许他们独立地去做一些力所能及的事情，并表扬他们完成的工作，就能培养他们的意志力，使他们获得一种自主感。相反，如果成人过分爱护他们，处处包办代替，或过分严厉，就会使孩子产生自我怀疑与羞耻之感。

**3. 幼儿期：主动—内疚（4～6 岁）**

这是获得主动感受以及克服内疚感的阶段。在这个阶段，儿童的肌肉运动与语言能力发展很快，能参加跑、跳等运动，能说一些连贯的话，还能将自己的活动扩展到超出家庭的范围。这个阶段，如果成人能对于孩子的好奇心以及探索行为不横加阻挠，让他们有更多的机会去参加各种活动，并耐心地解答他们提出的问题，那么孩子的主动性就会得到进一步的发展，表现出很强烈的积极性与进取心。反之，如果父母对儿童采取否定与压制的态度，就会导致儿童产生内疚感与失败感，并影响下一阶段的发展。

**4. 儿童期：勤奋—自卑（7～11 岁）**

这是获得勤奋感，避免自卑感的阶段。这一阶段，儿童的智力不断地发展，特别是逻辑思维能力发展迅速。他们提出的问题范围很广泛，而且有一定的深度，参加的活动已经扩展到学校以外的社会。这时候，对他们影响最大的已经不是父母，而是同伴或邻居，特别是学校中的教师。他们很关心物品的构造、用途与性质，对于工具技术也很感兴趣。这些方面如果能得到成人的支持、帮助与赞扬，则能进一步加强他们的勤奋感，使之进一步对这些方面产生兴趣。

**5. 青年期：同一—混乱(12～18 岁)**

这一阶段的核心问题是自我意识的确立和自我角色的形成。青少年对周围世界有了新的观察与思考方法，他们经常考虑自己到底是怎样一个人，他们从别人对他的态度中，从自己扮演的各种社会角色中，逐渐认识自己。此时，他们逐渐疏远了自己的父母，从对父母的依赖关系中解脱出来，而与同伴们建立了亲密的友谊，从而进一步认识自己，对自己的过去、现在、将来产生一种内在的连续之感，也认识到了自己与他人在外表与性格上的相同与差别。认识自己的现在与未来以及在社会生活中的关系，这就是自我同一性。

**6. 成人前期：亲密—孤独(19～25 岁)**

这是建立家庭的阶段，也是获得亲密感、避免孤独感的阶段。亲密感指人与人之间的亲密关系，包括友谊与爱情。亲密的社会意义，是指个人能与他人同甘共苦，相互关怀。如果一个人不能与他人分享快乐与痛苦，不能与他人进行思想情感的交流，不能相互关心与帮助，就会陷入孤独寂寞的苦恼之中。

**7. 成人中期：繁殖—停滞(26～60 岁)**

这是获得创造力感，避免自我专注停滞不前的阶段。这一阶段有两种发展的可能性，一种是向积极方面发展，个人除关怀家庭成员外，还会扩展到关心社会上的其他人。他们在工作上勇于创造，追求事业的成功，而不仅满足于个人需要。另一种是向消极方面发展，即只顾自己以及自己家庭的幸福，而不顾他人的困难与痛苦，即使有创造，也完全是为了自己的利益。

**8. 成人后期：自我完善—悲观失望(60 岁以上)**

这是获得完美感，避免失望感的阶段。如果前面七个阶段积极的成分多于消极的成分，就会在老年期汇集成完美感，回顾一生，觉得这一辈子过得很有价值，生活得很有意义。相反，如果消极成分多于积极成分，就会产生失望感，感到自己的一生失去了许多机会，走错了方向，想要重新开始又感到为时已晚。于是产生一种绝望的感觉，精神萎靡不振。

## 四、自我意识的心理功能

自我意识之所以对于每一个人的生活和成长都起着非常重要的作用，这是因为自我意识具有以下重要的心理功能。

### （一）决定个体行为的持续性与目标性

人是社会的动物，人的行为既受诸多社会因素的影响，又在很大程度上与自己的自我意识有很大的关系。每个人的现实行为，不仅仅由其所在的情境决定，更取决于自我认知、自我意识。那些自我意识积极的学生，其成就动机、学习投入程度及学习成绩明显优于那些自我意识消极的学生。可以说，个人怎样理解自己，是决定个体如何行动及以何种方式行动的重要前提。

### （二）决定个体对经验的解释

不同的人可能会获得完全相同的经验，但每个人对这种经验的解释却可能有很大的不同。解释经验的方式取决于个人的自我意识。一个自认为能力一般，只能达到平均成绩水平的学生，对于取得的好成绩会感到十分满足；而对于同样的成绩，一个自认为能力很强、应当获得优异成绩的学生来说，会感觉遭受了很大的失败和挫折。事实证明，如果个人已形成的自我意识是消极的，每一种经验都会与消极的自我评价联系在一起；而如果自我意识是积极的，则每一种经验都可能被赋予积极的含义。

### （三）影响个体的期望水平

自我意识不仅会影响到个体现实的行为方式和个体对过去经验的解释，而且还会影响到个体对未来的期待。这是因为，个体对自己的期望是在自我意识的基础上发展起来的，并与自我意识相一致，其后继的行为也取决于自我意识的性质。研究发现，差生的成绩落后并不是孤立存在的，而是他的整个行为动力系统都出现了角色偏离的结果。成绩长期落后对于普通学生是不正常的，但对于差生，由于他们的整个行为动力系统都出现了偏离，并在偏离的状况下形成了一个新的自相一致的系统，因而在系统内部一切并没有不正常。换言之，落后的学习成绩正是自己“期待”的结果。

## 第二节　认识真实的自己 ❯❯❯

人的一生始终都在寻找自我、实践自我、超越自我。德国著名作家约翰·保罗曾说过：“一个人的真正伟大之处，就在于他能够认识自我。”正确认识和评价自我是自我调控的重要因素，是塑造、完善自我意识的基础。大学阶段是人生发展的关键时期，对于处在自我意识迅速发展时期的大学生来说则更应该积极主动地去认识自我、塑造自我、完善自我。

## 一、你真的认识自己吗

人们常说“知己知彼，百战不殆”，但是对于“真实的自己是怎样的”，我们又常常处于“不识庐山真面目，只缘身在此山中”的困境之中，于是又有了“人贵有自知之明”的说法。

**引申阅读**

**寓言故事一则**

山上的寺院里有一头驴，每天都在不停地拉磨，它希望能够出去见见外面的世界。不久，有个僧人带着驴下山去驮物品，然后一起返回寺院。结果路上的行人看见驴后对其顶礼膜拜，都虔诚地跪在道路的两旁。刚开始，驴看到人们对自己叩头跪拜，惊慌失措，很不习惯。可一路上每个人都跪拜着，驴心想：原来人们如此崇拜我啊！于是它有点飘飘然了，回到寺院后再也不肯拉磨了。僧人无奈，只好放它下山。驴刚下山，就遇见一伙人敲锣打鼓迎面而来，它自恃地位很高，于是大摇大摆地站在马路中间。这是一队迎亲的队伍，对于站在马路中间挡路的驴，人们愤怒不已，对它棍棒相加……驴虽然仓皇逃回到寺里，但已奄奄一息，临死前，它愤怒地向僧人控诉人心的险恶：“第一次下山时，人们对我顶礼膜拜，可是今天他们竟对我狠下毒手。”僧人叹息一声：“果真是一头蠢驴！那天人们跪拜的是你背上驮的佛像啊！”人生最大的不幸就是不能正确认识自己，每个人都要将自己的位置摆正，给自己正确定位。

美国心理学家约翰(Jone)和哈里(Hary)提出了自我认识的窗口理论，该理论也被称为“乔韩窗口”，如图 2.2 所示。乔韩窗口有四个象限：第一象限：公开区(A)。指自己知道、别人也知道的信息。例如：自己的名字、发色，或者自己有一只宠物狗的事实。第二象限：盲目区(B)。指自己不知道、别人却知道的盲点。例如：自己的处事方式，别人对你的感受。第三象限：隐秘区(C)。指自己知道、别人不知道的秘密。例如：自己的秘密、希望、心愿，以及自己的好恶。第四象限：未知区(D)。指自己和别人都不知道的信息。

每个人对自己的认识都是有限的，并且人对自己的认识是一个不断探索的过程。

与中学生相比，大学生会从更多的角度更深刻地认识自己，但成熟是需要过程的，出现自我误解的情况也不少，如图 2.3 所示。

大学生不能正确认识自己，主要有两种倾向，一种是自我扩大的倾向，另一种则是自我萎缩的倾向。前者表现为：过高地评价自己，心比天高，所定的目标和理想不合实际，理想与现实相距甚远，结果自己的心理永远无法平衡。后者表现为：把自己看得比实际弱，认为自己无能、没用，自我怜悯。由此产生“低人一等”的自卑感，心情

| | 自知 | 自不知 |
|---|---|---|
| 他知 | A 公开的我 | B 盲目的我 |
| 他不知 | C 秘密的我 | D 未知的我 |

**图 2.2　乔韩窗口(Johari Window)**

长期压抑，悲观消沉，对外界的评价敏感，缺乏自信，郁郁寡欢，萎靡不振，甚至沮丧轻生。

**图 2.3　大学生自我认知种种**

很多人对自己有“一叶障目，不见泰山”的倾向，喜欢夸大自己的不足，否认自己的综合实力。其实自我意识的内涵是多方面、多层次的，需要我们全面、客观、正确地看待自己。

## 二、如何认识自己

个体自我意识是在个体的生理和心理能力发展到一定程度的基础上得到发展的，它是在个体与社会环境长期的相互作用中形成的，许多社会因素对自我意识的形成和发展起到了重要作用。一般而言，大学生对自己的认知可以通过以下四个方面来形成。

### （一）他人的反馈

通常，他人会对特别个体的品质、能力、性格等给予清晰的反馈，从而增强个体对自身的了解。当学生被老师告诫要更加大胆、更加主动、更加勤奋时，学生可从反馈中得知：自己有些害羞，不够主动，学习不够勤奋。特别是当其他许多人的看法一致时，个体就会相信这种看法是正确的，从而确定自己是这样的人。

### （二）反射性评价

在生活中，那些与我们的生活关联性不大的人一般不会给予我们清晰明确的反馈，但我们可以通过他们的态度与反应来了解自己。符号互动学者库利提出了“镜中我”的观点，认为我们感知自己就像别人感知我们一样，镜子中的“我”或别人眼中的“我”就是我们感知的对象。我们常常依据别人对待自己的方式来了解自己，这一过程称为“反射性评价”。大学生在与同学、老师交往的过程中，也可得到一些反射性评价。反射性评价对自我意识的形成起着重要作用。

### （三）自己的行为

贝姆的“自我知觉理论”认为：在内部线索微弱或模糊的情况下，人们常常依据外在行为来推断自己的特征，如性格、态度、品质、爱好等。如当参加公益活动时，学生通常认为自己是一个高尚的人。在大多数情况下，人们依据内部线索来了解自己的想法、情绪等。个体的行为既具有外显性也具有内倾性，根据自己的行为进行判断为自我的确立提供了可靠的依据。

### （四）社会比较

费斯廷格提出的“社会比较理论”认为：人们非常想准确地认识自我、评估自我，在缺乏明确标准时，人们常常和与自己相似的人做比较。大学生正处于人生重要的发展时期，他的人生目标、职业理想、生活态度等都在形成之中，社会比较为大学生提供了认识自我、了解自我和发展自我的重要标尺。社会比较是每个个体认识自我不可或缺的方面。没有社会比较，就没有自我的进一步优化。当个体的目的与动机不同时，采用的社会比较策略也不相同。例如，自我保护与自我美化的动机促使学生与那些不如自己走运、成功和幸福的人相比；而自我成功动机强的人更倾向于与那些比自己更加成功的人比较，促使自己更加成功。

## 三、拨开迷雾看自己

在自我认知的过程中，会存在各种偏差，值得我们注意。

## （一）他人的反馈可能是一面扭曲的镜子

1934 年，社会心理学家米德提出：社会群体是我们观察自己的一面镜子。较之于成人，儿童对事物的认知能力还十分浅显，对自己的认识能力则更有限，自我概念的形成便更加依赖于社会群体这面“镜子”。那些与儿童有重要关系从而成为儿童“镜子”的人，被称为儿童的“重要他人”。儿童成长过程中的“重要他人”，开始一般为父母，而后则是他们的幼儿园老师、小学低年级老师，上小学高年级及中学以后，“重要他人”则是他们的同伴和朋友。“重要他人”的反馈也许并不客观，他们的评价也许包容，也许苛责；也许夸大，也许偏颇，所以这种反馈可能是一面扭曲了的“哈哈镜”。

**严苛导致自卑**。如果“重要他人”总是以严苛的标准来要求我们，放大缺点，对优点和进步视而不见，长此以往，这种反馈会动摇自我判断，进而质疑自己、轻视自己、责备自己。

**娇纵导致膨胀**。如果“重要他人”过分纵容，对无理、懒惰、散漫、漠然视而不见，则个体便不会成为一个有责任感、有行动力的人。

正是因为他人反馈可能存在偏差，所以我们必须学会擦亮镜子、多照镜子、自制镜子，进而客观地认识自己。

**引申阅读**

**一个改变爱因斯坦的故事**

爱因斯坦小时候是一个十分贪玩、调皮的孩子，总是和顽皮的同伴们一起玩耍。16 岁那年秋天的一个上午，父亲给爱因斯坦讲了一个故事，由此改变了爱因斯坦的一生。故事是这样的：“我和咱们的邻居杰克负责清扫南边工厂的一个大烟囱。只有踩着内部的钢筋踏梯才能爬上烟囱。上下烟囱时，杰克都在前面，我在后面。所以，杰克的后背、脸上被烟囱里的烟灰蹭得乌黑，而我身上却一点烟灰也没有。可是当我看见杰克的模样时，认为自己肯定和他一样脏，就到附近的小河里洗了又洗。而杰克看见我干干净净的，草草洗了洗手后便大模大样上街了。结果，被人因此取笑。”听完故事后，爱因斯坦和父亲一起大笑起来。笑完后，父亲郑重地对爱因斯坦说：“其实，除了自己，谁也不能做你的镜子，拿别人做镜子，白痴或许会被照成天才。”爱因斯坦听了，羞愧地开始思考，从此离开了那群顽皮的孩子，时时用自己做镜子来审视和映照自己，终于找到了人生的目标，自己成为这个世界上最可靠的人生向导。

## （二）自我的标准可能是把弯曲的尺子

在成长的过程中，由于受到家庭教养方式、学校教育、社会环境等方面因素的影响，我们在认识自己的过程中会逐渐产生一套自我衡量的标准。这套标准可能存在不合理之处，用不合理的标准来进行自我认识和评价难以形成正确的自我意识。

不合理的自我标准主要有以下三种类型：

**绝对化要求**。有的人常常以“我必须”、“我应该”这样的方式来要求自己，如“我必须获得成功”、“我应该做得很好”等。在这种标准下，个体往往会对自己提出过高的要求或目标，当这些要求或者目标超出个体的能力而无法达到时，就会给人造成挫败感，使个体对自己的认识出现偏差。

**过分概括化**。这是一种以偏概全的不合理思维方式的表现。认知心理学家艾利斯曾说过：“过分概括化是不合逻辑的，就好像以一本书的封面来判定其内容的好坏一样。”过分概括化会让我们对自身产生不合理的评价。例如，当面对失败或不好的结果时，认为自己“一无是处”、“一钱不值”、是“废物”等。以自己做的某一件事或某几件事的结果来评价自己，常常会出现自责自罪、自卑自弃的心理，也容易产生焦虑和抑郁的情绪。

**糟糕至极**。这是对事物持消极、悲观看法的表现。例如，某一次考试结果不理想，就觉得自己没有了前途，没有了希望。这种评价标准容易导致个体对自己产生极端片面的认识，陷入极端不良的情绪体验，如耻辱、自责自罪、焦虑、悲观、抑郁的恶性循环之中，难以自拔。

因此，个体应经常检查自己的标准是否存在上述不合理之处，尽量避免用“弯曲的尺子”来衡量自己，只有这样才能拨开迷雾认清自己。

## 四、学会正确认识自己

一个人能否真正认识自我、肯定自我，在很大程度上影响或决定着一个人的前途与命运。

### （一）客观评价自我

要达到“整体看世界，立体看人生，全面看自我”的境界和水平是很难的。心理学中有一项很有代表性的实验研究。在这项实验中，研究人员首先请被试验者——某商业银行的两位应聘者各自填写了一份自我评价表，填完后将他们分别安排在两个不同的接待室。然后，往两个接待室各安排一位“应聘者”（由研究人员假扮），这两位“应聘者”有截然不同的穿着打扮与外貌特征，一位风度翩翩，衣着讲究，自信乐观，而另一位举止不雅，衣冠不整，形容憔悴。之后，研究人员安排最初的两位应聘者对自我评价表重新进行了填写。结果发现，遇到形象良好竞争者的应聘者的自我评价降低了，而遇到形象不佳竞争者的应聘者的自我评价提高了。这种变化与周围环境是息息相关的。由以上实验可知客观评价自我并非易事，容易受其他因素影响。

客观地进行自我评价是正确认识自我的前提条件，每个人的社会角色、价值观念、评价标准、选择倾向不尽相同，年龄和性别各异，自我评价要根据自己的情况尽量客观、严谨，减少主观性、片面性。

引申阅读

**20 美元的价值**

一位著名的演说家手里举着一张 20 美元的钞票开始了他的演讲。在挤满 200 人的房间里，他问："这是一张什么纸，它有什么价值呢？"

"这是一张 20 美元的钞票，根据其报价能在国际和国内市场上兑换。"其中一名与会者举手回答。

之后，演说家将那这美元在手中不断揉捏，直至将其揉成一团皱巴巴的纸。揉捏后他再次展开它，想把它弄平，但没有成功，他问："你们还承认它的价值吗？"

"是的！"传来与会者异口同声地回答。

"好吧，"他说，"看来我还做得不够！我这样做会如何呢？"他把钞票扔在地上，用鞋在地上使劲地搓。之后，他把钞票捡了起来，它现在已经被彻底弄皱而且脏兮兮的，破了相，在远处不容易辨认出来。

"现在，还有人愿意以原先的报价兑换它吗？"许多人将双手举在空中。

"我认为这张钞票仍然保持着他的价值。"一名与会者有点迟疑地回答。

"这张钞票仍然能买价值 20 美元的商品。"另一名与会者说。

很多人连声附和。

"朋友们，我们刚才上了一节很有意义的课。我能让这张 20 美元的钞票破损、破相，能把它变得面目全非，甚至改变它，但是，不管我对这张纸做了什么，你们仍然承认它的流通性，因为你们心中已经肯定我的行为实际上无法贬低它的价值。它仍然是价值 20 美元的一张货币。"

每个人都有自己的内在"价值"，这种价值并不会因为外观、衣着和环境的改变而改变。不论在人生中遭受何等磨难，经受何等挫折，我们始终坚信自己的价值不会改变。是金子，就一定会发光的。

## （二）积极悦纳自我

很多人不能做到真正地尊重自己、爱惜自己，他们喜欢自然、喜欢朋友，却不愿意相信自己，他们因此而不快乐。一个人必须在充分认识自我的基础上，才能够悦纳自我。

如何悦纳自我呢？

**首先，要学会接纳自我**。这既表现为无条件地接受自己，好的和坏的，成功的和失败的，优点和缺点，全然接纳；也表现为喜欢自己，肯定自己的价值，对自己有价值感、自豪感和满足感。

**其次,要学会珍爱自我**。珍爱自我,意味着根据自己的意愿将自己作为一个有价值的人而予以接受。珍爱自我,就要树立积极的自我形象。抱怨自己是一种无益的行为,这样会妨碍正常的生活,使自己自我怜悯、自我否定,最终削弱自信心。自我否定的人最终会被他人否定。

**再次,要学会赞美自己**。积极有效的策略是:学会自我肯定、自我激励;关注自己的成功,挖掘自己身上的闪光点。一个依赖别人评价而活着的人无异于在向他人表明:"你的看法比我对自己的看法更加重要。"

**最后,要学会尊重自己**。即尊重自己的独特性,不苛求自己与他人一样。每个人都有自己独特的才能,社会有着各种不同的需要和分工。当我们在某些方面有缺陷的时候,可以从其他方面谋求发展。一个人只要有了积极的心态,扬长避短,将自己的缺陷转化为自强不息的推动力量,那么他的缺陷不但不会成为他的障碍,反而可能成为促使他成功的重要因素。因为这有助于他更加专注于自己选择的发展方向,从而获得超出常人的发展。这方面的经典事例数不胜数,如身材矮小的拿破仑、耳聋的贝多芬、下肢瘫痪的罗斯福等,这些人或者有自身缺陷,或者有家庭缺陷,但他们都为社会做出了巨大贡献,享誉世界,最终赢得了人们的尊重。

**引申阅读**

**"我为什么要长得跟别人一样呢?"**

著名女星索菲亚·罗兰是一个意大利的女孩,她知道自己的缺陷不少。在第一次试镜的时候她就失败了,所有的摄影师都说她够不上美人的标准。无奈导演卡洛把她叫到办公室,建议她减臀缩鼻。通常情况下,演员都对导演言听计从。可是,索菲亚·罗兰并未如此,她相信自己,认为这就是她自己的特点,无须改变。

导演卡洛被说服了。后来,电影拍摄成功,索菲亚·罗兰也因此一炮而红,2000年,索菲亚·罗兰还被评选为"千年美人"。

# 第三节 维护健康,提升自我

认识自己、悦纳自己、提升自己是一个相互联系的过程。认识自己是基础,悦纳自己是关键,提升自己是目的。英国著名作家 R.L. 史蒂文生说过:"生命的唯一意义在于活出真我,并完成那充满各种潜能的明天的我。"李开复认为:"成功就是成为最好的你自己。"良好的自我意识既是心理健康和人格健全的重要标志之一,也是我们超越自己走向成功的基础。

## 一、调整自我意识，维护心理健康

我们知道，自我意识是一个复杂的、多维度的、多层次的心理系统。一个心理健康者，其自我结构相对稳定，而且他能够在新的环境和经验的基础上对自我进行适当的调整。而心理障碍者则往往不能及时调整自己的自我结构，对行为和学习产生不良的影响。

在大学期间，一方面，大学生会在生理上日趋成熟，另一方面，大学生的心理发展也亟待成熟。但由于诸多原因，当面对社会的剧烈变迁和自己身心的迅猛发展时，我们会产生很多心理冲突、矛盾和困惑。大学生心理发展中所出现的这些冲突、矛盾和困扰能否得到有效的应对和解决，关键取决于个体的自我意识是否完善和成熟。不少大学生正是因为自我意识不够完善，结果无法适应心理发展的新形势，从而影响了其人格的健全发展。

大学生富有理想，自我期望值也较高，当他们在进行自我观察、自我分析、自我评价时，往往不情愿看到理想自我与现实自我之间存在较大差距，而这种差距在短时间又是难以消除的，因而会出现自我意识的冲突。大学生自我意识的矛盾冲突主要表现在以下几个方面：

#### 1. 自信与自卑的冲突

大学生刚刚考上大学，受到师长的赞誉、同龄人的羡慕，故而初入大学时会有极强的优越感和自尊心，往往对自己的能力、才华和未来充满自信。然而步入大学后，许多大学生发现“山外有山”，群英荟萃，当某些方面显露出不足时，很多大学生就会怀疑自己、否定自己，进而在不良情绪中引发自卑心理。在这些大学生的内心深处，自信和自卑常常处于激烈的矛盾冲突状态。

#### 2. “理想我”与“现实我”的冲突

大学生对未来充满信心，抱负较高，成就动机较强，但由于生活范围相对狭窄，社会交往比较单一，社会阅历缺乏，对自我认识的参照点较少，因此，不能很好地将理想与现实结合起来，使得“理想我”与“现实我”之间产生了较大差距。这种差距既会给大学生带来苦恼和不满，也能激发大学生奋发进取的积极性，这两者必须加以平衡与调适，否则会导致自我意识的分裂，从而带来一系列心理问题。

#### 3. 追求上进与自我消沉的冲突

大学生大都有较强的上进心，希望通过努力来实现自身的价值。但在追求上进的道路上，困难、挫折在所难免，不少大学生常常会望难生畏、消极退缩。退缩以后，又会心有不甘，这必然会使内心处于一种极为矛盾、困惑、烦躁的状态，严重的甚至会出现抑郁和焦虑等心理障碍。

#### 4. 独立意识与依赖心理的冲突

在大学阶段，大学生的自我意识开始分化，独立意识迅速发展，他们开始怀疑老师、家长的教导和社会的要求，在一次次冲突与离经叛道中体验自我，不仅想获得思想与灵魂的独立，也希望能在经济、生活、学习等方面独立，摆脱家人长久以来的约束和管制，自主地处理所遇到的一些问题。然而，事情并非如期望般美好，十几年依赖思维的惯性、朦胧的自我认识以及应对困难的缺乏经验性使得大学生在磕磕绊绊地实现独立的过程中充满了诸多的痛苦，大多数人在生活的各个方面还需要依赖父母，无法真正做到人格上的独立。

#### 5. 交往需要与自我封闭的冲突

大学生迫切需要友谊，渴望被理解，积极追寻归属感。他们有强烈的交往需要，希望能向知心朋友倾吐对人生和生活的看法，盼望能有人分担他们的痛苦、分享他们的欢乐。但同时他们又存在自我封闭的倾向，许多人往往不愿意主动敞开自己的心扉，而把自己的内心深藏起来，很少在公开场合发表自己的真实意见。这种交往需要与自我封闭的矛盾冲突，使得不少大学生备受“孤独”的煎熬。

大学生自我意识的发展状况既是心理发展和健康状况的集中反映，也是大学生心理健康、人格未来发展的新起点。一般来说，自我意识积极统一的，往往心情舒畅，容易成功；自我意识消极统一的，往往胸无大志，悲观失望，无所作为；自我意识无法统一的，往往内心苦闷，心事重重，无所适从。要维护和增进心理健康，大学生应努力促进自我意识的发展和实现积极的统一。

## 二、发展自我意识，不断提升自我

大学阶段是人生的转折时期。这个时期的大学生尤其需要注意塑造自我，超越自我，为在日后的社会竞争中取得成功打下良好的基础。

### （一）确立明确的行动目标

个体的行为有无目的性，其结果具有不一致性。一般来说，有目标指向的行为较无目标指向的行为成功的可能性要大得多。正确的目标能够诱发合理的动机，强化人的行为，并促使其指向预定的方向。一个人要想成就一番事业，必须从自身的实际出发，制定明确的目标，以此调动自身的潜能，激发强大的动力。正确的自我目标，要按照社会的需要和个人的特点来进行确立，做一个自如的我，独特的我，最好的我，受欢迎的我。“做自如的我”，是指不设立力所不能及的过高目标，而使自己陷入自责、自怨、自恨的境地；应该给自己设立通过努力能实现的目标，坦然面对，积极生活。“做独特的我”，指不一味地追求时尚，以致在刻意模仿中失去自我；应该在自我认识的过程中，既扬长避短，又彰显个性。“做最好的我”，是指立足现实，选择适合自己的人生道路，尽最大努力，充分实现自己的人生价值。“做受欢迎的我”是指有正确的价值取向，把自我实现的蓝图与祖国的富强、人类的文明结合起来，努力为社会做出自己最大的贡献，真正充实地生活。

## （二）培养坚强的自控能力

一个人要获得发展，取得成就，光有目标是不行的，还必须具备自立、自主、自信、自制的意识，对自己的情感、行动加以调节和控制。自我意识健全的个体，在对自我做出正确认识、合理规划的基础上，能够对自己的注意力、情感、行为等加以控制，以实现自己的目标。在实现人生目标的旅途中，既有各种本能欲望的干扰，又有各种外部诱惑的侵袭。本能欲望常令人背弃理智，如贪图安逸、追求物欲、趋利避害等。名利和物质的诱惑，容易使人偏离正确的前进轨道，松懈奋进的斗志，放弃对远大目标的追求，甚至把青年学生引向堕落。一个人要想成就一番事业，必须具有抵制诱惑的能力，可以主宰自己的行动，这需要有较强的自我控制能力，以理智地约束自己的情感，把握自己的行为。有些诱惑之所以对个体很有吸引力，是因为能获得表面的、暂时的利益。比如，对篮球爱好者来说，看一场精彩的 NBA 球赛可能比枯燥的学习更有吸引力。类似的种种诱惑，每天都可能存在，如果不能抵御，作为学生，最终可能在学业上难以过关，在就业竞争中处于不利地位。确立了长远目标后，如果有较强的自控能力，则对表面的、暂时的利益诱惑就会有较强的抵抗力。要检验一个人自制能力的强弱，可以看他的行为主要是臣服于本能的欲望或偶然的冲动、情感的驱使，选择“想要做”的事情，还是受理智的制约，选择“应该做”的事情。在自我意识未达到高度统一时，“应该做”的事情与“想要做”的事情往往是不一致或者有差别的。很多人并不缺乏机会和才华，而是缺乏自控的意识和能力，故而与成功失之交臂。自我控制是自我意识发挥能动作用的一个重要方面，它是目标的守护神，是成功的卫士。缺乏自我控制的人，将是一个情绪化的人，缺乏毅力的人，终将一事无成。

## （三）慢慢成就自我

有些大学生对自己有很高的要求，对生活有很美的期望，如期望计划完美实现、缺点立即改掉、能力突飞猛进。“冰冻三尺，非一日之寒”，不合理的期望往往会被现实击碎。需要尊重现实，慢慢成就自我。

慢慢成就自我的方法之一是坚持写“成长日记”，每天简繁不一地记录成长事件。成长事件可以是欣赏优点时的一个微笑，也可以是接纳无伤大雅的缺点时的舒心或者小小努力获得认可后的一个懒腰，这些事件看上去不一定“意义”很大，但长此以往，就会变成一个对所经历的事有积极的情绪体验，对自己向往的方向能有效行动的人。

## 引申阅读

### 改变从何开始

在威斯敏斯特大教堂的一块墓碑上刻着一段著名的话：

在我年轻的时候，我曾梦想改变这个世界。

可当我成熟以后，我发现，我不能够改变这个世界，于是我将目光缩短一些，那就只改变我的国家吧！

可当我到了暮年的时候，我发现我根本没有能力改变我的国家。于是，我最后的愿望仅仅是改变我的家庭，我亲近的人。但是，唉！他们根本不接受改变。

当我躺在床上行将就木的时候，我才突然意识到：如果起初我只改变我自己，接着我就可以依次改变我的家人。然后，在他们的激发和鼓励下，我也许就能改变我的国家。再接下来，谁又知道呢，也许我连整个世界都可以改变。

## 章末回顾

自我意识是一个人在社会化过程中逐步形成和发展起来的，是对自己以及自己与周围环境关系的多方面、多层次的认知、体验和评价，是个体关于自我全部的思想、情感和态度的总和。

自我意识从内容层次上看，包括生理自我、心理自我和社会自我三个方面；从形式结构上看，包括自我认识、自我体验和自我调控三个方面；从发展层次上看，包括现实自我和理想自我。

自我意识不是与生俱来的，个体的自我意识从无到有，最后达到成熟，是在社会交往中，伴随着语言和思维的形成与发展而发展起来的。

大学阶段是人生发展的关键时期，对于处在自我意识迅速发展时期的大学生来说，更应该积极主动地去认识自我、塑造自我、完善自我。良好的自我意识是心理健康和人格健全的重要标志之一。

大学生通过正确地认识自我，就能够悦纳自我、调控自我、发展自我和完善自我，并协调自己与他人的交往，处理好个人与社会、个人与他人的关系，做快乐的自己。

## 活动训练营

### 心理测试：自尊量表(SES)

一、量表简介

自尊量表(SES)由美国心理学家 Rosenbery 设计而成。本量表可以准确测量人的自尊状况，用以评定青少年关于自我价值和自我接纳的总体感受。研究表明，该量表具有较高的信度和效度。

二、量表内容

请你根据最近的情况如实回答，答案无正确与错误之分。请在你认为最适合自己的选项后画"√"。

1. 我认为自己是个有价值的人，至少与别人不相上下。

(1) 非常同意____ (2)同意____ (3)不同意____ (4)非常不同意____

2. 我觉得我有许多优点。

(1) 非常同意____ (2)同意____ (3)不同意____ (4)非常不同意____

3. 总的来说，我倾向于认为自己是一个失败者。

(1) 非常同意____ (2)同意____ (3)不同意____ (4)非常不同意____

4. 我做事可以做得和大多数人一样好。

(1) 非常同意____ (2)同意____ (3)不同意____ (4)非常不同意____

5. 我觉得自己没有什么值得自豪的地方。

(1) 非常同意____ (2)同意____ (3)不同意____ (4)非常不同意____

6. 我对自己持有一种肯定的态度。

(1) 非常同意____ (2)同意____ (3)不同意____ (4)非常不同意____

7. 整体而言，我对自己很满意。

(1) 非常同意____ (2)同意____ (3)不同意____ (4)非常不同意____

8. 我要是能更相信自己就好了。

(1) 非常同意____ (2)同意____ (3)不同意____ (4)非常不同意____

9. 有时我感到自己很没用。

(1) 非常同意____ (2)同意____ (3)不同意____ (4)非常不同意____

10. 有时我觉得自己一无是处。

(1) 非常同意____ (2)同意____ (3)不同意____ (4)非常不同意____

三、结果统计与分析

本量表由 5 个正向计分和 5 个反向计分的条目组成，分 4 级评分。"非常同意"计 4 分，"同意"计 3 分，"不同意"计 2 分，"非常不同意"计 1 分，第 3、5、8、9、10 项是反向记分。

总分范围是 10～40 分，得分越高，表明自尊水平越高。若总分在 30 分以上，说明被试者自尊程度高，能较好地肯定自己，能接纳自己；若总分在 20～30 分之间，说明被试者自尊程度一般，多数时候能肯定自己，接纳自己，但对自己的信心仍有动摇的时候；若总在 20 分以下，说明被试者自尊程度低，多数时候都处于一种否定自己、被动、退缩的状态，还需要努力发展自尊。

**心理体验活动一：是谁塑造了我**

**目的：**协助个人探索自己的发展历程，增强对自己的认识。

**操作：**

（1）在每个人的成长历程中，其塑造与成形，往往是有根可寻的。请按照要求填写下面的表格（表2.4）。在各方格中简单描述不同人物对你的看法、评价，及任何难忘的正面和负面的经历。

**表2.4　他人对自己的评价**

| | | | | | |
|---|---|---|---|---|---|
| | | | | | |
| 父亲 | 母亲 | 自己 | 老师 | 一位重要人物 | 其他 |

（2）在填写过程中，请重点作如下自我探索：

第一，你对哪一个人的看法最为重视？原因是什么？

第二，最难填写的是哪一部分？原因是什么？

第三，假设很努力填写，却乏善可陈，应当反省自己的人际关系。

第四，除非有充分理由，当全栏出现空白的情况时，应寻求原因。

## 心理体验活动二：独特的我

**目的：**帮助个人具体界定自己的长处和缺点，学习接纳自己和欣赏自己，同时，肯定自己是一个独特的人。

**操作：**

（1）请认真地填写表2.5。

**表2.5　我的长处与缺点**

| 我的长处 | | 我的缺点 | |
|---|---|---|---|
| | | | |

(2) 假如所填的长处太少，说明你是一个自我概念比较低、自我形象贫弱的人，同时你肯定也是一个不能接纳自己的人。因此，接下来所要做的就是设法具体地发掘、界定你的长处，对自己做出肯定。下面要做的是：邀请你的家人或者熟悉你的同学、朋友(起码要有两位)参与进来，让他们根据对你的了解，分别说出他们认为你拥有的长处。然后，你把包括你自己在内的三种(或更多)回答比对一下，看看其中有多少项是你没有发现，而别人却看法一致的。遇到这些项目时，你还可以和参评人做些讨论，了解自己在他人眼中是一个什么样的人。在经过别人的帮助和诱发后，你的表格中往往是长处多过缺点。请再填写表 2.6：

**表 2.6　看清自己的长处和缺点后的感受**

| 当我再一次看清楚自己的长处和缺点之后，我感到： | |
|---|---|
| | |

(3) 还可以进一步深入地进行一些探讨：在缺点方面，按“不能改变”的缺点和“可以改变”的缺点进行分类。分好类后，对于后者，还可定出改进的计划和方法。

(4) 小组交流后团体分享，或直接进行团体分享。

# 第三章

# 塑造人格，健全自我

## 典型案例

小说《红楼梦》中有一个关键人物——王熙凤。王熙凤是贾母的孙媳妇，贾赦和邢夫人的儿媳妇，王夫人的内侄女，金陵十二钗之一，贾琏的妻子，贾府通称凤姐、琏二奶奶。在贾府中，论辈分，王熙凤的辈分很低，属于孙子辈，但就是在这样一个大家族中，她却能成为大管家，成为贾家荣府的实际掌权者，可见王熙凤的能力非同一般。正如书中所描述，王熙凤长着"一双丹凤三角眼，两弯柳叶吊梢眉"，身量苗条，体格风骚，粉面含春威不露，丹唇未启笑先闻，未见其人，先闻其声。王熙凤"明是一盆火，暗是一把刀"，漂亮、精明、能干、泼辣，但也八面玲珑、狡诈。王熙凤对上善于阿谀奉承，因此博得贾母欢心，从而独揽了贾府大权，成为贾府的实际统治者。她非常善于察言观色，辨风测向，常常是对方话还没有说出口，她就已经猜到并办好了。例如，林黛玉刚进贾府时，王夫人对王熙凤说："是不是拿料子做衣裳呀？"王熙凤说："我早就预备下了。"此处脂砚斋有一个评语：王熙凤并没有预备衣料，只是随机应变。而王夫人却点头相信了。王熙凤所具有的精明、泼辣、八面玲珑等特点就是她典型的人格特点。

# 第一节　人格：人的共性与差异性

2015 年 6 月 2 日，长江流域湖北段发生“东方之星”号沉船的重大事件，这一沉船事件牵动了全国十几亿人民的心，国内许多新闻媒体连续滚动播报“东方之星”号游船上被困游客的救援和沉船的打捞进程。全国各地的人们通过新闻媒体得知沉船的消息后，除了惊恐和悲伤之外，不同的人还会有其他不同的反应。有些人可能仅限于关注媒体对救援情况的报道，有些人则可能立刻动身前往事故现场去做志愿者，而有些人可能因为伤心干脆不看新闻报道，等等。面对同样的事件，人们的反应却不一样，这反映出了人与人之间的差异性，这主要与人们的人格差异有关。“人心不同，各如其面”。当然，人与人之间也有共性，即所谓的“人同此心，心同此理”。

## 一、人格是什么

所谓人格，是指一个人的才智、情绪、愿望、价值观和习惯的行为方式的有机整合，它使个人对环境的适应具有独特的模式。在日常生活中，人格也被称为个性。“人格”一词最早是从日本引入的，最初指不同的演员在舞台上所带的面具。不同演员扮演的角色不同，所带的面具也不同，表现出来的特征也不同。我国的京剧演员所带的脸谱便因扮演角色的不同而异。《说文解字》中对“格”字做了非常形象生动的解释。“格”意“木长貌”，意思是树枝长出的形状，树枝的形状千奇百态、各不相同。在“格”字之前加上“人”字，表示人的独特性，正如世界上没有完全相同的两片树叶，也没有完全相同的两个人。心理学中的人格指一个人的心理特征，是事实性判断，而非道德性判断，没有好坏之分。

人格具有独特性、稳定性、整体性和社会性四大特征：

**独特性**。每个人的人格都不一样，世界上没有完全相同的两个人。

**稳定性**。人格具有跨时间和跨情境的稳定性。一个人在昨天、今天和明天，去年、今年和明年所表现出的人格特点在很大程度上具有一致性。一个人在不同的情况中所表现出来的人格特点在很大程度上也具有一致性。

**整合性**。一个人所具有的各种特点是相互联系的一个有机整体。

**社会性**。人格是社会化的人所独有的特征。

## 二、我的人格是如何形成与发展的

假如你有机会到医院妇产科的婴儿室去看刚出生的婴儿，你就会发现，他们的表现迥然不同。有些婴儿安静地躺在婴儿床上，而有些婴儿一生下来就把眼睛睁得大大的，东张西望，而且小手和小脚不停地舞动。这表明人的有些特点是一生下来就有的，具有遗传性。人的人格是由遗传和环境共同决定的，其中遗传占了很大的比重。正如人们平常所说的：江山易改，本性难易；龙生龙，凤生凤，老鼠生的儿子会打洞。

科学的研究表明，人的人格在很大程度上是遗传的。曾有西方的研究者进行了一些有趣的研究，结果显示了遗传在人格形成中的作用。研究者很幸运地发现了一对生下来就被分开抚养的同卵双生子，并对他们进行了研究。这对同卵双生子生下来后，由于某一原因就被分开抚养，他们生活在相隔很远的两个地方。从出生到三十多岁第一次见面之前，他们从来没有过任何的联系。研究者研究发现，这对同卵双生子在很多特点上具有非常大的相似性，包括他们所喜爱穿的衣服，甚至他们所喜爱的球星都是相同的。这对同卵双生子一出生就被分开抚养，生长的环境有很大的差异，但他们所表现出的特点却很相似，研究者只能借助遗传的力量来解释他们特点的相似性（见图 3.1）。另有领养研究也表明了遗传的作用。领养是指孩子出生后就交给养父母进行抚养的方式。研究表明，虽然刚开始，领养的孩子所表现出的某些特点与养父母的相似性很大，但随着孩子年龄的增长，他所表现出的许多特点越来越像其亲生父母。这一现象说明，环境对个体的人格具有一定的影响，但是，当环境的影响力变得稳定时，遗传的作用就显现出来了。

**图 3.1 一对异地长大的同卵双生子**

当然，需要记住的是，我们的人格不是完全由遗传决定的，只能说遗传在决定我们人格的过程中占有很大的比重。我们的人格也受环境因素的影响，正如常说的“近朱者赤，近墨者黑”。影响个体人格的环境因素包括很多方面，出生前的母亲子宫环境，出生后的家庭环境、父母的教养方式、学校环境、同伴关系、社会传媒以及社会大环境等都会对个体人格的形成与改变带来很大的影响。

家庭环境对孩子人格的影响非常大，也正因为如此，有人把家庭比喻成孩子人格形成的“加工厂”。气氛温馨的家庭和火药味十足的家庭，明显地会给孩子的人格形成造成不同的影响。假如父母经常在家吵架，甚至在孩子面前大打出手，在这样的环境下长大的孩子，一方面很可能表现出暴躁、冲动的人格特点；另一方面，有些孩子也可能表现出退缩、胆小、回避、自卑等人格特点。

父母的教养方式不同，也会对孩子的人格形成造成不同的影响。有研究者把父母的教养方式分为四种类型：专制型、民主型、溺爱型和忽拒型。专制型的教养方式表现为子女的所有活动都由父母决定，子女必须无条件服从，父母对子女的期望高，但情感关爱少，父母不允许子女对其有不同的意见。在这种教养方式下长大的孩子，一般表现出的典型人格特点是不快乐、焦虑、低自信、低自主性、依赖性强、缺乏社会技能和利他行为、以强硬或挑衅的态度对待他人等。民主型的教养方式表现为父母关爱子女，以身作则，对子女的行为有较高期望和标准，但不是强迫或苛求的，以民主的方式与子女交流意见，听取子女意见，并向孩子解释行为标准的原因，要求子女的行为标准和价值观始终保持一致，使子女有所遵循。在这样教养方式下长大的孩子一般表现出快乐、自信、好奇心强、自立、社会能力强和人际关系好等人格特征。溺爱型的教养方式表现为：不给子女提出期望和标准，对子女过分宠爱又疏于管教，即使子女有不当行为，仍溺爱、护短。这样的孩子长大后会表现出能力差、自私、缺乏学习动机、依赖性强、寻求他人注意、不服管教、冲动性强等特点。忽拒型的教养方式表现为忽视、拒绝子女的需求，对子女缺乏情感上的关爱，孩子成了父母的累赘。在这样教养方式下长大的孩子会表现出不服管教、行为刻板化、自控能力差、忍受挫折能力低、没有长远目标等人格特征。

好的学校环境，对学生养成良好的人格具有重大作用。假如一个学校的校风和班风很差，会导致一些学生养成很多不好的行为习惯，如拖延、无约束能力、自控能力差等。有研究表明，教师的管理风格对学生的言行有一定影响。相关学者把教师的管理风格分为三类：专制型、放任型和民主型。在专制型管理风格下学习的学生，他们的言行特征表现为作业效率高，对领导的依赖性强，缺乏自主行动，常有不满情绪；在放任型管理风格下学习的学生，作业效率低，任性，经常产生失败感和挫折感；在民主型管理风格下学习的学生，他们完成作业的目标是一贯的，行动积极主动，很少表现出不满情绪。

社会环境对一个人人格的影响就更大了。正如《荀子·劝学》中写道：蓬生麻中，不扶而直，白沙在涅，与之俱黑。

总的来说，个体的人格是在遗传与环境的相互作用中形成与发展的。

至于人格在个体的一生中是如何发展的，不同的心理学家给予了不同的解释，仁者见仁，智者见智，其中最著名的是古典精神分析的创始人弗洛伊德和新精神分析的代表人物埃里克森的观点。

弗洛伊德是19世纪文艺复兴时期奥地利的一位医生，他因创建了一套宏大而完整的心理结构、形成与治疗理论而享誉全世界。他的人格结构与发展理论观、有关梦的分析与自由联想，以及防御机制观点经常成为人们的口头禅，如压抑、潜意识、投射，以及力比多等。然而，由于弗洛伊德认为人格以及各种神经症的形成均与早期的成长经历，特别是性（广义的性，而不是狭义的性）经历有关，他的泛性论因此遭到很多人的诘难，人们对他通常毁誉参半。弗洛伊德认为人的人格是由三部分构成的，包括本我、自我和超我。本我代表人身上所表现出的最原始的我，也即人之兽的一面，本我完全按照快乐的原则来行动，代表感性的一面；超我代表人身上道德的一面，也即神的一面，超我完全按照道德原则来行动，代表理性的一面；自我按照现实的原则来行动，在本我与超我之间起着协调性的作用。假如协调好了，那么人的心理就是健康的；假如没有协调好，那么人的心理就会出现异常表现。对《西游记》中的人物进行分析可以看出，虽然唐僧是一个俗人，但他完全表现出了超我的一面，而猪八戒是典型的本我表现，贪吃、贪睡和贪色。至于自我是如何在本我与超我之间进行调节的，可以以下面的例子进行比喻。一位男子经过一个银行门口，看见押钞车的人员正在搬运一箱箱钞票，此时这位男子的本我可能表现为想把这笔钱抢过来，这样下半辈子他就不用再那么辛辛苦苦地工作了。但是，他的超我站出来说，这样做是违反法律和道德的，而且还有可能被押运人员开枪打死。此时，这位男子的本我与超我之间出现了矛盾，引起焦虑和烦躁。于是，自我站出来进行了协调：还是老老实实去工作吧，虽然工作辛苦，酬劳低，但这样通过自己的劳动得来的报酬让人安心。因此他的心理又恢复了平静。

弗洛伊德认为个体人格的发展在儿童六岁左右就已基本完成。然而，他的有关人格发展的这一观点后来遭到许多学者的质疑。后来，新精神分析的代表人物埃里克森认为人格的发展是贯穿人的一生的，并提出了个体人格发展经过八个阶段的观点。

# 第二节 独特唯一的我

每个人都是一个独特的人，每个人都具有独特的人格、气质和能力。假如我们能够充分地了解自己的人格、气质和能力等，那将会使我们的生活更加精彩，事业更加成功。

## 一、了解我的人格

小说《红楼梦》的作者对书中一些代表人物的人格特质进行了栩栩如生的描述，每一个代表人物均具有一些典型的人格特质。如王熙凤的典型人格特质表现为能干、泼辣和狡诈，正如文中写到的“未见其人，先闻其声”；林妹妹的典型人格特质表现为多愁善感、聪慧、抑郁等，正如《葬花吟》中所写到的“……侬今葬花人笑痴，他年葬侬知是谁？试看春残花渐落，便是红颜老死时；一朝春尽红颜老，花落人亡两不知。”平常，同学、同事、朋友们在一起聊天时，也常常会谈到这个人是外向的，那个人是内向的。那么，我们依据什么来说这个人是外向的、那个人是内向的呢？

英国著名的心理学家艾森克通过多年的研究，提出人类的人格是由三个维度构成的，分别为内外向、神经质和精神质。神经质主要是指人的情绪稳定性，精神质与个体的智力活动和创造性相关。具体到某一个人，我们说这个人是外向的，那个人是神经质的，这种说法是不妥的。也就是说，内外向、神经质和精神质这三个方面在每一个人的身上都有所体现，只不过具体到某一个人，这一个人可能在内外向上得分偏高，表现为外向型，在神经质方面的得分稍低，情绪表现比较稳定，在精神质维度上的得分稍高；而另一个人在内外向上表现为内向型，在神经质维度上得分稍高，情绪不稳定，在精神质维度上得分也稍高。同时，人格的每一个方面均是一个连续的统一体，而不是要么 A、要么 B 的分类。例如，内外向是一条连续的线，而不是两个点，我们只能说某个人在内外向上的得分比较低，偏内向，另一个人在内外向上的得分比较高，偏外向。

外向的特点包括：好社交、活泼、好动、武断、好寻求刺激、快活、好支配人、感情激烈、好冒险。可用这些形容词描述在内外向上得分高的人，而用这些形容词的反义词来描述内外向上得分低（内向）的人。外向的人具有情绪冲动和难以控制、爱交际、喜社交、冒险等特点。内向的人具有情绪稳定、好静、不爱社交、冷淡、不喜欢刺激、深思熟虑等特点。外向的人追求刺激，内向的人回避刺激。典型外向的人好社交，喜欢聚会，有很多朋友，喜欢热闹，凭冲动办事。内向的人则较安静，好反省，谨慎，深思熟虑，很少有冲动的行为，喜欢有规律的生活，不喜欢充满偶然性和冒险性的生活。内向的人对疼痛更敏感，更容易疲倦，喜欢单独度假，较少受暗示，但更多地接受了社会禁忌，因此更受抑制和约束。在学习上，外向的人更多地受表扬的影响，内向的人更多地受惩罚的影响，即外向的人在学习中会更多地追求表扬，内向的人则更多地在避免惩罚。

构成神经质的特质包括焦虑、抑郁、内疚、低自尊、紧张、不理性、害羞、喜怒无常、易动情。这些形容词可用于描述神经质上得分高的人，而这些形容词的反义词则用于描述神经质上得分低的人。高神经质的人情绪易变，经常抱怨说很苦恼、焦虑，并且常常感到身体不适（如头痛、头昏、胃痛等）。他们是情绪不稳定或情绪化的人，在情绪上往往表现出过度反应，对很小的挫折和问题也有很强的情绪反应，并且体验到一种情绪以后，要经过较长的时间才能恢复常态。而低神经质的人则很少情绪失控，很少有大起大落的情绪体验。情绪稳定的人，情绪反应轻微而缓慢，并且很容易恢复平静，不易焦虑，这种人稳重、温和，容易自我克制。情绪不稳定的人表现为高焦虑，他们喜怒无常，容易激动。当外向和情绪不稳定性同时出现在一个人身上时，在不利情境中很容易表现出强烈的焦虑。

在精神质维度上得高分的人，表现出倔强、固执、粗暴强横和铁石心肠的特点。这样的人性情孤僻，对他人漠不关心，心肠冷酷，缺乏人性、情感和同情心，是令人讨厌的人，对周围的人和动物缺乏怜悯，攻击性强，甚至对很亲密的人也常常会表现出恶意。不过，高精神质的人，创造性也往往相对较高。精神质上得分低的人具有性格温柔等特点。低精神质人的共同特性是在思维和行动方面表现得非常迟缓。

## 二、认识我的气质

日常生活中，我们经常听到周围的人在谈论某人时说，他这个人很有气质。那么究竟什么是气质？假如让那些没有接受过心理学专业知识训练的人来回答这个问题，他们很有可能要么只能意会，不能言传；要么说某个人很有气质是因为他的穿着很得体，言谈举止很恰当，精神面貌很好等。这是日常生活中的人们对气质的理解，而心理学这一学科对气质的解释与日常生活中人们的理解有很大的不同。心理学中，把气质定义为个人生来就具有的一种特殊的情绪反应特征。如不同的新生儿对响声、光亮等刺激的反应有很明显的差异，这就是因为不同婴儿气质上的不同。气质在很大程度上是遗传的，所以才会“江山易改，本性难易”。当然，气质也不是完全不能改变的。在某种环境长期的影响下，一个人的气质也会由于环境的熏陶而发生一定的变化。

古希腊著名的医生希波克拉底认为人体内含有四种体液，分别为血液、黄胆汁、黑胆汁和黏液，并根据哪一种体液在人体内占优势，把人的气质分为四种类型：多血质、胆汁质、黏液质和抑郁质。目前，虽然希波克拉底的有关人体内含有四种体液的观点已被证明是不科学的，但他所提出的气质的四种分类一直被沿用至今。有人把这四种气质类型比作一年四季的春、夏、秋和冬。多血质类似于春天，多血质的人热情，有能力，适应性强，活泼好动，注意力容易改变，富于幻想，办事凭兴趣，不愿做耐心细致的工作，反应灵活，喜欢交际，容易适应新环境，可塑性强。胆汁质类似于夏天，胆汁质的人脾气暴躁，情绪发作快，来得快去得也快，他们喜欢争强好胜，精力旺盛，易兴奋，这种人热情直爽，做事勇敢果断，思维不严密，常常感情用事，刚愎自用，但表里如一，很讲哥们义气。黏液质类似于秋天，具有这种气质的人安详平稳，稳重，喜欢深思，情绪不易外露，灵活性差，但自制力强，有耐力，不喜欢人际交往，一般朋友少但知心朋友交情很深，做事慢但扎实，为人踏实可靠。抑郁质类似于冬天，这种类型的人情绪体验深刻，细腻持久，基本的心境是消极抑郁的，多愁善感，心事重重，不喜欢交往，孤僻离群，胆小畏缩，消极防御反应强。打个比方，如某歌星正在某城市体育馆举行一场个人演唱会，演唱会已经开始，门票也已卖完。此时，假如一个胆汁质的人匆匆忙忙赶到入口处，他没有买票但想进场听演唱，结果被保安拦住，这个人的典型行为表现可能是与保安大吵大闹，甚至是动起手来，结果是不欢而散。假如一个多血质的人面临同样的问题，他的表现可能就灵活得多，他可能会尽量与保安套关系，给保安小恩小惠，最终通过和平的方式达到自己的目的。假如是一位黏液质的人，被保安拦在门口，他可能会想不让进去就算了，反正电视里正在直播，我回家看电视也一样。而抑郁质的人假如遇到这样的问题，他可能会想自己怎么这么倒霉，倒霉的事情都让自己遇上了，以后再也不做这样的事情了。图 3.2 很好地展现了四种基本气质类型的人的人格特征。

图 3.2　四种基本气质类型者图示

气质没有好坏之分。每一种气质都有其积极的一面，也有其消极的一面。如属于多血质的人，灵活机敏，工作能力较强，但注意力不稳定，兴趣易转移。属于抑郁质的人虽然工作魄力不强，但工作上细心专注，富有想象力。胆汁质的人虽然脾气比较粗暴，易冲动，但这种类型的人比较重感情，讲义气，爽快。气质在很大程度上是遗传的。我们在清晰地认识到自己的气质类型后，应尽量地发挥自己气质中的优点，避免气质中的缺点带来的负面影响。

## 三、清楚我的能力

现实生活中有各种类型光芒四射的名人，电影名人成龙，体育名人刘翔，物理学家杨振宁等，这些人的能力都超强。“能力”是人们经常挂在嘴边的一个词，有人聪明，有人笨拙；有人显示了音乐才华，有人则具有组织能力；有人学业出众，有人事业有成；有人一生成就非凡，有人碌碌无为等。“能力”这个词对我们来说，应该一点也不陌生，但假如需要给能力一个科学的定义，究竟是什么呢？一般认为，能力是一种心理特征，是顺利实现某种活动的心理条件。如一位画家所具有的色彩鉴别力、形象记忆力等，都是能力，这些能力是保证一位画家顺利完成绘画活动的心理条件。

有研究者认为，可以把人类的智力分为七种，分别是逻辑-数学智力、音乐智力、肢体-动觉智力、空间智力、人际智力、内省智力和言语智力。

逻辑—数学智力是指运算和推理的能力，表现为对事物间各种关系（如类比、对比、因果和逻辑等关系)的敏感以及通过数理运算和逻辑推理等进行思维的能力。代表人物包括侦探、律师、科学家、数学家、逻辑学家、统计学家等,如爱因斯坦。

音乐智力是指感受、辨别、记忆、改变和表达音乐的能力,表现为个人对音乐(包括节奏、音调、音色和旋律)的敏感以及通过作曲、演奏和歌唱等表达音乐的能力。代表人物包括音乐家、作曲家、乐队指挥、录音工程师、乐器调音师等,如贝多芬。

肢体—动觉智力是指运用四肢和躯干的能力,表现为能够较好地控制自己的身体、对事件能够做出恰当的身体反应以及善于利用身体语言来表达自己的思想和情感的能力。代表人物包括运动员、舞蹈家、外科医生、杂技艺人等,如乔丹。

空间智力是指感受、辨别、记忆、改变物体的空间关系并借此表达思想和情感的能力,表现为对线条、形状、结构、色彩和空间关系的敏感以及通过平面图形和立体造型将它们表现出来的能力。代表人物包括水手、飞行员、雕刻家、画家、建筑师等,如毕加索。

人际智力是指与人相处和交往的能力,表现为觉察、体验他人情绪、情感和意图并据此做出适宜反应的能力。代表人物包括教师、推销员、公关人员、谈话节目主持人、管理者、政治家等,如甘地。

内省智力是指认识、洞察和反省自身的能力,表现为能够正确地意识和评价自身的情绪、动机、欲望、个性、意志,并在正确的自我意识和自我评价的基础上形成自尊、自律和自制的能力。代表人物包括心理学家、哲学家、小说家、律师、禅师等,如弗洛伊德。

言语智力包括听、说、读、写的能力,表现为个人能够顺利而高效地利用语言描述事件、表达思想并与人交流的能力。代表人物包括诗人、小说家、演讲者、雄辩家等,如莎士比亚。

假如让诸葛亮与爱因斯坦进行 PK,你认为谁的能力更强?(图 3.3)这个问题可能无法回答,因为人与人之间的能力是有差异的。人与人的能力差异首先表现在发展水平的差异上。一般来说,大多数人的智商在 70～130 之间,智商在 100±32 以内的人大约占全部人口的 95.4%,智商高于 132 或低于 68 的人在全部人口中只占极少数。智商高于 132 的人,我们称为超常者,儿童被称为神童。而智商低于 68 的人被称为低能儿。即使是智商在 68～132 之间的人,具体到每一个人,他们的智商也不同,有高有低。其次表现在能力发展的早晚差异上。一方面,有些人很早就表现出很高的能力水平,年轻时就显示出卓越的才华,被称为人才早熟。如王勃 10 岁时就能赋诗,李白 5 岁通六甲、7 岁观百家,奥地利的作曲家莫扎特 5 岁开始作曲、8 岁试作交响曲、11 岁创造歌剧。另一方面,有些人到了年龄很大时才表现出自己的才华,这种被称为大器晚成。如达尔文年轻时被认为是低能儿,但后来成为进化论的创始人。再次表现在能力类型的差异上。如有人擅长记忆,有人擅长思维。最后表现在能力的性别差异上。有研究表明,男生在竞争性数学活动中的表现比女生好,而女生在合作性数学活动中的表现比男生好。另有研究表明,在中小学阶段,女生在计算能力上具有一定优势。在问题的解决上,中学时期女生的表现略好于男生,但在高中和大学阶段，男生的表现则比女生好。在空间知觉能力方面，男性明显优于女性，而在空间想象力方面，男女之间没有差异。

图 3.3　谁更聪明：诸葛亮 PK 爱因斯坦？

# 第三节　完善人格，塑造快乐的我

人格与健康之间的关系一直受到心理学界的关注。20 世纪 50 年代末，美国的两位临床医生弗里德曼和罗森曼提出了“A 型行为模式”的概念。他们发现冠心病的传统危险因素（高脂肪摄入、高血脂、吸烟）不能完全解释冠心病的发病率。临床观察发现：冠心病病人的行为特征与正常健康人有很大差异，即冠心病患者大多有强烈的成就努力、竞争性强、说话元气旺盛，以及有时间紧迫感等行为特征，这些行为特征被称为 A 型行为模式或 A 型人格（或 A 型性格），未发现这些相关行为特征的人格被称为 B 型行为模式或 B 型人格（或 B 型性格）。心理学者格拉斯认为，A 型人格的人具有下列一些特征：觉得时间过得相当快；在需要延宕反应的作业上表现不佳；几乎最大极限地工作，即使无期限规定也是如此；赴约会提前到达；受到挫折会变得具有攻击性和敌意；较少报告疲劳，较少躯体症状；有强烈的欲望想主宰自己的身体和社会环境，并维护控制权。A 型人格的人时间紧迫感强、做事快、感到时间不够用、长期处于亢奋状态、每天大部分时间处于紧张状态、做事情多面出击、总想同时做一项以上的事。B 型人格的典型特征表现为：悠闲自得、不爱紧张、一般无时间紧迫感、不喜争强、有耐心、能容忍。罗森曼等人通过长达八年的研究表明：患冠心病的 A 型人格个体比 B 型人格个体多两倍，患冠心病的 A 型人格个体继发心肌梗塞的可能性约五倍于非 A 型人格的冠心病患者。但是也有研究发现，两者没有很大的关系。此外，也有研究者提出了 C 型人格的概念。C 型人格主要表现出如下特点：不表现出愤怒，把愤怒藏在心里并加以控制，在行为上表现为与别人过分合作，原谅一些不该原谅的行为，生活和工作中没有主意和目标，不确定性多；对别人过分有耐心；尽量回避各种冲突，不表现负面的情绪（特别是愤怒），屈从于权威等。有研究表明，对愤怒的压抑、抑郁与癌症的发生、恶化和预后不良有很大的联系。人格与健康的关系如此密切,那么该如何完善自己的人格呢?

## 一、好人格开启成功之门

### (一) 自立,让你拥有真实的高度

一则寓言故事描绘了这样一个情境:一只小蜗牛问他妈妈,为什么我们从生下来就要背负一个又硬又重的壳呢?他妈妈回答说,是因为我们的身体没有骨骼的支撑,只能爬,又爬不快,所以要这个壳来保护。小蜗牛说,毛毛虫姐姐没有骨头,也爬不快,为什么她不用背呢?妈妈说道,因为毛毛虫姐姐能变成蝴蝶,天空会保护她。小蜗牛又问,可是蚯蚓弟弟也没有骨头,爬不快,也不会变成蝴蝶,他为什么不用背啊?妈妈说,因为蚯蚓弟弟会钻土,大地会保护他。小蜗牛哭着说,我们好可怜,天空不保护,大地也不保护。蜗牛妈妈安慰他说,所以我们有壳啊,我们不靠天、不靠地,我们靠自己。这则故事告诉我们要学会自立。简单地说,自立就是摆脱依赖,用自己的双手创造明天,对自己的主张和所作所为负起责任来。

自立是打开成功之门的钥匙,也是力量的源泉。要想成就大事,首先应抛开身边的"拐杖",独立自主。陶行知先生曾说过,滴自己的汗,吃自己的饭,靠人靠天靠祖上,不算是好汉。真实的高度依赖的是自身的努力,父母的成就再高再大,始终是他们自己的。父母不可能帮助和照顾我们一辈子,总有一天我们得依靠自己来管理自己的一切。人终究是要自立的,晚立不如早立。一个人能达到的高度,最终取决于自身的努力。只有抛弃身边的每一根拐杖,依靠自己,才能赢得最后的胜利。一旦不再依赖别人的援助,自强自立起来了,也就踏上了成功之路。一旦抛弃对外来帮助的依赖,我们就会发挥出过去从未意识到的力量。德国诗人歌德曾说,谁若不能主宰自己,谁就永远是一个奴隶。要想自立,就要学会摆脱依赖的心理。依赖心理是一种消极的心理状态,它影响一个人独立人格的完善,制约着人的自主性和创造力。

### (二) 自信,成功之路畅通无阻

自信是人对自身力量的一种确信,是相信自己能行的坚定信念。自信,是追求卓越人生的旅途中不屈服的支柱。有自信,才能发挥生命中的潜质,才能战胜人生旅程中的困难和挫折,才能不断地超越自我,也才会抓住生命中不期而至的机遇。不自信,往往会约束自己的思维,使自己的视野范围变得狭窄,看不到希望,更有可能得不到成功。19 世纪的英国诗人济慈一生贫困,饱受文艺批评家的抨击,且恋爱失败,身患痨病,26 岁即去世。虽然济慈一生穷困潦倒,但他不甘于环境的支配。在少年时代,他就自信能成为诗人。他说:"我想,我死后可以跻身于英国诗人之列。"济慈一生

致力于这个最大的目标，使他最终成为一位名垂不朽的诗人。

如何才能建立自信？可能很多人都会问这个问题。自信不是一蹴而就的，而是在生活中一点一点积累起来的，通过生活中的每一件事情（不论大小）去建立自信。一位哲人曾说过："做好自己能够改变的事情，接受自己不能改变的事情，不要因为自己不能改变的事情烦恼，并拥有辨别这两种事情的智慧。"现实世界中，没有一个人是十全十美的，没有一个人能在生理、心理、生活的各个方面都是强者。

**第一，正视自己的缺陷**。每一个人总会有这样或者那样的缺陷，所以要建立自信，正视自己的缺陷，接受自己的不足。尼采的矮小、爱因斯坦小时候的"愚钝"等，都向我们说明每个人都不是完美的。马克思、列宁、邓小平、拿破仑个子都不高，但他们都凭自己的聪明才智取得了伟大的成就。维纳斯的美正是由于她那残缺的独臂。所以，要学会接纳自己的不足，相信天生我材必有用。

**第二，要学会扬长避短**。人们常常说，上帝对你关了一扇门，一定会为你打开另一扇窗。音乐指挥天才舟舟虽然是先天愚型儿，直到 8 岁才会从 1 数到 5，但他是一个无师自通的天才指挥者。田忌赛马的故事也告诉我们一个道理，只有学会扬长避短，方能获得胜利。

**第三，勤能补拙**。一分辛劳一分收获，只要能够不断地坚持、锻炼，一些缺陷与不足也能得到很好的改善。英国著名戏剧家萧伯纳以其幽默的演讲才能著称。然而，直到 20 岁时，他的胆子还很小，到别人家去做客时总是在客人家门口徘徊。不敢进去，更不用说在大众面前说话了。一次，一位朋友让他参加一个演讲，这是他一生中的第一次演讲，结果非常糟糕。从此，他发誓每星期都要当着大众进行演讲。人们在学校、教堂、市场、公园、码头等地方，都能经常看到他激情演讲的身影。正由于锲而不舍的精神，他最终实现了自己的目标，成为一代著名的演说家。

**第四，积极的自我暗示**。有些人经常对自己说，自己不行，自己很笨，正是因为他们对自己的消极暗示，使自己变得胆怯、不能干和不健康。我们不妨经常告诉自己，"我是一个聪明的人"、"我是一个有能力的人"等，奇迹也许就会在你身上发生。告诉自己"我是最棒的"，你就一定是最棒的，相信自己"我一定行"，那么你也就一定能够掌握自己的生活、自己的命运。

建立自信，还应学会正确对待成功与失败，对成败进行合理的归因。同样的事情，归因不同，可能会导致不同的结果。假如把考试挂科归为自己的能力不行，可能会导致越来越缺乏自信。但是，假如把原因归为自己的努力不够，那么就不会丧失自信。

### （三）自尊，不能缺失的人格尊严

春秋末年，晏子奉命出使楚国，楚王百般刁难他。因晏子身材矮小，楚国人就在城门中开了一个小门，准备让晏子从小门进去。晏子说："只有出使狗国，才从狗洞进去。"楚王只好让晏子从大门进去。等到拜见楚王时，楚王又说："齐国没有人了吗？

怎么派你这样的人来呢?”晏子回答说:“齐国有规矩,派有能力的人出访上等国家,派无能的人出访下等国家。我是最无能的人,就只好出使楚国了。”晏子最终以不亢不卑的态度维护了自己和国家的尊严。松下电器的创始人松下幸之助在给公司员工培训时说过这样的话,“不怕别人看不起你,就怕你自己没有志气。人须自重,然后才能为他人所重。应该让人在你的行为中看到你堂堂正正的人格。”像这样反映维护自尊的典型个案非常多。自尊就是尊重自己,是对自己的尊严和价值的维护。

拥有自尊使人不甘落后,积极进取;缺乏自尊则使人变得麻木不仁,甚至变得无耻。那么,如何培养我们的自尊呢?

**首先,悦纳自己,学会唱自己的歌**。俗话说,金无足赤,人无完人。每一个人都有自己的长处和短处。悦纳自己就是在正确认识自己的基础上,赏识自己的优点和才能,而对自己的缺点与局限也能坦然接受。

**其次,还需采取适宜的自我防御机制**。个人能力总是有限的,总会有无能为力的时候,采用适当的防御机制,有助于保护自己的自尊。可以尝试采用向下比较的方式。俗话说:比上不足,比下有余,说的就是这个道理。向下比较就是与不如自己的人进行比较。向下比较能够让自己获得高自尊。有一个穷人每天都很快乐,有人问他为什么这么快乐,他说自己曾因为穷,没有鞋子穿而非常自卑,直到有一天他在街上遇到一个没有脚的人,才认识到自己有多幸福,我比他要幸福多了。

**再次,学会幽默,也可以保护自尊**。幽默是指以诙谐的方式对待困境。当处于尴尬的境地时,以开玩笑、说俏皮话等幽默的方式进行自我解嘲,既无伤大雅又可解除难堪的局面。阿Q斗不过小D时,说是儿子打老子。苏格拉底的妻子脾气非常暴躁。一天,苏格拉底正在和学生们讨论问题,忽然听到一阵叫骂声,随后他老婆提来一桶水,往他身上一泼,结果苏格拉底全身都湿透了,在场的人都很尴尬。苏格拉底只是一笑,说:“我早知道,大雷之后,一定会下大雨。”难堪的场面,经此幽默,既化解了事情,又没有伤及自尊心。

**最后,升华也是维护自尊的一个好方法**。升华是指个人在某事上受到重创之后,把原有的能量转移到其他的目标上,并因此而有所作为。假如恋爱失败了,我们可以把目标转移到认真学习上来,力争在学术上有一番成就。

### (四)坚韧,生命不会因挫折而失去光彩

如今,大多数家庭的经济条件相比于十年前要好很多。现在的很多家庭只有一个孩子,很多孩子因此形成了一种养尊处优的心态,依赖心理很强,同时,在面对困难时缺乏坚强的毅力。体现在当今的大学生身上,就是有一部分大学生不能控制自己,虽然知道在大学里也要好好学习,但缺乏一种学习的毅力,早上不能坚持起床,没课时一觉睡到上午十点钟。要想成就一番伟大的事业,没有坚强的毅力是根本不可能实现的。达尔文写《物种起源》花了20年,马克思写《资本论》花了40年,李时珍写《本草纲目》花了27年,徐霞客写《徐霞客游记》花了34年,曹雪芹写《红楼梦》花了10

年，由此可见，没有一本举世惊人之作不是经过坚持不懈的努力才得以完成的，坚强的毅力是支持他们克服困难、完成目标的基石。

毅力是一种完成艰难任务的持久力，是坚持正确方向、矢志不渝地完成既定目标的态度和决心，是不怕挫折、越战越勇的精神，简单地说就是坚持按照自己的目标和计划行动的能力。毅力不是一朝一夕的努力，而是持之以恒的追求，不是兴之所至的冲动，而是矢志不渝的奋斗。一般来说，完整的毅力活动包括三个部分：承诺、勇气和执行力。承诺是人对自己许下的诺言，是人们心中坚定不移、必然要达到的目标。很多时候，我们没有坚持到底，没有达到成功，不是因为我们没有能力，而是因为我们缺少一个清晰、明确的承诺。同时，不论做什么，快乐总是和磨难相伴，胜利总是和失败接踵，只有那些有勇气正视现实、有勇气迎接挑战的人才能实现自己的目标，成为一个有毅力的人。执行力，指的是贯彻战略意图、完成预定目标的操作能力。任何事情都需要一个过程，而不是可以一步到位、立马见效的。再伟大的目标与构想，再完美的操作方案，如果不能强有力地执行，最终也只能是纸上谈兵。

拿破仑说过，达到重要的目标有两个途径，一个是势力，一个是毅力。势力只有少数人拥有，但坚忍不拔的毅力则是多数人都可以拥有的。如何才能有坚强的毅力呢？培养兴趣能够激发毅力。兴趣是个体对特定的事物、活动及人产生的特殊的爱好，并能够从中获得快乐和满足感。每个人都会对他感兴趣的事物给予优先注意，并进行积极的探索，同时表现出心驰神往的意思。兴趣可以促使人们自觉自愿地做他感兴趣的事情，日夜奋斗而丝毫不觉疲惫。诺贝尔奖获得者丁肇中说，“我经常不分日夜地把自己关在实验室里，有人以为我很苦，其实这只是我的兴趣所在，是我感到其乐无穷的事情，自然有毅力干下去了。”另外，采用请周围的人进行监督、自我暗示、从小事做起、设定合理的目标等方法，都对培养毅力具有很好的作用。

### （五）乐观，幸福进取者的品质

生活就像一面镜子，你笑它也笑，你哭它也哭。对同样的半杯水，悲观的人会想：“唉，只剩下半杯水了。”而乐观的人会说：“不错，还有半杯水呢！”世界上并不缺少使人快乐的东西，缺乏的是发现快乐的良好心态。乐观、积极的心态是幸福生活的重要“营养品”。乐观是一种超越的心态。你身边总会有一些人整天嘻嘻哈哈，没事偷着乐，日子过得很开心。也许你会忍不住问他们：“难道你就没有一点点心烦的事情吗？”他们可能会回答：“非也，只是心态好而已。”乐观是一种坚强的信念，更是一种精神境界。那么，如何才能变得乐观呢？

**首先，换个视角看世界**。横看成岭侧成峰，远近高低各不同。从不同的视角看，同样的事情，可能会得到不同的结果，心情也就会不同。佛家说，命由己造，相由心生。怎样看待周围的世界，世界就会在我们眼中发生怎样的变化，从而我们的思想、感受和行为也会有所不同。合理地看待生活，尽量消除一些非理性的认知，如我一定要如何，我必须如何，一次考试失败天就会塌下来等过分概括、绝对化的认知，我们就不会产生消极情绪，人也就会变得很乐观。

**其次，换个心情体验生活**。人要学会知足常乐。知足是一种平和的境界，常乐是一种豁达的人生态度。知足者常乐，不是说这个人安于现状，没有追求，没有目标，而是说这个人懂得取舍，懂得放弃，懂得适可而止。人还要学会感恩。一个心存感激的人会在每天的生活当中看到美好的事物，并对此表示感谢，而不是抱怨。学会感恩，包括对自己所拥有的感恩，以及对生活给我们的馈赠的感恩，只有这样我们才会有一个积极乐观的人生观和健康的心态。

**最后，换种生活方式，改变自己的生活习惯，心境也许会有另一种景象**。豪迈豁达的李白在遭遇官场逆境的时候，抛下"安能摧眉折腰事权贵，使我不得开心颜"的诗句，便毅然东出长安，游遍名山大川，终于成就了一个"诗仙"。

## 二、人格缺陷是人生不幸之根

### （一）自卑，让生活迷失方向

有人说，自卑像受了潮的火柴，无论怎么摩擦，都很难点燃。有自卑性格的人常常感到孤独、压抑，他们经常封闭自己的感情。自卑的人往往自惭形秽，怀疑自己的知识水平和工作能力。他们做事犹犹豫豫，缩手缩脚，缺乏勇气，从而束缚了自身内在潜能的发挥。

但是，自卑并不是不可以改变的。每个人或多或少都有与生俱来的自卑感。大多数成功者并不是从来没有自卑过，而是他们能够从自卑中走出来，摆脱自卑和恐惧感，从而走向成功。心理学家阿德勒从小体弱多病，非常自卑，但他通过自己的努力最终成为一位著名的心理学家。他所提出的"自卑与补偿"观点为人所津津乐道。该如何克服自卑呢？

**一方面，要正确地认识自己**。把自己的优点写在一张纸上，对自己进行客观的分析，我们会发现自己很有能力，有很多别人没有的优势。尺有所短，寸有所长。对自己存在的问题，必须寻求正确的解决办法。假如你怕在大庭广众之下讲话，就一定要找机会在大众面前多讲话；如果你想跟别人提要求，就要毫不迟疑地提出来，无论结果如何，能够说出来，你就迈出了摆脱自卑的第一步。

**另一方面，要立即行动**。无论做什么事情，心动不如行动。从克服眼前的第一重困难、做好手头的第一件事情开始行动起来，你就会逐步建立起自信。每战胜一种困难，每提高一点能力，每完成好一项工作，都能让你感受到一份成功的喜悦。只有这样，才能不断地突破自卑的羁绊，才能使自己的信心不断递增，从而创造卓越的人生。

### （二）嫉妒，不幸中之不幸

黑格尔说："有忌妒心的人自己不能完成伟大事业，便尽量去低估他人的伟大，贬低他人的伟大性使之与他本人相齐。”

巴尔扎克说：“嫉妒者比任何不幸的人更为痛苦，因为别人的幸福和他自己的不幸，都将使他痛苦万分。”

嫉妒是指对才能、名誉、地位或境遇等比自己好的人心怀怨恨，对别人的成就感到不快的一种心理感受。过分嫉妒是一种不健康的心理，是一种消极的情感表现，是一种人格缺陷。人的本性是不满足，嫉妒正是人的不满足本性的表现之一，是对己不如人的一种不满足心态。庞涓因为嫉妒孙膑的才干，把孙膑的膝盖砍掉了，结果既害人又害己。那么，该如何消除嫉妒心理呢？

**一方面，对于别人取得的成就，我们应该学会用欣赏的心态去对待，而不是嫉妒。**要学会胸怀大度，宽厚待人。19 世纪初，肖邦从波兰流亡到巴黎。当时匈牙利钢琴家李斯特已蜚声乐坛，而肖邦只是一个默默无闻的小人物。然而李斯特对肖邦的才华深为欣赏。怎样才能使肖邦在观众面前赢得声誉呢？李斯特想了一个好方法。那时的钢琴演奏会，往往要把剧场的灯熄掉，一片黑暗，以便观众能够聚精会神地听演奏。李斯特先坐在钢琴面前，等灯一灭，他就悄悄地让肖邦过来代替自己演奏。观众被美妙的钢琴演奏征服了。演奏完毕，灯亮了，人们才发现演奏者是肖邦。人们既为出现了这位钢琴演奏新星而高兴，又对李斯特推荐新秀的行为深表钦佩。

**另一方面，少一份虚荣心，就会少一份嫉妒心。**嫉妒者往往很要面子，由于不愿意别人超过自己，所以试图通过贬低别人来抬高自己，这正是一种虚荣心理的表现。少一份虚荣心，就会少一份嫉妒心。

### （三）害羞，遮住了生活的阳光

我们常常看到这样的一些现象：有的人不敢在大庭广众之下讲话；有的人在路上碰到熟人后会因为害羞而故意躲避；有些人在开会发言时，虽然提前准备得很充分，但到关键时还是不敢发声。这种心理现象就是害羞或羞怯。害羞的人有以下表现：在公共场合退缩、缄默、尽可能避开他人；当在公众场所讲话时，心跳加快、脸红、冒冷汗。一般地，害羞的人对他人的看法极度敏感，怕给他人留下坏印象。有研究表明，40％的学生认为自己是害羞的；有 3/4 的人不喜欢害羞；90％已克服害羞困扰的人认为，害羞是有害的。害羞可能给个人带来的不良影响有：结识他人与交友困难；产生忧郁、孤单心理；难以恰当表达自己的意见和主张；难以让他人了解自己的实力；容易给人错误的印象（不友善，或孤傲）；与他人会面时，难以清晰思考及有效沟通；过分注重自我形象，过分关注别人会如何看待自己。

害羞的人往往过分关注自我形象，害怕自己在他人面前表现不好，被他人笑话。要想克服害羞心理，首先必须减少过分的自我关注。在公共场所演讲时，采取以下的方式，也许会减少害羞心理：第一，采取“无所谓”的态度，此处的“无所谓”并非真正的无所谓，而是指在讲话之前对要演讲的内容作了充分的准备，在真正演讲时采取无所谓讲得好还是坏的心态。第二，采用“自欺欺人”的方式，也许能减轻害羞的心理。在演讲时,可以把观众当“木头”或“石头”看待,或者认为听演讲的观众很少。第一次演讲时,无论如何害羞、如何紧张和担心,只要迈出了第一步,而且坚持演讲完,下一次再遇到这样的场合,害羞程度就会有所降低。只要坚持做,害羞心理就会越来越少。

每到陌生场合自感紧张时,还可以用积极的自我暗示方式提醒自己不要紧张和害羞,如这些人都是我认识的人,没什么好紧张的等。同时,还要自信,相信自己,以减少因害羞导致的紧张。

### (四)犹豫,使机遇擦肩而过

有这样一则寓言故事:一头驴面前有两垛青草,这头驴正准备吃其中一垛青草时,发现另一垛青草更鲜嫩、更有营养。于是这头驴跑到另一垛青草那里。可是,驴子发现这一垛青草还不如开始的那一垛青草,于是又跑回去。等到跑回来,却又发现另一垛青草更好。如此一来,驴子在两垛青草之间来回奔波,以致一根青草也没吃上,最终饿死了。

这则故事说明了犹豫所带来的后果。犹豫的人在需要做出决定时,不懂得应该做怎样的决定,心里反复想着正确的答案。犹豫的人总是希望做出正确的选择,但又被每一个选择所带来的负面结果蒙蔽了双眼,根本不知道自己想要什么,不知道事情的结果会是怎样的。歌德曾经说过,犹豫不决的人,永远找不到最好的答案,因为机会会在犹豫的片刻失掉。优柔寡断、当断不断是成功的大敌,在很多情况下,许多人正是因为没有及时做出决定而错过了大好机会。人总会有进退两难的时候,这种时候,一定要当机立断,迅速做出决定。不能决断的时候,往往是关键时刻,这个时候的优柔寡断往往会造成巨大的损失,付出惨重的代价。

歌德曾经还说过,要想走向成功,就要想到做到,毫不犹豫。如何消除犹豫,培养做事果断的性格呢?一要学会决定取舍,不要追求尽善尽美。金无足赤,人无完人,只要不违背大原则,就可以决定取舍。二要有胆有识。无论做什么事情都要有一种破釜沉舟的勇气。三要充满自信,对自己充满自信的人是不会犹豫不决的。克服犹豫不决的最好办法是肯定自己的能力,坚信自己能够做出正确的决定。

### (五)冲动,是毁灭你的魔鬼

一头驴和一头野牛很要好,它们经常在一起玩耍。一天,它们发现一个农夫的果园里有绿油油的青草和成熟的果子。于是它们偷偷地进入果园,偷吃了里面的青草和果子,而看守果园的人根本没有觉察到它们。驴吃饱后非常高兴,很想引吭高歌一曲。稳重的野牛对驴说:“朋友,你忍耐一下,等我们出了果园,你再唱吧!”可是,驴说:“我现在真的很想唱,你作为朋友就支持我吧!”野牛说:“可是,你一唱歌,看守果园的人就会发现我们,我们就跑不掉了。”驴没有接受野牛的建议,开始高歌起来。结果它们都被捉住了。这个故事告诉我们,冲动既害了朋友,又害了自己。现实生活中的很多案例,打架斗殴、杀人等,往往都是一时冲动而酿成大祸。事后,很多罪犯都后悔不已。冲动的情绪，往往使人对自己的行为缺乏控制力，容易说错话、办错事，产生不良后果。冲动的情绪有时就如同火山爆发，如果不能控制，便会伤及自己和周围的人。上帝想要毁灭一个人，必先让其冲动，使其疯狂。所以，要学会调控自己的情绪，理智处事。对自己的情绪进行良好的调控，能让自己保持冷静的头脑和理智的思维，从而避免因为一时冲动而做出后悔莫及的事情来。莎士比亚曾说过，人的不幸福，往往是因为在该用理智的时候用了情感，而在该用情感的时候又用了理智。

在社会生活中，有时候人际交往的不愉快会让你产生愤怒，工作的不顺心会让你心存不满，学习成绩的不理想会让你有些伤心，恋爱的波折会让你的心情不能平静，这些时候，是人最容易产生冲动、最易做出错误决定的时候，此时，一定要三思而后行，避免冲动引发的后患。人生之路不可能是一帆风顺的，有人可能对你进行诽谤，落井下石，让你生气，但不管怎么样，一定要保持一种冷静和宽容的心态，用自己的智慧和勇气去抑制冲动的，不愉快的心情。忍一时风平浪静，退一步海空天空。

## 章末回顾

人格是指一个人的才智、情绪、愿望、价值观和习惯的行为方式的有机整合，它使个人对环境的适应具有独特的模式。人格具有独特性、跨时间和跨情境的稳定性、整体性和社会性四大特征。

个体的人格是在遗传与环境的相互作用中形成与发展的。影响个体人格的环境因素包括很多方面，出生前的母亲子宫环境，出生后的家庭环境、父母的教养方式、学校环境、同伴关系、社会传媒，以及社会大环境等都会对个体的人格形成与改变带来很大的影响。

艾森克认为人格具有内外向、神经质和精神质三个维度。希波克拉底把气质分为胆汁质、多血质、黏液质和抑郁质四种类型。能力表现为水平上的不同，类型上的差异，发展的早晚差异，以及性别上的差异。

人格与健康相关。A 型人格与冠心病、癌症有一定的关系。

健全人格，要学会自立、自信、乐观、自尊和有毅力等，同时要学会克服自卑、嫉妒、犹豫、害羞和冲动心理。

## 活动训练营

### 活动一：确定自己的人格特点

请你仔细阅读下面每一道题并对照自己的情况，如果你觉得第 1～9 道题与自己的情况符合或大致符合，那么你就是一个外向的人；如果你觉得第 10～18 道题与自己的情况符合或大致符合，那么你便是一个内向的人。

1. 我倾向于先说后想，或边说边想，有时会责怪自己“说得太多”；

2. 我认识很多人，交际广；

3. 我喜欢边阅读边做其他事，乐于多头并进；

4. 我爱与朋友、同事甚至陌生人交流，交流中自己往往是主角；

5. 我喜欢电话铃响，一旦有话要说就毫不犹豫地拿起话筒；

6. 我喜欢参加会议，喜欢在会上陈述自己的观点；

7. 我喜欢与大家在一起，不喜欢个人琢磨；

8. 我感到听比说困难，只让我听不让我说，用不了多久我便感到厌倦了；

9. 我经常用嘴而不用眼来“找东西”；

10. 在说话之前我会考虑再三；

11. 我喜欢个人独处所带来的平和、宁静时光；

12. 时常听到别人说我有些“腼腆”；

13. 我与别人打交道时总显得有些保守；

14. 我喜欢与一个或少数几个亲近朋友分享有重要意义的时光；

15. 我希望自己能更有力地表述自己的观点，讨厌有人抢在自己之前发表与自己相似的见解；

16. 我希望自己在发言时，别人不要打断；

17. 我参加完会议、打完电话或从社交活动中回来后，往往需要独自一个人“恢复精力”；

18. 我记得童年时父母经常催促自己“去外边与小朋友们一起玩”。

**活动二：天生我才**

**目的**：通过练习，协助参加者了解自己的长处，珍惜自己的潜能，学会自我欣赏、自我肯定，学会欣赏别人，增进自信和对他人的信任。

**准备**：每人 1 张“天生我才”练习表，1 支笔，每组 8～10 人。

**“天生我才”练习表**

请完成下列句子。

1. 我最欣赏自己的外表是____________________（如头发、牙齿等）。
2. 我最欣赏自己对朋友的态度是____________________。
3. 我最欣赏自己对求学的态度是____________________。
4. 我最欣赏的一次学业成绩是____________________。
5. 我最欣赏自己的性格是____________________。
6. 我最欣赏自己对家人的态度是____________________。
7. 我最欣赏自己对做事的态度是____________________。

**操作**：组织者先介绍活动，请成员填写“天生我才”练习表，然后请成员在小组中描述自己所填的答案，每位参加者都说出同一项的答案后，再开始下一项。完成各项答案后，开始讨论。讨论大纲如下：

（1）你是否同意“每个人都有长处”？原因何在？

（2）当你做了一件事，如“帮助一个盲人安全过马路”或“获得理想成绩”等时，你会欣赏自己的行为吗？为什么？

（3）当你做了一件事情，如“一个重要约会迟到了”或“考试时，完全不知道如何回答问题”时，你会怎样看待自己？会责骂自己吗？为什么？

**总结**：每一个人都有自己长处，都有值得自己或他人欣赏的地方。对于优点，应欣赏、珍惜及发扬，对于缺点，应了解并改善。

## 反思与成长

1. 什么是人格？我们的人格是如何形成的？
2. 气质有哪几种类型？气质有什么特点？
3. 如何健全人格，让生活更加精彩？

# 第四章

# 调控情绪，幸福生活

## 典型案例

老师在课堂上讲得激情澎湃，萌萌却在下面走神了，因为她觉得脑袋里“嗡嗡嗡”的，什么都听不进去，心里堵了一团的憋屈。起因是今天早上室友很长时间占用卫生间，结果拖晚了萌萌的出门时间，她心里有点恼火，压抑着情绪匆匆忙忙赶到食堂，又加入了长长的排队队伍，吃了并不美味的早餐后她心情更加烦躁。到教室时发现由于出门太匆忙，忘带了今天要交的作业，正心烦时手机响了，男朋友发短信告诉她，原先约好的周末去看电影，因为临时有实验任务得取消了。萌萌大发雷霆，打电话将男友狂批一顿，列出了男友过去的种种不足，莫名其妙的男友与她争辩了几句，萌萌直接掐断了电话。生活、学习节奏被打乱，男友不理解自己，愤怒、生气、委屈、难过、烦躁、愧疚，各种情绪夹杂在一起，萌萌感觉整个人都不好了，什么也不想做。看到大家都在认真听讲，自己却完全不在状态，萌萌心里更郁闷了。

有人将情绪比作一条河，如果没有及时观察和管理，这条河流会汇聚越来越多的流水，水流越来越大。水流大到一定程度，力量将无法控制。萌萌情绪不好的起因是室友长时间占用卫生间而导致出门晚了，后面遇到的事情使她的负面情绪一点点累积，最后忍无可忍，把男朋友作为了自己的发泄对象，但这样的爆发不仅没能让她心情好转，反而伤害了别人，也伤害了自己。在现实生活中，情绪以一种复合的形式存在着，不断变化，时刻影响我们的行为。那么，我们的情绪是否都是由周围的环境决定的呢？对于自己的情绪，我们可以做些什么来更好地管理它，最终实现我们的幸福生活呢？

# 第一节 我的情绪知多少

## 一、什么是情绪

情绪(emotion)是心理学中的一个重要概念，它能够反映每个人内在的心理状态。它是人类对各种认知对象的一种内心感受或态度体验，是人类需要满足与否的表现。我们常说的喜、怒、哀、惊、恐、厌也可被称作情绪。情绪总是与人的需要和动机紧密联系的，例如人的某种需要得到满足时，会产生愉快的情绪，而目标没有达成时，会有难过的情绪，等。因此，情绪是客观事物是否符合个体需要所产生的态度体验，是客观事物与人的需要之间的关系在大脑中的反映。

就情绪的成分而言，它包括生理唤起、认知解释、主观感觉和行为表达这四部分内容(图 4.1)。

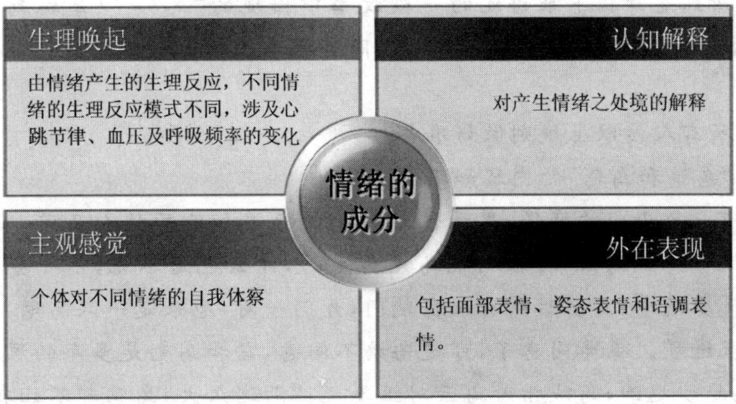


图 4.1 情绪的成分

目前研究较多的情绪之一是恐惧，让我们通过一个关于恐惧的例子来更深入地了解情绪的组成成分。

假如有一条狗狂叫不止，你被这气势汹汹的狗给吓坏了，产生了恐惧反应。恐惧反应的生理组成部分会发出警报，这一警报同时通过植物性神经系统和内分泌系统向全身报警。由此，你内脏的各系统就会做出相应的反应，胃部的血液会被排空(所以在恐惧时我们的腹部会有抽紧的感觉)，面部的血管会收缩(所以恐惧会让人脸色变白)。发出警报后，情绪会对事件和感觉进行解释，在解释的过程中，你会有意识或无意识地认识到情况很危险，并会因此而感到害怕。实际上，你对危险情况想得越多，就会变得越害怕，随后这些想法会将你的主观感觉和生理唤起提升到新的高度。接着你的主观感觉可能会让你联想到以前碰到恶狗时的感受。最后，情绪会产生行为。当碰到恶狗以后，你可能会做出“战”或“逃”的反应，会出现恐惧的面部表情，还会哭，甚至大喊大叫。

在一般情况下，人们的一切心理活动都带有情绪色彩。大学生正处于青春期向青年期的过渡时期，在生理发育接近成熟的同时，心理上也经历着急剧的变化，尤其反映在情绪上。相对于中学生来说，大学生的情绪内容趋向于深刻和丰富。

## 课堂活动

### 情绪的识别

**游戏名称**：追逐与逃避。

**游戏时间**：10 分钟。

**游戏目的**：体验情绪、融洽氛围、培养注意力。

**游戏流程**：

1. 每位学生将右手掌心向下，左手食指垂直向上，相邻者的左右手以食指与掌心互相接触。

2. 学生听到老师接下来讲述的一段故事中出现的“* *”(乌鸦或乌龟，自选)后，迅速用右手抓握下面右边同学的食指，同时将自己顶在相邻左边同学掌心的食指逃脱。

3. 邀请所有人按以上规则做好准备。

4. 故事“乌鸦和乌龟”的内容如下：

森林里有一个小小的城堡，里面住着可怕的巫婆和他的仆人乌鸦，突然有一天，天上慢慢飘来一片片乌云，转眼间就乌黑乌黑的，什么也看不见，不一会儿就下起了大雨。在狂风暴雨中，巫婆听到有人在敲门，开门一看，原来是一只乌龟，还有一只乌贼。它们要求进屋。巫婆同意了，可是乌鸦不同意，它和乌龟是多年的夙敌。雨越下越大，大家也越吵越凶，乌贼指着乌云对巫婆说：“雨这么大，乌鸦却不让我们进去，我和乌龟都会生病的，再不开门，我一定会让你的城堡变得乌烟瘴气。”最后，巫婆还是没有给他们开门。没多久，雨停了，太阳出来了，乌云也散了，巫婆和乌鸦这才打开门，看见乌龟已经冻得缩成一团。

**游戏点评**：

1. 描述在游戏过程中你出现的情绪类型。

2. 你是怎么感受到周围人的情绪的？举例说明。

## 二、情绪的功能

### （一）动力功能

情绪是动机系统的一个基本成分，对于人的行为活动具有增强或减弱作用。一方面它能够驱使个体进行某种活动，另一方面也能阻止或干扰活动的进行。研究表明，适度的紧张和焦虑能促使人积极地思考和解决问题，它能使身心活动处于活动的最佳状态，进而推动人们有效完成工作任务。此外，情绪还能够进一步强化行为的发生。美国心理学家奥尔兹曾用老鼠做实验，将生物电极埋入大白鼠丘脑内的快乐中枢，并让大白鼠学会按压杠杆以获得生物电刺激，引起快乐的冲动。老鼠学会按压横杆后，就会以近乎疯狂的热情来刺激自己，竭尽全力去按压杠杆，追求快乐。每只老鼠都以极高的频率按压横杆，平均频率为 2000 次/小时，有的竟高达 5000 次/小时，而且能连续按压 15～20 小时，直至筋疲力尽，呼呼睡去。一醒来，又接着去按压横杆。这说明情绪是行为的强大动力。

### （二）信号功能

情绪的信号功能主要表现在其能够在人与人之间传递信息。人的各种情绪都具有特定的表情、动作、神态及语调，这些构成了人们表达内心世界的信号系统。如在某些场合通过表情来传递信息，用微笑表示赞赏，用点头表示默认等，而动作、语调等能使言语信息表达得更加明切。通过这种信息的传递，个体可让他人识别自己正在体验的情绪状态，也可向他人传递自己的某种愿望、观点和思想，从而更容易为他人所感知、所接受。

### （三）组织功能

情绪产生时会通过皮下中枢活动引起身体各方面的变化，使人应对所面临的情境。这种对心理活动的组织作用一方面表现为积极情绪的协调作用和消极情绪的瓦解作用。中等强度的愉快情绪，有利于提高认知活动的效果，而消极的情绪如痛苦、抑郁等则会产生负面影响，消极情绪的激活水平越高，操作效果越差。另一方面还表现在人的行为上，如当人们处在积极乐观的情绪状态中时，会更多地注意事物美好的一面，心态更为开放，更易于接纳和包容。而当人们处于消极状态中时，则容易失望悲观，思维也容易变得迟钝混乱。

### （四）社会适应功能

情绪能够使个体针对不同的刺激事件产生灵活自如的适应性反应，并调节或保持个体与环境间的关系。情绪之所以具有灵活性的特征，是因为情绪不仅来源于个体全部的先天机能，而且还来源于学习及认知活动。许多情绪都具有调控群体间关系的互动功能。例如，羞怯感可以加强个体与社会习俗的一致性；人们通过察言观色了解他人的情绪状态，以便采取适当的措施或对策。人们通过各种情绪了解自身或他人的处境与状况，适应社会的需要，求得更好的生存和发展。

## 三、大学生的情绪特征

### （一）情绪活动趋向丰富，高级社会情感逐渐成熟

大学生阶段的重要心理变化是自我意识的不断发展，各种社会的高层次需要不断出现且强度逐渐加强。这一发展在情绪上表现为情绪活动的对象、内容增多，大学生出现较多的自我体验，自我尊重需要强烈，自卑、自负情绪活动明显。如恋爱，是大学生中蕴含情绪比较丰富的一种社会活动。道德观、罪过感、集体感、爱国感、利他主义、理智感、美感等高级情感活动在大学时期开始对其生活产生明显的影响，左右其情绪反应。如大学生部分确立了道德、正义观念，当出现与之不符的观念与行为时，他们通常会感到痛苦，出现严厉的自我谴责。

### （二）情绪体验强烈，具有冲动性

大学生对事物的情绪体验比较强烈，富于激情，并“喜怒形于色”，有时表现为一定的盲目狂热、冲动。由于大学生对新事物比较敏感，加上精力旺盛，虽然具有一定的理智和自我控制能力，但冲动暴发的情绪活动一旦失控，往往造成可怕的结果。如集体斗殴、离校出走等都与大学生情绪的冲动性相关。情绪易冲动的特点表明了大学生情绪活动的强烈程度。

### （三）情绪的两极性、波动性

大学生的情绪年龄正处于由未成年人向成年人转变的过程。一方面，与成年人相比，大学生的情绪容易从一个极端跳到另一个极端；另一方面，强烈的情绪活动在大学生身上容易事过境迁，激情不能始终一贯地保持下去，情绪活动随其认知标准的改变而改变。

### （四）情绪活动心境化

青少年的情绪反应往往受制于外界情境，来得快，去得也快。而大学生情绪反应的发生，往往不会随着外界环境刺激的改变而随即消失，表现出一定的延迟性，趋向

于心境化。大学生的许多不良情绪，如焦虑、抑郁、自卑等都具有这种心境化的特点。大学生情绪心境化与大学生想象丰富的思维特点有关。大学生富于理想，遇事爱幻想，由刺激引发的情绪反应易受当事人想象的影响，想象对情绪反应的程度、持续时间都起着催化剂的作用。大学生常会陷入某种想象性的情绪状态，以致难以被另外一种情绪所取代。

### （五）情绪的内隐性

大学生的情绪表现，虽然有时喜形于色，但已经不像青少年时期那样坦诚直率，一些大学生常会把自己的情绪隐藏和掩饰起来，表现为外在表现与内在体验并不一致，使一些学生出现交流障碍，陷入孤独和苦闷的情绪困扰中。

## 四、情绪对大学生的影响

情绪与大学生的生活、学习、人际交往、个人发展密切相关，对大学生的身心健康、学业发展和个人成长都具有直接的影响。

### （一）情绪影响身心健康

现代生理学、心理学的研究表明，情绪对人的心理健康具有直接的影响，甚至可以说情绪主宰健康。"人逢喜事精神爽"、"笑一笑十年少，愁一愁白了头"，说的就是情绪对人的生理和心理的影响。情绪对大学生的影响是双向的。

良好的情绪有利于促进大学生身心健康，它不仅是维护心理健康的保证，还是促进生理健康的有效途径。良好的情绪取代神经和精神紧张的不良情绪，可以减少和消除对机体的不良刺激。良好的情绪直接作用于脑垂体，可以保持内分泌功能的适度平衡，从而使全身各系统、器官的功能更加协调、健全。当大学生的情绪处于良好状态，如快乐、愉悦、乐观等时，可以使人体内的环境保持平衡，免疫功能活跃旺盛，可减少疾病感染的机会，有益健康。

不良情绪主要有两种，即过度的情绪反应和持久的消极情绪。这两种不良情绪对大学生的身心健康有很大的危害。突然而强烈的紧张情绪的冲击力会抑制大脑皮层的高级心智活动，使人的意识范围变窄，正常判断力减弱，失去理智和自制力，严重时可能导致各种神经症或精神病发生。持久性的消极情绪是指在引起忧、悲、恐、怒等消极情绪的因素消失后，还会很长时间沉溺于消极状态中不能自拔。调查发现，大学生中常见的消化性溃疡、紧张性头痛和偏头痛、心律失常、月经失调、神经性皮炎等，都与消极情绪有关。因此，不良情绪对大学生的身心健康会带来极大的危害，需要不断进行调适和克服。

## 引申阅读

### “情绪地图”：当你感受快乐时，你的身体感受些什么

在此前的研究中，科学家已经发现，外界刺激致使人们的情绪发生变化时，身体总能先一步做出反应。经由植物性神经系统，我们的身体能够对血液流速、神经递质分泌量等进行调节，进而使身体产生变化，然后更好地应对接下来发生的状况。而在最近的一项研究中，来自芬兰的科学家则进一步根据人们在经历某些情绪时的反应，绘制了人体的“情绪地图”。该研究论文发表在《美国科学院院刊》(PNAS)上。

以往的研究曾对人体的面部表情与情绪变化的关系加以探讨，而这项由芬兰阿尔托大学、土库大学以及坦佩雷大学三所院校的科学家合作完成的工作则延展了此前研究的范畴。这项研究进一步确证了情绪与人体变化的关系。

在研究过程中，研究人员进行了一系列实验来揭示人体的“情绪地图”。其核心实验通过一个叫作 emBODY 的工具完成。在这项实验中，参与者被要求对六种“基本情绪”和七种“复合情绪”做出反应。研究人员要求参与者想象自己经历某一特定情绪时身体的反应，根据身体的状况，在人体模型中标示出体内产生变化的区域。在标示时，红色表示身体的某些区域被激活，感觉更加灵敏；而蓝色则代表被抑制，感觉变得迟钝。在实验结束后，研究人员将汇总参与者绘制的“情绪地图”(图 4.2)并加以分析。需要指出的是，这里的图像仅仅是人们对于自身感觉的一个评估，并非“热图”。

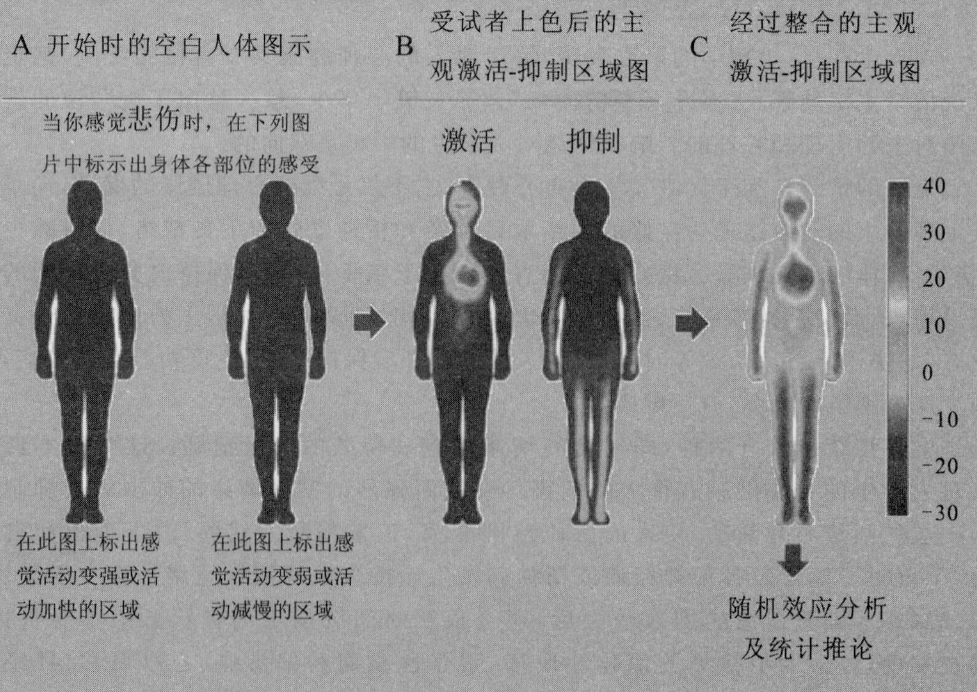


图 4.2 人的“情绪地图”

emBODY 使得参与者能够分别在模拟的人形图像上标示出身体被激活（感觉更为灵敏）和被抑制（感觉更为迟缓）的区域，并输出形成图像。（图片来源：Lauri Nummenmaa. *et al*. (2013) *PNAS*.）

研究人员发现，在感受不同的情绪时，胸部区域和头部区域的变化是最为明显的。科学家推测这一变化可能与呼吸、心率和面部表情的改变相关。在经历愤怒、开心、悲伤和绝望时，人体的上臂感觉会得到不同程度的激活或抑制。而恶心则会明显地引起消化系统的不适。而人们似乎只有在经历开心时，全身的所有区域才能得到激活。

实验参与者绘制的“情绪地图”汇总如图 4.3 所示。六种“基本情绪”包括愤怒、恐惧、厌恶、快乐、悲伤以及惊讶；“复合情绪”则包括焦虑、爱、抑郁、轻蔑、骄傲、羞愧以及嫉妒。（图片来源：Lauri Nummenmaa. et al. (2013) PNAS.）

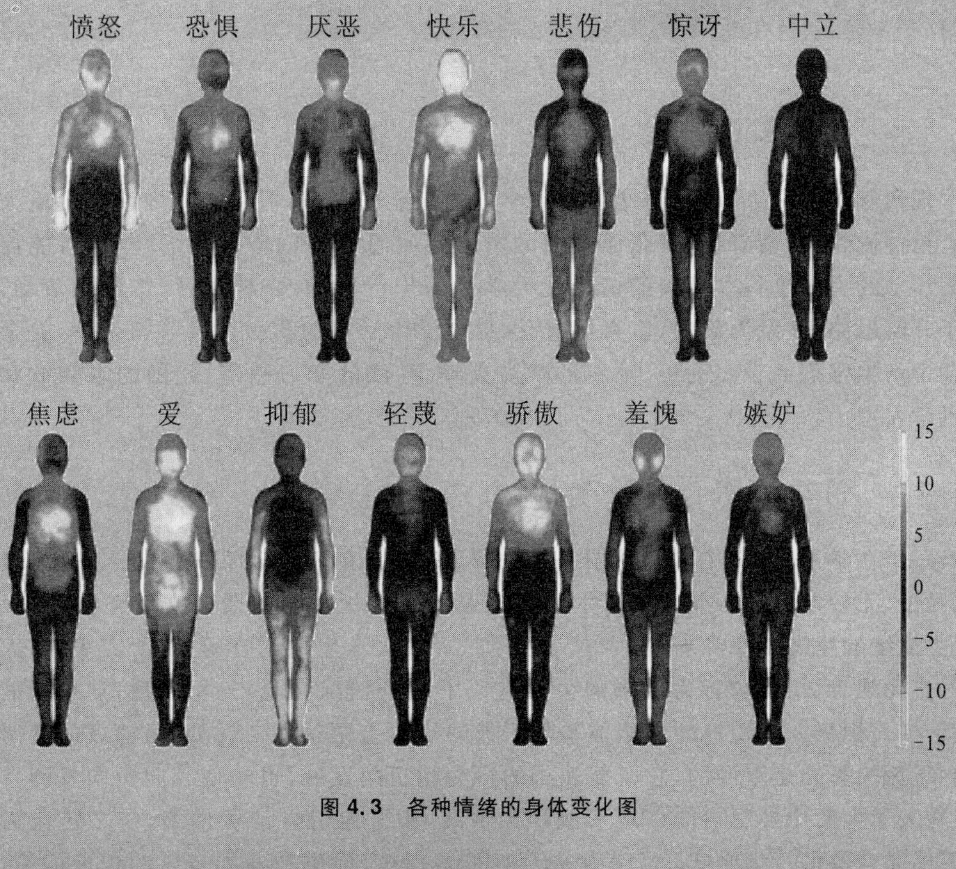


**图 4.3 各种情绪的身体变化图**

研究的参与者大多来自瑞典和芬兰。为了确认文化是否会对身体对情绪的反应产生影响，研究人员招募了来自台湾的被试者作为东亚文化的代表参与了这一实验，获得的结果与瑞典和芬兰的被试者差异不显著。这证明具有不同文化背景的人们在经历相同的情绪时，身体的反应是类似的。

在随后的研究中，研究人员通过“唤醒”情绪的方法重复了这一实验。在之后的一系列实验中，参与者并不用对某一特定情绪进行想象。取而代之的是，他们需要通过阅读一段故事，观看一段影片，或是观察一张面部表情图片等方式使自己“进入”到类似的情绪中并尝试绘制图像。研究人员收集这些图像并进行对比后发现，即使使用了不同的唤醒方式，参与者绘制的“情绪地图”与此前的实验仍具有较高的一致性。

在未来，科学家或可通过将“情绪地图”与脑电图结合，来进一步探索情绪产生和发展的整个过程。这一研究成果同时将为某些由器质性病变引发的精神疾病的治疗提供参考。

（参考文献：Lauri Nummenmaa. et al.，Bodily maps of emotions，Proceedings of the National Academy of the Sciences of the United States of America（PNAS），2013.）

## （二）情绪影响学习

现代心理学研究表明，情绪会对大学生的潜能开发、学习和工作效率产生重大影响。精神愉快、心情舒畅、紧张而轻松的情绪能使思考和创造处于最佳状态，能促进智力活动的有效进行。积极的情绪使大学生乐于行动，有兴趣学习、工作和活动，有助于开阔思路，注意力集中，富有创造性，提高学生学习的积极性及学习效率，在学习活动中产生强烈的学习动机、浓厚的学习兴趣、高涨的学习热情、强烈的求知欲和顽强的学习毅力。

## （三）情绪影响行为效果

一个在学习、工作中取得优异成绩的人必定是情绪稳定而积极的人。相反，沮丧、孤独、无控制的消极情绪，会对有效行为造成干扰。埃普斯顿在1979年出版的《人类情绪的生态学研究》一书中有一项对数百名大学生的调查研究，研究表明，大学生的自我观念、情绪与行为效果的关系有以下三种情况：积极—积极型；消极—消极型；消极—积极型。积极的情绪体验与积极的行为变化总是一致的，而消极的情绪体验对行为的影响是双向的，它既能使人的行为朝正向发展，也能使其向负向发展。因此，在大学生活中要尽可能多地形成积极情绪，积极地引导消极情绪，使之转化为长远目标和有效的行为方式。大学生要尽可能地保持、促进和发展自己的积极情绪，弱化、平缓和调控自己的消极、不良情绪。在消极情绪发生时，要善于因势利导，变不利为有利，促进消极情绪向积极行为方向发展。

### （四）情绪是塑造人格的重要内容

情绪不仅对大学生的身心健康至关重要，而且对于大学生人格的形成与发展具有同样重要的作用。在弗洛伊德的精神分析理论和埃里克森的心理社会发展阶段理论中，都强调了情绪在人格形成和发展中的核心作用。一个人爱什么、恨什么，为何喜、为何忧，这些爱与憎的倾向和内容正是构成人格的重要特征。人格的核心是性格，而性格又是由理智特征、情绪特征、意志特征和现实的态度特征四个方面所构成的。其中，性格的情绪特征是性格最明显的表现，一个人的性格是否健康、良好，在很大程度上取决于情绪的表现。因此，培养积极健康的情绪，是大学生心理素质的重要内容。

# 第二节　不快乐的“我”

## 一、大学生情绪问题常见类型

大学生情绪问题又称为情绪困扰、情绪适应不良，其产生受外界环境、突发事件和大学生自身特点等多方面因素影响。从外在表现形式上看，情绪问题可分为情绪反应过度、情绪反应不足、负性情绪泛化或持续以及情绪不能接受或难以控制等几种类型。

### （一）情绪反应过度

情绪是人的主观感觉和体验，由于不同的经历和性格，对于同一件事，每个人都会有不同程度和性质的情绪体验。如对于某些“小事”产生了过于激烈、与实际情况不相符合的情绪反应，则是情绪问题的一种表现。

**1. 愤怒**

愤怒是人的基本情绪反应，按程度由低到高可分为不满、气恼、愤怒、暴怒、狂怒等。正常的愤怒表达，可以有效传递信号、表达情绪，合理的愤怒表达方式能帮助个体保持心态的良好和健康。然而，如果人的行为表现远远超出了引发愤怒情绪的客观起因的正常反应程度，则称为产生了过度反应；或是对愤怒情绪无法自控，因一时冲动而产生过激行为，产生了不必要的物质和精神损失。过度的愤怒情绪不但无助于问题的解决，还易造成事态恶化，影响同伴间的关系，最终既伤害了别人，也伤害了自己。

**2. 过度应激状态**

应激状态是指当事者在各种内外环境的刺激下所产生的非特异性适应反应状

态。应激状态具有适应功能,它能够提高机体唤醒水平,以更好地面对可能的危险与挑战。然而,长时间、过度的应激状态会给机体带来过大的负担,造成消化系统、免疫系统、心血管系统疾病。应激状态下,往往会伴随产生多种负性情绪。例如在应激产生的同时附加产生恐惧、震惊、厌恶等情绪;应激状态中还可能同时附加产生痛苦、敌意、惧怕、失望等情绪感受,所以过度应激状态实际也是一种不良情绪。

**3. 过度焦虑**

焦虑是一种常见的情绪状态,一次重要的考试、一场重要的比赛或挑战前的焦虑是每个人都经历过的。焦虑本身并不成为问题,不难想象,如果个体完全没有焦虑情绪,极易产生注意力涣散、效率下降等问题,心理学家的研究也证明了这一点。所以,适度的焦虑有助于个体发挥其全部潜能。但是,过度的焦虑则是一种严重的情绪问题,它会使人陷入无尽的紧张、恐惧等负性感受中,继而完全失去面对困难的能力和信心。焦虑情绪发生的原因是多方面的,可分为情境性焦虑、情感性焦虑和神经性焦虑。情境性焦虑又称为反应性焦虑,指由于面临考试、学习压力、当众演说等外界的心理压力所造成的焦虑情绪;情感性焦虑是指对预期发生的事的担心、对自己的过错感到自责等引起的焦虑反应;神经性焦虑则是指由于情绪紊乱、恐慌、失眠、心悸等心理和生理原因引发的焦虑。

## 经典实验

### 焦虑和胃溃疡

1971年,魏斯(Wess)做了这样一个实验:他把大白鼠分为三组,同时对各组动物的年龄和体重进行了匹配,各组实验动物的年龄和体重没有太大差别。

第一组大白鼠进行实验时被放入一个小箱子,箱子前面有一个轮子,大白鼠的尾巴上装有电极。当大白鼠的尾巴受到电击时,如果大白鼠蹬前面的轮子并使之转动,则可切断电源免遭电击,并且下次遭受电击的时间可因此向后延迟。

第二组大白鼠也同第一组一样被放在一个箱子里,前面也有一个可以使之转动的轮子,尾巴上也安有电极。不过这一组大白鼠尾巴上的电极同第一组大白鼠尾巴上的电极是连在一起的,也就是说,当第一组大白鼠的尾巴受到电击时,第二组大白鼠的尾巴也同样会受到电击,尽管它们能蹬前面的轮子并使之转动,但却不能免遭电击。

第三组大白鼠的实验处境同第一、二组完全一样,所不同的是尾巴上的电极未同电源相接,永远不会受到电击。

过了一段时间,实验人员对这三组大白鼠患胃溃疡的情况进行了研究,结果发现第二组大白鼠患该病的数量最多,第一组比第二组少得多,第三组患者最少。为什么第二组大白鼠患胃溃疡的数量最多呢?研究者们认为,这是由于该组大白鼠对随时可能出现的电击无法控制,也无法预料,因此精神紧张,形成压力,时常处于应激状态,久而久之便形成了胃溃疡;第一组大白鼠受到电击后,可以转动前面的轮子使电击停止，换句话说，它可以对“不利于它的环境进行控制，有一定的主动权”，精神压力小些，因此得病者也少；第三组不遭受电击，安然无事，得病最少。

通过小白鼠试验可以看到，当情绪长期处于焦虑状态时，会直接引起我们躯体的不良反应，尤其是对于肠胃、内分泌的影响较大。

## 自我心理测试

### 焦虑自评量表(SAS)

| | 无 | 有时 | 经常 | 持续 |
|---|---|---|---|---|
| 1. 我觉得比平时容易紧张和着急。 | 1 | 2 | 3 | 4 |
| 2. 我无缘无故地感到害怕。 | 1 | 2 | 3 | 4 |
| 3. 我容易心里烦乱或觉得惊恐。 | 1 | 2 | 3 | 4 |
| 4. 我觉得我可能将要发疯。 | 1 | 2 | 3 | 4 |
| 5. 我觉得一切都很好，也不会发生什么不幸。 | 4 | 3 | 2 | 1 |
| 6. 我手脚发抖打颤。 | 1 | 2 | 3 | 4 |
| 7. 我因为头痛、颈痛和背痛而苦恼。 | 1 | 2 | 3 | 4 |
| 8. 我感觉容易衰弱和疲乏。 | 1 | 2 | 3 | 4 |
| 9. 我觉得心平气和，并且容易安静坐着。 | 4 | 3 | 2 | 1 |
| 10. 我觉得心跳加快。 | 1 | 2 | 3 | 4 |
| 11. 我因为一阵阵头晕而苦恼。 | 1 | 2 | 3 | 4 |
| 12. 我有晕倒发作，或觉得要晕倒似的。 | 1 | 2 | 3 | 4 |
| 13. 我呼气吸气都感到很容易。 | 4 | 3 | 2 | 1 |
| 14. 我手脚麻木和刺痛。 | 1 | 2 | 3 | 4 |
| 15. 我因胃痛和消化不良而苦恼。 | 1 | 2 | 3 | 4 |
| 16. 我常常要小便。 | 1 | 2 | 3 | 4 |
| 17. 我的手常常是干燥温暖的。 | 4 | 3 | 2 | 1 |
| 18. 我脸红发热。 | 1 | 2 | 3 | 4 |
| 19. 我容易入睡并且一夜睡得很好。 | 4 | 3 | 2 | 1 |
| 20. 我做噩梦。 | 1 | 2 | 3 | 4 |

（第5、9、13、17、19条，此5个项目的计分为反向计算。20道题满分80分，超过40分为异常，应寻求专业人员鉴定、咨询与治疗）

### （二）情绪反应不足

在心理学课上，老师让每位学生写出近一周来自己每天的情绪状况，然后进行课堂小组的交流与讨论。讨论结束时，一名学生谈了自己上完此课的感受：“除了今天，我这一周情绪特别不好,很郁闷;只有今天,我感到很轻松。因为我听到小组中很多同学说和我同样郁闷,所以我感到轻松了……”他的话还没讲完就引起了全班学生的哄笑。

健康的情绪状况是动态的,随着外界的变化而高兴或是难受。但这一变化又是有一定的度的,不至于表现得过于夸张或是毫无变化。否则,不但从人际交往层面无法达到沟通交流情感的目的,对个体的情绪释放和减压也会有不良影响。

大学生的情绪反应不足主要表现为抑郁、冷漠等情绪反应。

**1. 抑郁**

抑郁是一种愁闷的心境,表现为没有激情、忧心忡忡、长吁短叹、话语减少、食欲不振、丧失信心和动力等生理、心理反应。抑郁心境在大学生群体中的表现较为普遍。例如,学业受挫,情感问题,或是人际交往中的纠纷,都有可能使个体陷入抑郁的情绪状态。具体表现为对生活、学习失去兴趣,无法体验到快乐,行为活动水平下降,回避与人交往。严重者,还伴有心境恶劣、失眠、厌食,甚至有自杀倾向。特别需要指出的是,抑郁情绪与抑郁症(depression)既相互联系,又有质的区别。前者属于一种不良情绪困扰,需要的是心理上的调整;而后者则属于心理疾病,需要及时到医院就诊。二者的主要区别在于持续时间和对个人生活影响的程度上,如果持续时间达到二周,且已难以维持正常的生活、学习,则应尽快寻求专业人士的帮助。

## 自我心理测试

### 抑郁自评量表

| | 无 | 有时 | 经常 | 持续 |
|---|---|---|---|---|
| 1. 我觉得闷闷不乐,情绪低沉。 | 1 | 2 | 3 | 4 |
| 2. 我觉得一天之中早晨最好。 | 4 | 3 | 2 | 1 |
| 3. 我一阵阵哭出来或想哭。 | 1 | 2 | 3 | 4 |
| 4. 我晚上睡眠不好。 | 1 | 2 | 3 | 4 |
| 5. 我吃得跟平常一样多。 | 1 | 2 | 3 | 4 |
| 6. 我与异性密切接触时和以往一样感到愉快。 | 4 | 3 | 2 | 1 |
| 7. 我发觉我的体重在下降。 | 1 | 2 | 3 | 4 |
| 8. 我有便秘的苦恼。 | 1 | 2 | 3 | 4 |
| 9. 我心跳比平时快。 | 1 | 2 | 3 | 4 |
| 10. 我无缘无故地感到疲乏。 | 1 | 2 | 3 | 4 |
| 11. 我的头脑跟平常一样清楚。 | 4 | 3 | 2 | 1 |
| 12. 我觉得经常做的事情并没有困难。 | 4 | 3 | 2 | 1 |
| 13. 我觉得因不安而平静不下来。 | 1 | 2 | 3 | 4 |

| | | | | |
|---|---|---|---|---|
| 14. 我对将来抱有希望。 | 4 | 3 | 2 | 1 |
| 15. 我比平常容易生气激动。 | 1 | 2 | 3 | 4 |
| 16. 我觉得做出决定是容易的。 | 4 | 3 | 2 | 1 |
| 17. 我觉得自己是个有用的人，有人需要我。 | 4 | 3 | 2 | 1 |
| 18. 我的生活过得很有意思。 | 4 | 3 | 2 | 1 |
| 19. 我认为如果我死了别人会生活得更好些。 | 1 | 2 | 3 | 4 |
| 20. 平常感兴趣的事我仍然感兴趣。 | 4 | 3 | 2 | 1 |

（如果得分总分超过40分，为异常，应找专业人员诊断、咨询或治疗。）

**2. 冷漠**

冷漠同样是一种情绪反应强度不足的表现，表现为对人、对事漠不关心的消极状态。处于冷漠情绪的大学生，在行为上常表现为对生活没有热情和兴趣；对学习漠然置之，无精打采；对周围的同学冷漠无情，甚至对他人的冷暖无动于衷；对集体活动漠不关心，麻木不仁。日本心理学家松原达哉教授形容此情绪状态的学生是无欲望、无关心、无气力的“三无”学生。冷漠是一种对环境和现实的自我逃避的退缩性心理反应，它本身虽然带有的一定的心理防御性质，但是它会导致当事者萎靡不振、退缩躲避和自我封闭，严重影响一个人的身心健康。

### （三）负性情绪泛化或持续

一位大学生一次在课堂上回答老师的提问时，由于一时的紧张，出现了口误，引起班上同学的哄笑，并被老师批评。从这以后，每次上这位老师的课，他都感到极度的紧张、焦虑，后来发展到恐惧。为此，每次上课他都坐在最后一排，但他还是恐惧老师注视他的目光，并逐渐发展到不敢进教室听课，后来又发展到恐惧进教室和恐惧所有上课教师的目光。

所谓“一朝被蛇咬，十年怕井绳”，上述事例是将当初偶然事件所引发的负性情绪的体验逐渐泛化到了所有相似的情境之中，造成了学习和人际交往中的情绪障碍。如前所述，负性情绪并非一定是不良情绪，因为伴随着一定紧张状态的愤怒、憎恨、忧愁、恐惧、痛苦等负性情绪的产生，同样是人们适应环境的一种必要的反应，它们可以激起人的内在潜能，使之改变或脱离造成这种不良心态的环境。但是，如果此种情绪反应持续时间过长或者泛化，则会严重影响到人的正常工作、学习和生活，而且给人的身心带来严重的负面影响。

### （四）情绪不能接受或难以控制

日常生活中，大学生的情绪困扰，有时还来自于因不能接受或无法控制自己的情绪现状而产生的不适感。一名大学生在平时学习时，常为自己头脑中闪现的一些毫无意义的杂念而烦恼不已。本想将其克服，但没想到越是绞尽脑汁想将其克服，出现杂念的现象，反而越来越严重了。这位学生的情绪困扰，来自于他对自己的情绪反应不能接受。情绪是人的一种自然和本能的感受，无论是否愿意，也无论情绪是否为负性情绪感受，都是不以人的意志为转移的，当我们排斥和不接受某一种情绪时，实际却正在关注和强化它。

心理学家韦格纳(Daniel Wegner)曾做过这样一个有趣的实验：让一些大学生作被试者，事先规定，要求他们在实验的 5 分钟时间内，谁也不能想到白熊，谁要想到了，就必须按眼前的电铃按钮。结果在实验开始后的 5 分钟内，这些大学生被试者几乎都在不停地按电铃。因为这些大学生被试者们在排斥自己的心理活动的过程中，正在关注和强化着这些观念和感受。这个实验解释了为什么一些学生越是惧怕考试时紧张，结果考试过程中反倒越紧张；越是担心自己在与陌生人交往时出现畏惧情绪，当与陌生人接触时，越会产生担心和恐惧感，因此会感觉自己的情绪难以控制。造成这种情绪困扰的内在原因是多方面的，比如过于追求完美、不良的心理定势、早年负性事件所造成的阴影、神经性焦虑等。对此类型情绪困扰的解脱，最重要的是要认识到自己的情绪处于什么状态。

## 二、大学生情绪问题产生的原因

### (一) 社会因素的影响

社会因素的影响表现为当今社会变革的影响与多元价值观的冲击。随着社会主义市场经济的建立和发展，竞争机制的引入，生活节奏的加快，人际关系日益复杂，传统观念受到冲击，价值体系坐标需要重新选择。转型时期社会腐败、职工下岗、社会治安不稳和贫富差距加大等社会问题的出现会在短时间内以连续不断的方式作用于大学生，一些学生社会阅历浅，心理应对和承受能力弱，极易引发心理与行为的严重失调，产生不良情绪。从这个意义上说，大学生的情绪问题是社会问题在大学生身上的集中体现。

### (二) 学校环境的影响

虽然高校在不断提高教育、教学质量，但是在一些学校还是存在一些办学问题。有的学校盲目扩大规模，有的学校缺少高质量的校园文化活动，有的学校专业培养质量不高，有的老师管理简单粗暴，重智商轻情商，重知识传授轻能力培养，加上就业压力等问题，会使一部分刚入大学的学生觉得“这不是理想的大学”，产生情绪问题。

### (三) 家庭因素的影响

家庭问题，成长过程中(特别是小时候)家庭的经济状况，家长的教育态度、内容与方式，家庭成员之间的亲疏关系等都会对大学生产生重要影响。许多有严重心理问题的学生，亲子关系都不太好。在个体成长的阶段，父母情绪的表达方式会直接成为孩子的模仿对象。很多研究都发现，一个问题个体背后都有一个问题家庭，在寻找学生出现问题情绪的原因时，一般都能够在其家庭中找到根源。

### （四）大学生自身因素的影响

自身因素包含个体生理和心理两方面。人类的情绪活动依托于大脑和外周神经系统复杂的生理、化学反应，生理损伤和病变可以造成个体性情发生翻天覆地的变化。

同时，个体人格特质在情绪问题的产生中也扮演了重要角色。正如同样面对半杯水，乐观者会认为还有半杯，太好了；悲观者则会哀叹只剩下半杯水了。具有一些人格特质的个体情绪往往更不稳定、更易受外界影响，甚至会在面对某些重大挫折和困难时失控。

# 第三节　学会做情绪的主人 ❯❯❯

## 一、什么是健康和成熟的情绪

健康的情绪，即是良好的情绪状态。首先，健康情绪的目的性应恰当，反应要适度，不应该有与社会常识或普遍情况相违背的情绪表达方式，或是不适宜的表达强度。其次，健康的情绪表达应不带有幼稚、冲动的特征，而应以成熟、合理，与自身年龄、社会地位相称的方式表达。最后，健康的情绪表达还需符合社会规范，为社会所接受。

对大学生来说，情绪健康具体表现为：情绪的基调是积极、乐观、愉快、稳定的，对不良情绪具有自我调控能力，情绪反应适度，高级的社会情感（理智感、道德感、美感等）能得到良好的发展。

提出需要层次理论的美国心理学家马斯洛在阐述“自我实现者”时，曾经提出了健康情绪的几大特征，即：平和、稳定、愉悦和接纳自己，有清醒的理智，适度的欲望，对人类有深刻、诚挚的感情，富于哲理、善意的幽默感，丰富、深刻的自我情感体验。

专家发现，一个人的成败不仅取决于智商，因为再聪明的人也可能因情绪失控而铸成大错，而情感智商则更能预示发展趋势。很多研究表明：情商是影响大学生人格能否健全、完整发展的重要因素。

## 二、情绪智力

长期以来，智商(Intelligence Quotient 缩写为 IQ)一直被作为测量与衡量一个人的智力(Intelligence Quotient)的指标。但是，大量事实表明，高智商者不一定能取得成功，智商平平者也不乏卓越超群的成功者。于是，越来越多的心理学家对智商的权威性提出了质疑与挑战。

1995 年，美国心理学家丹尼尔·戈尔曼在大量与情绪智力相关的研究和实验报告的基础上，写成了《情绪智力》一书，在这本书中，他首次使用了与“智商”相对的概念——“情商”(Emotional Quotient 缩写为 EQ)，并对这个崭新的概念做了详尽的描述。他认为：利用智力测验或标准化的成就测验来衡量一个人的智力，并预测其未来的成败，实际上比不上利用情绪的特质来衡量它更具有意义。情商是情绪、情感商数的简称，也是情绪评定的量度。情商概念的提出是情感理论的新发展，情商高，才能情绪稳定、立志坚强、乐观豁达，有利于自身学习、工作及人际关系的调整。

具体说来，情商包含以下五种能力：

**认识自身情绪**：认识情绪的本质是情商的基石，当人们出现了某种情绪时，应该承认并认识这些情绪而不是躲避或推脱。唯有如此，方能更好地做出决策、指导实践。

**妥善管理情绪**：情绪管理是指能够自我安慰，能够调控自我的情绪，使之适时、适地、适度，具体表现在能有效通过自我安慰和运动放松等途径，迅速摆脱负性情绪的消极影响。

**自我激励**：指能将情绪专注于某项目标之上，为达成而调动、指挥情绪的能力。拥有这种能力的人能够集中注意力、自我把握、发挥创造力、积极热情地投入工作，并能取得杰出的成就。缺乏这种能力的人，则易半途而废。

**认知他人情绪**：这种能力心理学上称为移情，是在自我认知基础上发展出的人际技巧。具有这种能力的人，能通过细微的社会信号敏锐地感受到他人的需要与欲望，能分享他人的情感，对他人的处境感同身受，又能客观理解、分析他人的情感。

**人际关系管理**：就是管理他人情绪的艺术。人际关系的管理是调控他人情绪反应的技巧。能充分掌握这项能力的人，常是社交上的佼佼者；反之，则易于攻击别人，不易与人协调合作。

对于情商内涵的理解，前提是自己能够认识自己的情绪，关键点在于控制和激励自己的情绪，通过培养识别、影响他人情绪的重要能力，最终实现营造良好的人际关系，促进个人成长的终极目标。通过下面的情商模型(图 4.4)可以更好地理解情商在我们生活中的体现。

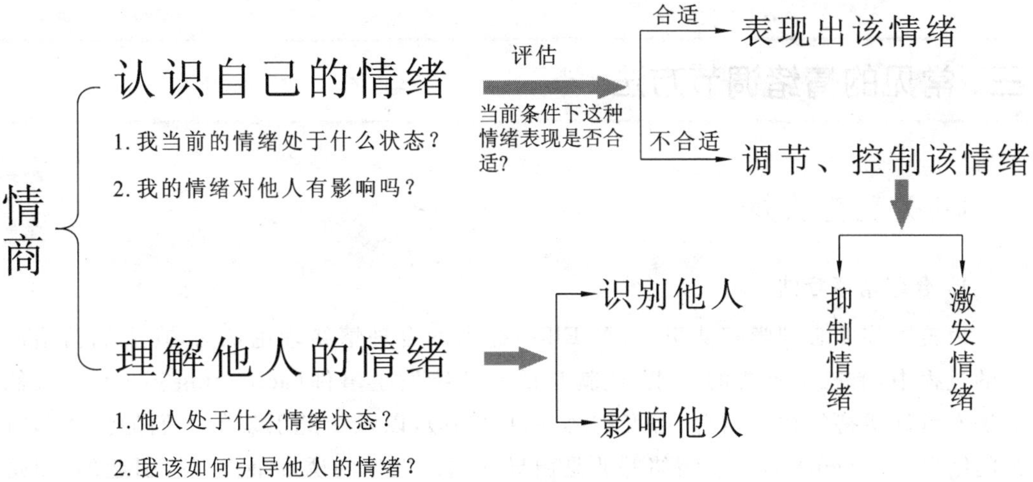


图 4.4 情商模型

**引申阅读**

**延迟满足实验**

心理学家把一些4岁左右的孩子带到一间陈设简陋的房子，然后给他们每人一颗非常好吃的软糖，同时告诉他们，如果马上吃软糖，只能吃一颗；如果20分钟后再吃，将奖励一颗软糖，也就是说，总共可以吃到两颗软糖(此种情形类似于图4.5)。有的孩子急不可待，马上把糖吃掉了；而另一些孩子则耐住性子、闭上眼睛或头枕双臂做睡觉状，也有的孩子用自言自语或唱歌的方式来转移注意力，消磨时光，以克制自己的欲望，从而获得了更丰厚的报酬。心理学家继续跟踪研究参加这个实验的孩子们，一直到他们高中毕业。跟踪研究的结果显示：那些能等待并最后吃到两颗软糖的孩子，在青少年时期，仍能等待机遇而不急于求成，他们具有一种为了更大、更远的目标而暂时牺牲眼前利益的能力，即自控能力。而那些急不可待、只吃了一颗软糖的孩子，在青少年时期，则表现得比较固执、虚荣或优柔寡断，当欲望产生的时候，无法控制自己，一定要马上满足欲望，否则就无法静下心来继续做后面的事情。换句话说，能等待的那些孩子的成功率远远高于那些不能等待的孩子。

图 4.5 延迟满足实验中的孩子

## 三、常见的情绪调节方法

### （一）改变认知

**1. 合理情绪疗法**

由美国临床心理学家艾里斯(A. Ellis)提出的合理情绪理论认为，在人们情绪产生的过程中，有三个重要的因素，这就是诱发情绪发生事件(activating events)，人们对诱发事件所持的相应信念、态度和解释(beliefs)，以及由此引发的人们的情绪和行为的结果(consequences)。情绪并非是由导致情绪发生的诱发事件直接引起的，而是通过人们对这一引发事件的解释和评价所引起的，即并非事件引起了情绪，而是人们对事件的认识引起了情绪。因此，对事件正确的认识一般会导致适当的行为和情绪反应，而错误的认知往往是导致不良情绪产生的直接原因。

导致人们对事件发生错误的认识的背后，往往是某些不合理的信念，艾里斯称其为非理性观念。非理性观念会使人陷入情绪的逆境中，且不能自拔。如学生提出"人活着是为了快乐"并没错，但是提出"人怎样才能快乐？当然就是没有烦恼和痛苦……"这本身就存在着不合理的观念，因为，没有痛苦与烦恼并不等于快乐，如有的人并不痛苦，但是也不快乐；而且有了痛苦和烦恼，也不能说就一定没有快乐。

合理情绪理论认为，改变不合理的观念，建立合理的观念，就会产生积极的情绪反应。该理论通过对引起不良情绪的非理性观念的纠正，达到情绪改善的目的。那么，如何运用合理情绪理论来调适情绪呢？

首先，将引发不良情绪的事件和认识一一列出。

其次，找出引发不良情绪的非理性观念，有以下几种：

**绝对化**。即对什么事物都怀有认为必须或不会发生的信念，这种特征常常表现在日常生活中"应该"、"必须"、"一定"、"绝对"等用语的使用上。具有绝对化非理性观念者，在生活和人际交往中刻板僵化，总是苛求完美，很容易陷入不良情绪的困扰。

**过分概括化**。即以偏概全的思维方式，在这种非理性特征中，世界上的事物只有两类，要么正确，要么错误。一次的工作失误，就可被认为是不可救药了；朋友的一次失约，就被认为是从来就不可信。

**灾难化**。常会出现"一旦出现了……那天就要塌了"，"再没有比这更可怕的了"等表达。例如，有的大学生因一次考试的失利，就认为自己已经彻底失败了。

再次，通过对非理性观念的认识和纠正，找出合理的观念。

最后，通过建立合理的信念，最后达到情绪感受的改变。

一位大学生向心理老师叙述了一段被朋友伤害的经历："在我的朋友遇到困难时，我主动帮助了他，而当我遇到困难时，他却视而不见，为此我感到被欺骗了，很愤怒。”心理老师通过对该学生认识的分析，找出其不合理观念“我帮助了他，他就应该帮助我”。通过讨论，该学生将“应该”改成了“希望”，对事件的认识变成了，“我的朋友遇到困难时，我帮了他，是我主动而且愿意的，并且我也希望当我遇到困难时，他同样会帮助我；但后来，当我真的遇到了困难，他却没有帮我，我为此感到遗憾，我虽然不很高兴，但我不会感到生气”。

掌握合理情绪的理论和方法，不仅可以在我们遇到情绪困扰时帮助我们认识和摆脱不良情绪，更重要的是，它能使我们保持一种客观正确的认知心态，避免不良情绪的发生。

**2. 正确归因**

美国心理学家维纳指出，人们往往把失败和成功归结于四个方面的因素：努力、能力、任务难度和机遇。这四个因素可以按内外因、稳定性和可控性三个维度来划分：从内外因来看，努力和能力属于内部原因，任务难度和机遇属于外部原因；从稳定性来看，能力和任务难度属稳定因素，努力和机遇属不稳定因素；从控制性来看，努力是可控制因素，任务难度和机遇都是不以人的意志为转移的。维纳认为，对成败的归因会引起一系列的情绪反应和期望的改变：若将成功归结为内部原因，则会使人感到满意和自豪，归结为外部原因，则会产生惊奇和感激；若将失败归结于内因，会产生内疚和无助感，归因于外因，则会有气愤和敌意。据此我们可以在遇事时分析自己的归因风格，探讨更利于自己情绪发展的归因方式，以更好地适应环境。

### （二）进行行为表达

**1. 自我放松**

除了常用的调整呼吸的放松外，还可用到想象放松法来调节自己的情绪，通过对一些广阔、宁静、舒缓的画面或场景的想象达到放松身心的目的。这些画面和场景可以是大海、滑雪、躺在小舟里、在平静的湖面上飘荡等。总之，一切能让心灵平静愉悦的美好场景，都可以尝试。此外，还可使用肌肉放松法，这个方法比较复杂，其主要原理是先让自己感受到紧张，再体验松弛。没有紧张感，就很难真正体会松弛感，所以先紧张后放松能更充分地享受放松的效果。一般步骤是让从头到脚不同部分的肌肉依次进行紧张体验，每次紧张体验后可用15～90秒钟的时间来体会放松感，再进行下一部分肌肉的练习。所有动作练习熟练后，只要十分钟就可以完成任务。对于这些放松方法，最好在平时就多加运用，而不是临时抱佛脚。如果在平时能熟练掌握并经常使用，在容易引起焦虑、紧张情绪的情境中就能收放自如，效果也会很好。

**2. 学会倾诉**

著名的哲学家培根说过，如果你把快乐告诉一个朋友，你将得到两份快乐；如果你把忧愁向一个朋友倾吐，你将被分掉一半忧愁。当遇到不愉快的事时，不要自己生闷气，把不良心境压抑在内心，而应当学会倾诉。每个人的周围总会有几个知心朋友，当产生不良情绪时，同学、朋友们可以聚一聚，一壶清茶，一杯咖啡，就事论事倾诉一番，把自己积郁的消极情绪倾诉出来，以便得到别人的理解、开导和安慰。美国有关专家研究认为："一个人如果有朋友圈，能长寿20年。"网络在现代社会已很普及，网上比较可靠的朋友也可以成为倾诉的对象。

**3. 适当痛哭**

哭是人类的一种本能，是人类不愉快情绪的直接外在流露。在日常生活中，人们常把哭当成懦弱的表现，也总是教育男孩子"男儿有泪不轻弹"。这不仅是对人性的一种错误认识，更是对心理健康的一种不切实际的损伤。爱哭的人不一定就是弱者，不哭的人也不见得就很坚强。从医学角度讲，人在情感激动时流出的泪会产生高浓度的蛋白质，它可以减轻乃至消除人的压抑情绪。

因此，短时间内的痛哭是释放不良情绪的最好方法，是心理保健的有效措施。不过哭泣也要把握一个度，只有在内心受到的委屈和不幸达到极大程度时才能哭，如果遇事就哭，反而会加重不良情绪。

**4. 运动调节**

运动是抑郁症的天敌，锻炼是抑制劣性心理的良方。据有关研究表明：体育运动能使人的不良情绪得到合理形式的宣泄。体育运动可以使人的注意力发生转移，情感得到发泄，兴趣发生改变，紧张程度得到缓解，情绪趋向稳定，还可以为郁积的各种消极情绪提供一个合理的发泄口，从而消除情绪障碍，达到心理平衡。所以，常参加体育锻炼也是调节和控制情绪的一种良好方法。有趣的、自己喜爱的、趣味性较强的运动，如羽毛球、乒乓球、排球、跳绳等对减轻学生的焦虑情绪有很大的帮助；足球、篮球、排球、健美操和集体舞等运动对大学生的抑郁情绪也有好处；游泳、溜冰、拳击和体操中的跳马、单双杠则对克服恐惧情绪有很好的效果。

## 章末回顾

情绪(emotion)是人类对各种认知对象的一种内心感受或态度体验，是人类需要满足与否的表现。

大学生常见的情绪困扰具体表现为情绪反应过度、情绪反应不足、负性情绪泛化或持续以及情绪不能接受或难以控制等几个方面。常见的情绪问题有愤怒、焦虑、抑郁、冷漠等。长期的不良情绪困扰将对大学生的学习、生活、人际关系、身体健康等方面产生不良影响。

良好的情绪状态，首先应具有积极乐观的基调，同时相对稳定，能以适当的方式进行表达和反馈，并具有一定的自我调控能力。除了有良好的情绪状态外，大学生还应发展一定的高级社会情感，进行深层次的情感体验。

情绪调节可以通过改变认知(如合理情绪疗法和正确归因)及进行行为表达(自我放松、学会倾诉、适当痛哭及运动调节)两方面进行。

## 活动训练营

快乐真的可以自己做主吗？我可以掌握自己的情绪吗？带着这些问题，我们进行下面的游戏。

**（一）趣味图片**

1. 目的：以图片吸引学生的注意力，说明同一个事物换个角度看可能会有不同的发现。

2. 操作步骤：

（1）从图 4.6 中你看到了什么？

图 4.6　趣味图片 1

（2）从图 4.7 中你看到了什么？

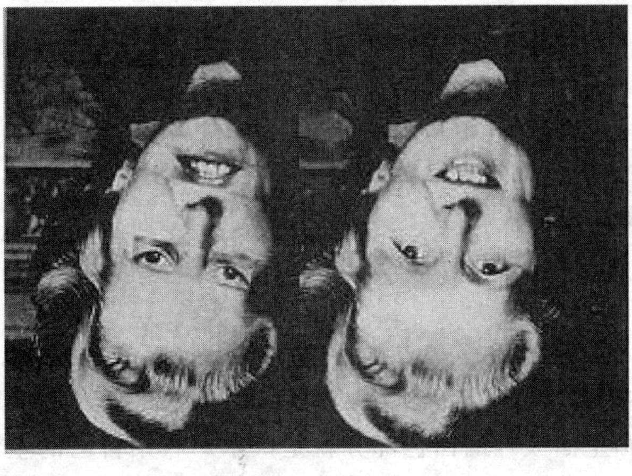

图 4.7　趣味图片 2

如果把图 4.7 旋转 180 度，你又能看到什么？

（二）智慧冲浪——解读“情绪 ABC”

1. 目的：结合 ABC 理论，通过故事分析事件、想法、情绪之间的关系，说明情绪是可以通过改变想法来调节的，并进行运用。

2. 操作步骤：

（1）故事“开拓鞋业市场”：鞋厂市场部的两名职员到一个岛上考察，看到岛上居民没有穿鞋子的习惯，男女老少一律打赤脚。一名职员很沮丧地回来了：“岛上的人都不穿鞋子，所以根本没有市场前景。”而另一名职员却很高兴地说：“此岛上的居民都没有穿鞋子，这里大有市场。”

通过故事可以发现，事件和情绪不是一一对应的，事件与情绪中似乎还有一座“桥梁”，它让我们对同一件事有了不同的反应，它是什么呢？

（2）ABC 理论的解读。心理学家艾利斯提出了情绪 ABC 理论。A 是指事件，B 是指信念或想法，C 是指情绪与行为。

艾利斯认为人应该为自己的情绪负责，因为情绪是因想法而来。一个人情绪的好坏是由自己的想法决定的，如果能改变一个人的不正确想法，就能改变他的情绪，甚至行为。

（3）品读汪国真的散文《雨的随想》：有时，外面下着雨，心却晴着；又有时，外面晴着，心却下着雨。世界上许多东西在对比中让你品味。心晴的时候，雨也是晴；心雨的时候，晴也是雨。

用 ABC 理论分析上面的散文。

（4）运用。联系自己的学习和生活，讨论如何通过改变想法来改变情绪。比如，考试考得不好，你会怎么想？有的同学会认为：“太好了，我还以为我都学会了，这次考的恰恰是我不会的，这下我可以把这些不会的都弄懂了。”

（三）自助沙龙

1. 目的：调节情绪的方法不止改变想法一种，让学生分享各自的情绪调节方法，寻找最适合自己的方法。

2. 操作步骤：

（1）请学生在小组内相互采访，了解对方有些什么样的情绪调节方法。

（2）然后请几位学生报告自己的采访结果。

（四）快乐大发现

1. 目的：让学生领悟发现快乐的重要性，培养积极的情绪状态。

2. 操作步骤：

（1）在一张白纸中间画一个黑点，问同学们在图上看到了什么。

这幅画的名字叫作“快乐”，很多人从这幅画上只看到了一个黑点。这黑点就是生活中的痛苦，而画里面大片的白色部分就是快乐。联系自己的生活，我们常常也像看这幅画一样只看到生活中的痛苦，有时还会放大痛苦，而忽略了生活中的许多快乐。让我们一起来发现快乐，分享快乐。

（2）我生活中的快乐。由一个同学做记录员，记下小组成员的快乐，请小组选出代表到讲台上宣读他们的快乐。

快乐是如此简单，我们生活中其实不缺少快乐，而是缺少发现。同学们要学会让自己快乐，做自己情绪的主人，“我的快乐我做主”。

## 成长与反思

1. 联系情绪的概念，思考大学生的情绪特征。
2. 大学生常见的情绪问题有哪些？你有过类似的困扰吗？
3. 联系实际思考应该怎样调节情绪？

# 第五章

## 历经风雨，始见彩虹

### 典型案例

小敏作为一名大三学生，同时兼有多种角色：学生、室友、女朋友、女儿和学生干部。一般情况下，她可以很好地胜任各项工作，不会与他人发生严重的冲突，但有时也会产生令她非常头疼、难以协调的矛盾。例如，下周四她需要提交一门课程的论文，同时室友希望能够与她一起打扫、装扮宿舍，男朋友在生日当天想与她共进午餐，母亲最近身体有些不适，还来不及回家探望。更糟糕的是，她应聘的学校需要进行网络面试，而她还没来得及做好准备。

现代社会给现代人提供的选择机会很多，选择的自由度也大大增加。选择的自由在给人们带来机会的同时，也制造了很多的压力和刺激。不管是否愿意，我们都必须面对压力。然而，如果不能采取恰当的方式应对压力，压力就有可能带给我们痛苦、焦虑和不安。那么，怎样才能更好地应对压力，让压力成为我们的快乐之源呢？

# 第一节　压力源自何处 ❯❯❯

## 一、什么是压力

人活着就会感受到压力，没有人可以避免（图 5.1）。从人类文明起源到现在，每一代、每一个人都承受着属于他们自己的压力。不管喜欢与否，压力每天都会伴随着我们，它是现代社会人们最普遍的心理和情绪上的体验。第一次上台演讲、第一次求职面试、亲人患病或亡故、学习遇到困难、生活环境发生改变等都会让我们感受到压力。

图 5.1　重压下的学生

所谓压力，不是一种想象出来的情境，而是指个体对没有足够能力应对的重要情景、某个人或者某件事情所做出的情绪与生理的紧张反应。当人产生压力的时候，大脑分泌出的肾上腺素等激素，会通过血液流淌到身体的各个部分，从而会引起相应的生理反应。

压力很难定义。强调刺激或起因的定义用紧张性刺激（stressors，各种激发压力的外部和内部刺激，例如高度竞争的工作环境或大学室友的冲突）来描述压力。压力也可以被定义为当事件打破个体的平衡或超过其应对能力时个体的反应模式。汉斯·塞雷（Hans Selye）认为压力就是“当生活环境不能满足个人需要，个人学习和经验与现实生活的要求不一致时，所导致的生理或心理失去平衡的一种紧张状态，也称为应激状态”。能对个人成长起到激发作用的压力塞雷称之为良性应激(eustress)或有益的压力(good stress)。高度应激(hyperstress)或过量的压力(excessive stress)，是指发生于事件(包括积极事件)堆积在一起的时候，超过了我们的适应上限时的压力。弱应激(hypostress)或者压力不足(insufficient)常发生在我们缺乏刺激的时候。单调的工作特别容易引起弱应激。无聊的个体会尝试各种方式寻求感觉刺激的行为，如尝试毒品或者从事跳伞等极限运动。①

有这样一个故事，说的是一位智者看到死神向一座城市走去，于是上前问道：“你要去做什么？”

死神回答：“我明天要到一个城市带走100个人的生命。”

智者说：“这太可怕了！”

死神说：“但这是我的工作，我必须这么做。”

智者告别死神，并赶在死神前面到达那座城市，提醒所遇到的每一个人：“请大家小心，明天死神会到达这里并带走100人的生命。”

次日，智者在城外又遇到了死神，他非常不满地说：“昨天你告诉我你要从这里带走100个人，可是为什么有1000个人死了？”

死神看了看智者，平静地说：“我从来不超量工作，而且也只准备带走100个人，可是恐惧和焦虑带走了其他那些人。”

这便是重压给人们带来的严重后果。

## 自我心理测试

### 心理压力自测

下面的诊断表列举了30项心理压力自我诊断的症状，请在符合自身近期实际情况的选项后面打钩，每项计1分。

**【诊断列表】**

1. 睡眠不好。
2. 睡觉时感觉一直在做梦。
3. 深夜突然醒来，并不能继续入睡。
4. 与人交际纯属应酬，一点也不感兴趣。
5. 稍有一点不顺心就会生气，而且时有不安的情形发生。
6. 眼睛易疲劳。
7. 经常鼻塞。
8. 疲劳感不易解除。
9. 有体重减轻的现象。

① [美]达菲.心理学改变生活.张莹，丁文峰，杨洋，译.北京：世界图书出版公司北京公司，2006.

10. 有头晕眼花的情形发生。

11. 有胸病情况发生。

12. 头脑不清醒，感觉昏昏沉沉。

13. 站立时时常有发晕的感觉。

14. 有耳鸣现象。

15. 面对自己喜欢吃的食物，却毫无食欲。

16. 常觉得吃下的食物沉积在胃里不消化。

17. 腹部有发胀、疼痛的感觉，且常便秘或拉肚子。

18. 口腔内有破裂或溃烂的情形发生。

19. 经常喉痛。

20. 舌头上出现白苔。

21. 肩部容易酸痛。

22. 背部和腰部经常疼痛。

23. 稍微做一点事就感到很疲劳。

24. 早上经常有起不来的倦怠感。

25. 不能集中精力专心做事。

26. 经常患感冒，且不易治疗。

27. 常有手脚发冷的情形。

28. 手掌和腋下常出汗。

29. 突然出现呼吸困难的苦闷窒息感。

30. 时有心脏悸动的现象。

**【得分评析】**

1. 如果你的得分在5分左右，说明你的心理压力轻微，只需多加留意，注意调适休息便可以恢复；

2. 如果你的得分在11～20分之间，说明你压力严重，有必要去做咨询；

3. 如果你的得分在21分以上，说明你很可能会出现适应障碍，需要特别注意。

## 二、什么是压力反应

压力反应（应激反应）是机体为了适应及满足某种新情况而做出的一种反应。条件和环境是不断变化的，从一定程度上来说，现代人一直处于承受某些压力的状态当中。从医学的视角来定义，压力是指超出机体适应能力时所产生的一种状态。

在荷尔蒙家族里，脱氢表雄酮享有“抗衰老功臣”的美誉，素来趾高气扬的它那天却心急火燎地跑回家找到肾上腺，说：“妈咪，您为什么一个劲儿地释放‘加压荷尔蒙’，搞得我们‘减压荷尔蒙’光着脚丫也赶不上，不仅我快扛不住了，连性荷尔蒙、血清素、甲状腺素它们也在下降，这样下去如何是好呀？”肾上腺听闻，无可奈何地摆了摆手，说："没办法呀，压力太大了，'加压荷尔蒙'拼命地往外挤，我挡也挡不住啊！"说完，便又疲倦地闭上眼睛，不吭声了。加压荷尔蒙在一旁听不下去了："我说脱氢表雄酮，你就不要抱怨了，我难道不想在家里待着享清福吗？自从主人开始没日没夜地加班，饮食又不均衡，我的'悲惨世界'也就从此开始了。别说你，再这样下去的话，我恐怕迟早有一天都会'过劳死'的。"

人体可对情绪、身体和精神压力做出如此匪夷所思的反应，实在是得益于肾上腺分泌荷尔蒙的作用。在肾脏上端，有两个拇指大小的肾上腺分泌着三种关键的荷尔蒙：皮质醇、脱氢表雄酮及肾上腺素。这三种荷尔蒙被称为"压力荷尔蒙"。其中皮质醇及肾上腺素是"加压荷尔蒙"，而脱氢表雄酮则是"减压荷尔蒙"。这三种荷尔蒙不但帮助我们应付许多生活压力及精神负担，同时还帮助调节机体内的许多重要元素，诸如血糖、脑功能、肌肉运动、体液及电解质平衡等。

当李强沿着小路走向露营的帐篷时，忽然听到脚边有"沙沙"的声音，当看清是一条蛇时，他全身迅速被调动起来，准备反抗或是逃跑，此时，他的肌肉紧张起来，肾上腺素分泌增加，心跳加速，然后他迅速逃离现场，跑到安全的地方。确定自身的安全后，李强的肌肉才逐渐放松下来，心跳和呼吸也慢慢恢复平缓。

李静每天上班需要先走到公交车站，然后换乘地铁。一天早晨，因为天气的原因，她到公交车站的时间比平时晚了一点，当她到达地铁站时，车刚刚开走。接下来便进入了上班高峰时段，她也因此迟到了，在她走进办公室向客户表示歉意的同时，同事开始追问为什么他要的资料和数据还没有准备好。李静尽全力使客户平静了下来，并尽快将资料和数据提交给同事。事后，她察觉到自己肌肉紧张，牙关紧咬，胃部翻腾。

李强的压力反应救了他的命，而李静如果长期处于这种境况的话，她患心脏病、高血压和其他与压力有关的疾病的风险就会增加。此外，长期的压力感可能会导致睡眠时间和运动量减少，吸烟和饮酒等行为增多，这会进一步危害她的长期健康。①

## 三、压力的来源

生活事件(life events)是指对个体生活可能产生影响的变化性事件，这些事件表明了生活变化对个体健康的价值。心理学家用生活事件来说明环境变化和个体的相互相应，生活事件可以从很多方面来加以说明：可以是家庭、工作和健康方面的，也可以是身体方面的。对个体来说，不同的人生阶段遇到的生活事件不同。生活事件会给个体带来压力，个体应对这些压力的过程被称为应激，它是身体对威胁性事件所产生的一种生理性反应。Holmes 和 Rahe 发现，应激的产生取决于人们在应对外界事

① 戴维·迈尔斯. 心理学精要. 第五版. 黄希庭，等，译. 北京：人民邮电出版社，2009. 8:331。

件时所做的转变及适应的程度:转变越多,应激就越强烈。

那些使人产生压力反应的事件被称为压力源。研究表明,生活中的任何改变都有可能成为我们的压力来源。这些压力源可能存在于我们自身,也可能存在于环境之中。一般来说,自身的压力源包括身体的疼痛、生病、罪恶感、不良的自我认识和评价等;环境的压力源一般包括周围噪音、家庭重大变故、文化氛围和社会制度的变革等。具体来说,我们在生活中遇到的压力源有以下几种:

### (一)职场压力

职场压力太大,不仅会导致精神不足,工作效率欠佳,甚至个体的抗压能力也会下降。2015 年 4 月 8 日早上,香港有线电视财经台美女主播梁静雯,因工作压力过大,在住所烧炭自杀死亡,年仅 34 岁;同年 3 月 24 日清晨,深圳 36 岁的 IT 男、清华大学硕士毕业生张斌,被发现猝死在公司租住的酒店马桶上面;2014 年 9 月 26 日,广州仙海网络科技有限公司总裁张旭因过度劳累而突发心脏病逝世,年仅 33 岁。此类案例还有很多。现在的人们每天面对的职场压力是 20 年前面对压力的 5 倍,90%的人的正常生活规律已被打破。

### (二)社会性压力

现今会造成社会性压力的事件很多,如生活空间过度拥挤、经济衰退、社会治安混乱、环境污染等。随着时代的发展,精神病院的住院人数、婴儿死亡率、自杀率、酗酒至死及心血管方面的患病率都有显著升高,说明社会性压力越来越大,问题越来越严重。

### (三)人际关系带来的压力

人际关系不协调是心理压力的来源之一。不同地区、不同文化背景的人生活在一起,产生摩擦的次数更趋频繁,导致压力更趋沉重。

### (四)重要的生活变动带来的压力

重大的生活变动是压力的主要来源之一,如离开家庭、亲人故去、失业或者离婚等。刚进入成年期的人常常能感觉到这些生活上的变动和不安定。生活变动一般是难以有效应对的,有时候会造成我们身体上的不适。美国国家科学院授权的一项回顾性研究揭示,近期内失去配偶、被解雇和离婚的人更容易患病。①

### (五)日常生活困扰带来的压力

我们的快乐很少源于持久的好运,而更多的来自于对日常琐事的反应,如考试中

---

① 戴维·迈尔斯.心理学精要.第五版.黄希庭,等,译.北京:人民邮电出版社,2009.8:331.

取得好成绩，收到一份令人高兴的小礼物等。同样，日常生活中的各种小挫折也是不可避免和难以预料的。交通堵塞、与室友相处不融洽、事务繁杂或物品遗失，甚至包括因电脑停电而导致辛苦了一天的成果瞬间消失、刚买的新衣不小心沾上油污等这些小事情都会给人造成一定的心理压力。这些困扰看起来微不足道，但是累计起来会使人感受到不小的压力。

### （六）突变事件带来的压力

灾难是不可能预测的大规模爆发性的事件，这些事件具有很大的危害性。尽管在灾难之后，人们通常会彼此安慰和帮助，但它对健康的危害仍不可小觑。在美国"9·11"事件发生后的三周内，密歇根大学的研究者进行了一项调查，有2/3的美国人说他们难以集中注意力，并且失眠。在另一项国家调查中，纽约市民反映他们也易出现这些症状。据报道，此期间安眠药在纽约地区的处方量增加了28%。①

## 四、影响压力感的因素

我们生活中的事件都要流经个体的心理过滤器才能让人体产生反应。压力更多地来自于个体对事件的评价，而不是事件本身。当被知觉为挑战时，压力源可以产生积极的效果，激发并驱使我们解决问题。获得过冠军的运动员、成功的企业家和优秀的领导者在挑战的激发下，都会战胜困难并有出色的表现。战胜了癌症或者从失败阴影中重新振作的人，会形成强烈的自尊感、坚强的意志，获得精神升华。年少时承受的一些压力有益于日后形成豁达的性格。逆境有时会促进成长，坏事有时会有好的结果。正如"危机"一词，兼有"危险"和"机遇"两层含义。

### （一）个人因素

个人的心理状态与承受压力与否以及承受压力的程度有密切关系。对同一事件，比如同样面对同学成绩突出这一事件，有的人因为对学习不感兴趣而不以为然；有的人会因为有了学习的榜样而高兴；有的人会因为自己的表现不够突出而产生嫉妒、愤恨的情绪，并倍感压力。其实在生活和工作中，很多貌似沉重的东西本身分量并不一定很重，只是因为我们把它看得太重。

### （二）个人性格（压力易感性人格）

人格会影响个体的压力应对方式。对于生活中的相似压力，有些人可能生病，而有些人却能够抵御。根据个体的压力易感性可以把人格分为疾病倾向人格和自我治

---

① 戴维·迈尔斯.心理学精要.第五版.黄希庭，等，译.北京：人民邮电出版社，2009.8：331.

疗人格。具有疾病倾向人格的人往往对压力非常敏感，常常以强烈的消极情绪和不健康的行为模式来对压力做出反应；具有自我治疗人格的人却可以很好地对压力进行控制，保持健康的行为，避免生病，对生活充满热情，情绪稳定，关心他人。我们可以从行为倾向、期望和信念以及个人特征三个方面来对这两类人做出区分：

从行为倾向来说，疾病倾向人格的人经常卷入人际冲突，追求完美主义，内向并且做事拖拉；而自我治疗人格的人则会避免人际冲突，外向并且能够按时完成任务。

从期望和信念来说，疾病倾向人格的人经常从负面来解释压力事件，这些人外控倾向较高，不太相信公正的存在，自我效能感低，悲观逃避，关注消极目标；而自我治疗人格的人经常从正面来解释压力事件，内控倾向高，相信公正的存在，自我效能感高，乐观追求，关注积极的结果。

从个人特征来说，疾病倾向人格的人经常神经过敏，不能适应环境，自尊心弱，依赖别人，常常不知道自己喜欢什么和不喜欢什么；而自我治疗人格的人能够很好地调试自己，自信心强，做事独立，知道自己喜欢什么和不喜欢什么。

### （三）环境因素

压力无所不在，无时不发生。在我们的环境中，主要有以下几方面的因素会导致压力的产生：

生命中的创伤，指生活中的转变、震荡或重大生活压力。如转换工作环境、离婚或亲人逝世。

长期担忧，如挫折感、罪恶感、自卑感、经济长期困难或工作没有保障。

噪音，是反映居住或工作环境嘈杂，噪音量在89分贝及以上，人体便会产生类似因压力而引起的生理反应，如血压升高、心跳加速、肌肉紧张等。

人际关系，恶劣的人际关系会使人的压力增加，如经常跟别人争吵、冷战或市场受到是非困扰。

工作压力，工作量大，责任重，竞争激烈，要求高是常见的压力来源；其他的还有个人兴趣或性格与工作要求不协调，工作的回报不能达到个人目标等。

居住环境不佳，拥挤的环境，不但令人有压抑感，还会增加人与人之间发生摩擦的机会。

研究表明，在许多情况下，家庭压力与工作压力都是造成人们生活困难的重要因素。没有压力、充满民主的家庭生活，对人们承受外界压力具有强有力的帮助。

## 五、大学生和压力

大学生要承受很多压力，而且这些压力通常与其他压力不同。大学生，特别是大一新生，要面对新的社会规范和习惯，新的同龄人，学习和生活方式的改变，同时要承受比高中时更高的时间控制和个人控制能力要求。

大学生会因压力而产生一系列消极结果。研究发现，压力下的大学生容易产生抽烟、喝酒（特别是啤酒）、吃垃圾食品，甚至自杀等行为（Hudd et al.，2000）。

# 第二节　压力是把双刃剑

压力本身并不是什么坏事。汉斯·赛叶医生将压力分为有害的不良压力和有益的良性压力：不良压力使人感到无助、灰心、失望，而且它还会引起身体和心理上的损害；良性压力能够给人以成功感或振奋感，使人愉快并能有效地帮助人们生活。在对压力源的反应中，存在着显著的个别差异。人们从空中跳伞，有些人非常喜欢，对这项运动感到兴奋、鼓舞，感受到了良性的压力，而有些人感到恐惧甚至变得歇斯底里。这说明，压力的有害或者有益不在于压力源的强弱或压力的种类，而在于个人对事件或环境的反应。压力不仅仅是一个刺激或者是一个反应，它是我们用来评价和应对环境威胁和挑战的过程，如图 5.2 所示。

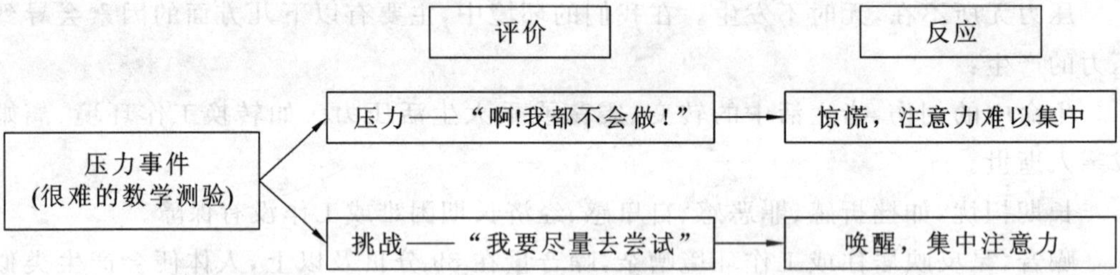


**图 5.2　压力的评价与反应**

## 一、适度的压力

一头驴不小心掉进了一口枯井，农夫绞尽脑汁想救出他的驴，但是无计可施。几个小时过去了，驴在井里痛苦地哀号着。接下来出现了两种截然不同的结果：

版本一：这位农夫决定放弃，他想这头驴年纪大了，不值得大费周折去把它救出来，不过无论如何，这口井还是得填起来。于是农夫便请来左邻右舍帮忙一起将井中的驴埋了，以免除它的痛苦。农夫的邻居们人手一把铲子，开始将泥土铲进枯井中。当这头驴了解到自己的处境后，哭得很凄惨，慢慢地低下了头，没过多久，驴便被泥土埋没了。

版本二：农夫想，可以用泥土把井填得浅一些，以便驴从井里上来。当铲进井里的泥土落在驴的背部时，驴先将泥土抖落在一旁，然后站到铲进的泥土堆上面！

就这样，驴将大家铲倒在它身上的泥土全数抖落在了井底，然后再站上去。很快，这只驴便从井中跑了出来。

事实上，我们在生活中所遭遇的种种困难、挫折就是加诸我们身上的“泥沙”。然而，换个角度看，它们也是一块块“垫脚石”，只要我们锲而不舍地将它们“抖落掉”，然后站上去，即使是掉落到最深的井，我们也能安然地脱困。本来看似要活埋驴的举动，由于驴处理厄境的态度不同，出现了完全不同的结果。如果我们以肯定、沉着、稳重的态度面对困境，助力往往就潜藏在困境中。一切都取决于我们自己，学习放下一切得失，勇往直前迈向理想。我们应该不断地建立信心、希望和无条件的爱，这些都是帮助我们从生命的“枯井”中脱困并获得成功的必备工具。

人们对压力的医学研究兴趣要追溯到希波克拉底时期（公元前460—377年），但直到20世纪20年代，心理学家坎农蔡才确定压力反应是身心体系的一部分。他观察到严寒、缺氧和情绪唤醒等事件都能引起肾上腺素和去甲肾上腺素的分泌，这些压力荷尔蒙从肾上腺内部的交感神经末梢流至血液。当大脑通路中的某些部分发出警报时，交感神经系统就会增加心跳和呼吸的频率，将血液从消化系统转移到骨骼肌，减轻疼痛，并释放体内存储的糖和脂肪——这些都为身体采取最佳的适应性反应做好了准备。

适度的压力能使人处于应激状态，神经处于兴奋状态，适度的压力还能帮助个人认识到改善自我的机会，以更加努力的姿态、更高的热情完成学习和工作，更有助于学习、工作效率的提升。

## 二、过大的压力

凡事“过犹不及”，如果机体对压力的反应过于强烈或持久，而且得不到缓解和宣泄，日积月累超过了机体自身的调节和控制能力，就会对我们的生理、情绪、认知、行为等诸多方面造成危害。图5.3形象地展示了过大压力下的现代人的状态。

**图5.3　过大压力下的现代人**

压力通过不同的症状显现，最普遍的征兆是神经质、焦虑和紧张增加。许多人有紧张性头痛，另一些人说他们的压力表现为对他人的愤怒，还有些人说压力导致他们疲倦或抑郁。其他压力症状包括肌肉疼痛、胃痛、沮丧感、失眠、丧失睡眠、强迫性进食或失去食欲、挫折感、哭泣、呼喊和尖叫。研究也表明，处于压力中的个体会更多地遭受心脏病和中风，更容易感冒，并且对流感疫苗的反应不佳(Adler)。

Lazarus 的研究证明对应激性事件的主观理解影响着人们的身心健康，人们对负性生活事件的诠释引发的压力会直接影响到免疫系统，从而使人生病。以普通感冒来说，当人们受到感冒病毒传染后，只有 20%～60%的人会生病，而并不是每个人都会感冒。

为了回答生活压力是否是发病的决定因素这个问题，Cohen 等人邀请了一些志愿者参加一项研究。在研究开始的时候，实验者先要求被试写出一年来发生在自己身上的，且对自己有影响的负性事件。紧接着研究人员给被试注射了感冒病毒或生理盐水，然后将他们隔离数天。结果发现那些有较多生活压力的被试更容易患病毒性感冒。在经历负性事件少的人中，只有 27%发病；而那些经历负性事件多的人，发病率将近 50%。感冒发病的比率与负性事件的数量呈正相关。这种负性应激所产生的影响，即使在去除其他可能会导致病变的因素，例如年龄、体重、性别之后也存在。Cohen 的研究以及其他类似的研究都显示，一个人承受的压力越大，他对疾病的抵抗力就越低。①

长期过重的不良压力，会对我们的生理、情绪、认知、行为等诸多方面造成危害。

**生理危害**。在帮助身体缓解一天的疲劳以后，肾上腺需要时间和休息来自我恢复。然而不幸的是，人类并非如此幸运。因为现代生活的大多数压力都是零碎的，虽在预料之中，但却无法抵御、难以逃离，它们时刻会卷土重来，成为挥之不去的噩梦。当肾上腺长期过度受压时，原本在特别危急的情况下才用来维护机体而生成的压力荷尔蒙已被提前用光了。皮质醇的高含量和脱氢表雄酮的低含量这一双向作用，将会引起一系列荷尔蒙的改变。压力的生理危害有一个发展过程：在不良压力之下，人们首先出现警觉反应，全身各部分自然动员，进入警觉状态，以抵抗压力；然后进入抵抗期，即人体不断自我调整，保持高度的生理兴奋，抵抗压力；最后进入衰退期，此时由于人长期而持续暴露于压力之下，身体抵抗能量耗尽，高血压、偏头痛、腰酸背痛、心脏疾病、胃肠疾病、月经失调、皮肤病等问题开始出现。与长期压力紧密相连的症状有：疲劳、血糖不稳、对碳水化合物的渴求、肌肉疲软、免疫系统功能减退、心血管疾病、骨质疏松等，包括肌肉的缺失，导致基础代谢的降低，从而导致脂肪的增加。

---

① 侯玉波.社会心理学.第二版.北京：北京大学出版社，2007.

引申阅读

### 不良压力下的身体警讯

不良压力之下，人们的紧张不安和焦虑情绪积累到一定程度，可能出现如下的症状：

1．皮肤警讯

(1) 红斑痤疮、湿疹和牛皮癣等皮肤症状加重。

(2) 出现麻疹、皮肤疱疹和汗疱疹。

(3) 头皮屑增多。

(4) 出现痤疮(由于压力促进了脂肪分泌腺的活动)。

(5) 形成黑眼圈(由于缺少睡眠和身体将血液从不必要的区域转移到了重要的器官部分)。

(6) 前额横纹、眉间和嘴边皱纹增多(最普遍的压力和焦虑造成的结果)。

2．头发警讯

(1) 出现灰发。专家认为，当一个人处于巨大的压力之下时，身体将用尽身体中储藏的维生素B，从而使头发颜色发生变化。

(2) 掉头发。当经历非常大的压力时，头发会停止生长，并且头发掉落的数量远远多于正常时候的掉发。

3．胃部警讯

(1) 腹部鸣响。

(2) 腹泻。

(3) 腹脘痛(由于腹部肌肉紧缩不放松造成)。

(4) 便秘(压力的上升会使过敏性肠炎变得更加敏感)。

(5) 不规律的生理周期。

(6) 很难下咽食物(吞咽食物时感觉嗓子里有一个肿块，是常见的精神紧张症状)。

4．头痛警讯

(1) 分散性头痛。脱水和压力，会使人在头的一侧或眼后部产生穿透性疼痛，每次持续几分钟甚至几个小时，经常在清晨或者夜里发生。

(2) 穴位型头痛。由于精神压力、感冒或者在干燥的环境中工作，造成面部穴位上的压力逐渐累积，使人在鼻梁处感觉拥塞和隐痛。

(3) 紧张型头痛。由于抑郁、焦虑和头皮、面部、颈部的肌肉紧缩，使人在太阳穴两侧有挤压感等不适症状，好像戴上了紧箍圈，每次持续几个小时。

(4) 偏头痛。由于压力或食用巧克力、咖啡因、酒等，会使人体产生一种类似荷尔蒙的物质，造成头部血管的延展和收缩，引起头痛，偏在头的一侧，有时可以延伸到颈部和眼后，同时还会感觉恶心和视觉不清，每次持续几个小时到几天不等。

5．睡眠警讯

过重的心理压力，会打破正常的睡眠模式，甚至使人彻底丧失睡眠，危害很大。

**情绪危害**。不良压力事件会使人产生忧郁、恐惧、焦虑、不安、无助、沮丧、烦乱或自责等不良情绪。高度压力下，人们多数会变得浮躁不安、暴躁易怒。长期承受不良压力的人，忧郁症和其他心理症状的患病率也较高。

**认知危害**。不良压力会影响人的理解、记忆、注意力等认知能力，僵化人的思维，降低人的智力水平。比如考试焦虑症的出现，就是因为压力太大而出现大脑一片空白，原先记住的都想不起来，简单的问题也不会解答。

**行为危害**。不良压力之下，人们的行为很容易失控，既伤害自己也伤害别人。比如，有些学生在强大的学习压力之下，会出现逃课、对人怀有敌意、对同学进行言行攻击、撒谎、离家、偷窃等不理智行为。压力还会影响人的人际交往能力，如压力大的人常对人冷淡、容易与人起冲突等；还会使人染上不良生活习惯，如有的人为了逃避压力而吸烟、酗酒、吸毒等；也可能会使人形成一些强迫性行为。

这些症状有许多是躯体应激反应的一部分，即是我们不能控制的、自动的、内在的反应，但是正如前面所提到的，相似的压力症状可能源于我们对事件的心理反应，这更多地取决于我们看待世界的方式和应对压力的能力。

## 第三节　如何变压力为快乐之源 ▶▶▶

在一位老农的农田当中，多年以来横亘着一块大石头。这块石头碰断了老农的好几把犁头，还弄坏了他的中耕机。老农对此无可奈何，巨石成了他种田时挥之不去的心病。

一天，在又一把犁头被打坏之后，想起巨石给他带来的无尽麻烦，老农终于下决心要“了结”这块巨石。于是，他找来撬棍伸进巨石底下。他惊讶地发现，石头埋在地里并没有想象的那么深、那么厚，稍使劲就可以把石头撬起来，再用大锤打碎，从地里清出，老农脑海里闪过多年来被巨石困扰的情景，再想到如果早些把这块“心病”除掉该有多好，禁不住一脸的苦笑。

从这则寓言故事中，我们能领悟出这样的道理：遇到问题应立即弄清原因，有问题更需立即处理，绝不拖延。

加拿大科学家塞雷对压力进行了长达 40 年的研究，他扩展了坎农的发现，使压力在心理学和医学中都成了一个重要概念。塞雷研究了动物对各种类型压力源的反应，如点击、外伤和麻醉抑制。他发现有机体对于压力的适应性反应具有一致性，把这一反应称作一般适应综合症（general adaptation syndrome，GAS）。塞雷把 GAS 分为三个阶段，如图 5.4 所示。比如你正承受着生理或情绪的创伤，在第一阶段，由于交感神经系统的突然激活而产生了警戒反应。你的心跳加快，血液被转移到骨骼肌，你受到轻微的冲击。随着“资源”的被调动，你现在正准备进入与“挑战”斗争的第二阶段：对抗阶段。在这一阶段，你的体温、血压和呼吸仍然维持在较高水平，而激素突然迅速释放。如果这一过程持续，压力将在第三阶段最终耗尽你的体能，即进入衰竭阶段。

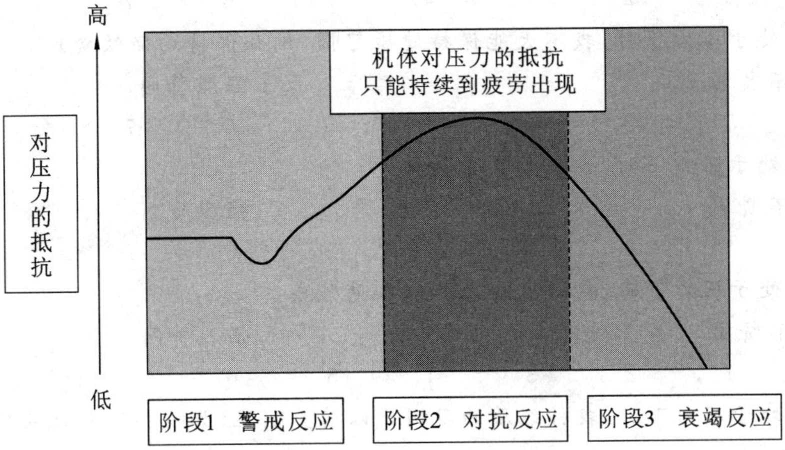


**图 5.4 一般适应综合症**

在日常生活中，往往会遇到反复出现的问题或不良现象，如若讳疾忌医或拖延了事，积压下来，必然给自己的生活造成困难，甚至使接下来的计划安排无法正常进行，严重时还会威胁到自己的生活。所以，对生活中出现频率较多的问题，不应回避，而应抓住苗头，及时调查，追根溯源，找出解决问题的途径和办法。

科学研究表明，人们在生活和工作中产生的许多压力是毫无必要的。下面的数字可能让我们对忧虑有一个重新认识：

人们担忧的事情有 40％永远不会发生。

30％的忧虑涉及过去做出的决定，这些都是无法改变的。

12％的忧虑出于自卑感而产生的。

10％的忧虑与健康有关，而越担忧问题就会越严重。

只有 8％的忧虑可以列入合理的范围。

可见，有时人因为压力而感到忧虑，其实并非真正的压力所致，而是自寻烦恼。而这些大多属于“庸人自扰”的忧虑却会让我们花费大量的精力，让我们为此不开心。

人们每天生活的环境和遇到的事件都会引起某类或某种程度的压力，所以压力是不能从生活中完全清除的。不良压力危害人的生理和心理健康，威胁人生幸福。学会如何应对压力是一堂必修的人生课。我们所能做的和应该做的，是通过自我调节缓解不良压力。

## 自我心理测试

**什么是你的压力应对风格？**

说明：对于下面每一个陈述，通过在适当的数字上画圈来显示你的同意程度。

1. 当处于压力下时，我比平时更快的发怒。

强烈不赞同　　　　　　　　　　　　　　　　　强烈赞同

1　2　3　4　5　6　7

2. 当处于压力下时，我不太能保持健康习惯(例如保持均衡饮食)。

强烈不赞同　　　　　　　　　　　　　　　　　强烈赞同

1　2　3　4　5　6　7

3. 当处于压力下时，我很难集中精神。

强烈不赞同　　　　　　　　　　　　　　　　　强烈赞同

1　2　3　4　5　6　7

4. 当处于压力下时，我的反应比其他人更焦虑。

强烈不赞同　　　　　　　　　　　　　　　　　强烈赞同

1　2　3　4　5　6　7

5. 当处于压力下时，我神经质的习惯比以前更明显(如咬指甲和绕头发)。

强烈不赞同　　　　　　　　　　　　　　　　　强烈赞同

1　2　3　4　5　6　7

6. 当我处于压力下时，我的记忆变糟了。

强烈不赞同　　　　　　　　　　　　　　　　　强烈赞同

1　2　3　4　5　6　7

7. 当处于压力下时，我变得容易沮丧和感到紧张。

强烈不赞同　　　　　　　　　　　　　　　　　强烈赞同

1　2　3　4　5　6　7

8. 当处于压力下时，我比其他时候更容易哭泣。

强烈不赞同　　　　　　　　　　　　　　　　　强烈赞同

1　2　3　4　5　6　7

9. 当处于压力下时，我很难去学习，例如准备考试的时候。

强烈不赞同　　　　　　　　　　　　　　　　　强烈赞同

1　2　3　4　5　6　7

得分：这个自我评估中，对压力的情感反应可以在问题1、4、7中得到测量；对压力的行为反应可以在问题2、5、8中得到测量；对压力的认知反应可以在问题3、6、9中得到测量。

统计每一类反应的分数，并且把你的总分填写在下面的括号中：

情感反应(　　　)；

行为反应(　　　)；

认知反应(　　　)；

所有反应总和(　　　)。

现在可以确定这个量表是否准确地测量了你的典型反应。请适当关注你的总得分，它在某种程度上表明了你对压力的反应是否强烈，或者你是否处于高度压力之下。接下来你可以寻求反映或应对压力的方法，以及如何降低自己的压力总量。

## 一、不良的压力应对方法

### （一）习得性无助感

所谓习得性无助感，就是在面对重大的压力、经历了多次的挫折后，形成的一种认为自己的能力很差，低自我评价、低自我效能和低成就动机，自信心完全丧失、自暴自弃，形成消极定势的心理状态。有了这种心理状态后，在以后的生活和学习中，即使是面对自己能够解决的问题，主观上也会错误地认为自己没有能力解决，也不会积极、主动地寻求解决问题的办法，而是听之任之。例如，有些大学生在日常的学习中，可能经历了几次考试的失败，或参加了几种社团的应聘后被淘汰，就产生了自己什么都不行的想法，于是干脆放弃学习或参加各种活动，而把自己的大部分时间浪费到网络游戏中，通过虚幻的网络世界来证明自己的能力，结果荒废了自己的学业。

### （二）酗酒抽烟

一些大学生在经历了挫折，感觉压力很大时，会选择抽烟或酗酒来解压。烟草是一种兴奋剂，有一定的镇静作用；酒精是神经系统的刺激物，也是一种镇静剂。抽烟、喝闷酒虽然能够暂时起到抑郁中枢神经系统的功能，缓解紧张状态，但沉迷于其中，容易导致酒精中毒，香烟带来的副作用更是危害无穷。

### （三）攻击行为

一些大学生在压力面前，不是寻求合理有效的解决方法，而是采取攻击的方式来减轻压力，轻者对别人进行言语攻击，重者甚至进行暴力行为，结果给自己、家庭、学校和社会等都带来了严重的不良影响。

## 二、有效的压力应对方法

有效调试压力，应从压力源和个体自身两方面入手，主要包括以下几方面的举措。

### （一）减少压力源

学会说“不”，懂得“量力而行”，减少不必要的压力源，是避免压力过大的方式之一。不要让自己绷得太紧，不把什么事都揽到自己身上，事情越多，压力就会越大。

学会自我肯定，适度表达和满足自己的需求，不承担超过自己能力限度的任务。

有一次，几位弟子怂恿大哲学家苏格拉底去热闹的集市逛一逛，弟子们七嘴八舌地说："那里卖的东西非常多！衣、食、住、行各方面都有，而且还有很多好看的和好玩的新鲜玩意儿。您如果去了，肯定会满载而归的！"苏格拉底接受了学生们的建议。第二天，学生们要他谈谈市场之行的收获。苏格拉底说："此行，我有一个很大的收获，就是发现这个世界上原来有那么多我并不需要的东西。"

生活中，有太多我们并不需要但却能对我们造成困扰的东西。

假如脖子上有了一条项链，就要有可以搭配的服饰。有了这些，我们就需要到一些不必去的地方，装出不必有的表情，说一些不必说的话，交一些不必交的朋友。如果热衷于此，可能会获得一些没有必要的名声和头衔，但是，所有这些不过是在荣誉借口下的一种累赘，也许根本不是我们的人生真正需要的东西。

我们要学会尽量避免外界不良的环境压力源。如尽量远离喧嚣和污染，多去环境优美之地等；尽量安排好时间，不要让自己承受长时间的压力；保持营养均衡，少食咖啡、糖，多补充维生素 B、C 等。

总之，要记得时常检查自己承受的压力状况，减少不必要的压力源，防患于未然。

### （二）改变思考方式

改变思维方式可以帮助人减轻生活的压力。例如，把上下班的交通路程（无论是乘地铁或开车）看作一个放松、思考、准备或冥想的最佳时机，而不是一件恼人的事情。

学会认识那些令人感到压力的情况，把造成压力的问题搬上桌面是解决问题的第一步。

对事物的看法绝对是促成压力最重要的因素。虽然境遇相同，但每个人对问题的看法是截然不同的。试着从不同角度看待使人深感压力的情况，考虑它真有那么糟吗，是不是可以换一个角度来看待这件事，让自己沉浸在对过去幸福时光的回忆中，宽恕那些曾经伤害过你的人，将所有的愤怒都装进氢气球，放飞在遥远的蓝天中，让它随风而去，这一切都将促进体内释放缓解疼痛、改善心情、增强免疫的内啡肽。

在某种程度上，自控可以使人免受压力。当感到焦虑时，应设法提高应对压力的技巧，学会忙里偷闲。如果无法回避令人紧张的情况，那么就以适当的方式面对它，采取一些避免压力的措施或学着调整心态。如果某事总是让人焦虑，为了不再经历同样的情况，可以试着想些改变这个情形的办法。比如觉得在阿姨家过新年有压力，那就不去，或邀请她到自己家做客。总是用某种方式处理某件事并不意味着必须以这种方式继续下去；如果他人给了我们压力，不管是我们的上司还是我们 10 多岁的孩子，可以试着从他们的角度想一想。如果他们一直做那些令人难以理解的事，试问他们为什么要这么做，这么做有什么好处。理解了他人的动机和想法，就能为减轻这些人给我们带来的压力作更充分的准备。如果发现与某人的交往给我们带来了压力，就试着与这个人谈一谈。不要指责他人，只要让他知道那令人感到有压力的方面，看是否有可能共同寻求一种新的交往方式，使彼此都不会感到有压力。一种令一方感到有压力的交往方式常常会使另一方也感到压力。

### （三）提高自我效能

所谓自我效能，是指个人对自己能力的判断，对自己获得成功的信念。高自我效能的人，有信心应对压力，将压力视为挑战而非威胁，他们在遇到挫折的情况下，不会自暴自弃，能够自我解脱，重新来过。低自我效能的人可能会因视压力为威胁而惊慌失措，很容易被压力压到。

所以，提升自我效能是十分必要的。自我效能的高低与个人的经验、受教育水平等有关。努力学习技能、多增加正向经验、接受自己的缺点、学会自我欣赏与自我激励，可以提高自我效能感。另外，拥有良好的身体也会促进人们自我效能的提高，从而更有应对压力的能力。

### （四）学习有效的应对方式

简单地说，我们面对压力的反应有问题解决和情绪焦点两种取向。问题解决取向将重点放在问题本身，在评估压力情境的基础上采取有效的行为措施直接解决问题，改变压力情境。情绪焦点取向，是控制个人在压力下的情绪，事先改变自己的感觉、想法，专注于缓解情绪冲击，不直接解决压力情境。哪种取向是最有利的，需要具体问题具体分析。如果压力之下个人情绪激动，根本无法寻求解决问题之道，那就需要先采取调整情绪的应对措施，但调整过之后别忘了解决问题，否则可能越陷越深。以下是几种有效的压力应对方式：

**解决问题**。直接采取行动以解决问题，包括评估压力情境、找出行动方案并积极采取行动。

**寻求支持**。寻求他人支持，增强解决问题的能力。

**暂时搁置**。不逃避压力，但也不解决问题，而是暂时置之不理，调整自己，积蓄力量，待时机成熟后再解决问题。

**改变自我**。从正向角度改变情绪与认知状态，增强解决问题的力量。

总之，我们要了解自己的习惯反应，学习有效的应对策略，有效地减轻压力。

### （五）改变认知

遇到了挫折，不要只注意到坏的一面，不要先想到否定自己。学习从不同的角度看问题，有助于减轻压力。比如路上堵车，如果烦躁不安，不停催促甚至破口大骂司机，将使自己处在很大的压力之下。而如果换个角度，则正好可以利用这个时间听听音乐或者规划周末的出游计划等。同样一件事情，若从正面、乐观的角度思考，会使自己充满喜悦。有时候，让我们压力变大的不是环境，而是我们自己。

我们要学会正面地看待自己，陈述自己的观点，帮助别人理解想要表达的意思。学会明确和恭敬地表达愤怒，不尖声喊叫或怀有敌意。一方面，正面的愤怒可以帮助我们把压力变成动力；另一方面，消极的发怒，会使“加压荷尔蒙”上升。不要把缺乏自信的感觉转化为各种形式的压力，而要把它转化为各种形式的动力。每个人都经历过挫折和失败，而减少压力的一个重要方式，是不要让这些挫败控制我们的生活。要知道，只有那些你不能勇敢面对和正确看待的挫折，才会成为你真正意义上的失败。

### （六）调控情绪

美国著名心理学家马丁加拉德曾做过这样一个著名的实验：

一个死囚犯被蒙着双眼绑在床上，身上被放上了各种探测体温、血压、心电、脑电等的仪器。法官来到床边宣布对他执行死刑，牧师祝福他的灵魂早日升入天堂。这时，他被告知用放血的方法致死。

随着法官的一声令下，早已准备好的一位助手走上前去，用一块小木片在囚犯的手腕上划了一下，接着把事先准备好的一个水龙头打开，让它向床下的一个铜盆中滴水，发出“叮咚”的声音。

伴随着由快到慢的滴水节奏，死囚心里产生了极大的恐惧感，他感到自己的血正在一点点流失。各种探测的仪器如实地把死囚的各种生理变化记录了下来：囚犯出现了典型的失血症状。最后，那个死囚晕了过去。他并不是真的被执行了死刑，而是受到一种死刑情境的暗示。

心理学家沙伊尔和卡夫报告，乐观主义者，如持“在不确定的时候，我通常会往好的方面预想”意见的人，不仅能更好地处理压力，并且能保持健康。Folkman 和 Moskowitz 认为，应对压力的方式包括两个层面：一是针对情绪的应对，增强积极情绪，用乐观的心态面对问题是较好的情绪应对方式；二是针对问题的应对，积极了解问题本身，获得对情境的控制也是较好的应对方式。在第一个层面上，增加积极情绪的途径有很多，如寻求积极的体验、与家人或朋友在一起、从事喜欢的工作、追求与体验爱情或在宗教中寻找寄托等。在第二个层面上，针对问题的应对包括拥有积极的信念，从事建设性行为、为达到长期目标而放弃短期目标的快乐以及对将来保有积极的希望等。

### （七）有效管理时间

时间管理很重要。同样的一天 24 小时，同样的工作或者学习任务，有些人不仅完成地很快，还有时间休息，会朋识友；有些人则从早忙到晚，仍然没有闲暇时间来娱乐。

在日常生活中，应先确定实际可行的生活目标，然后拟定长期与短期计划，将要完成的任务排定先后顺序，优先处理最重要的，将一些小事安排在适当的空当中，充分利用时间。例如，可以把每日要做的事情列表，在最佳状态和最佳时间做最重要的事情。合理的时间安排可减轻压力。

值得注意的是：时间有限，不要设定过多的目标；时间安排要有弹性，以应对突发事件；善用琐碎时间。

### （八）寻求社会支持

社会支持是指人们在生活中所获得的来自周围他人的支持和关心，这种支持与人们所拥有的人际和社会关系有关，由社会支持所提供的资源有助于应对生活中的各种紧张事件。

主动寻求社会支持，也是减缓压力的有效良方。当焦虑和恐惧不能缓解时，压倒一切的孤独感会影响健康。对心脏病的多年研究发现，衰老、长寿和社会支持之间有重要的联系。因此，要为自己寻找或创建一个有益的支持系统。无论社会支持来自朋友、配偶，还是帮我们做美容的小姐，都是有利于压力的应对遇到困难、身处压力之下时，可以主动寻求父母、亲戚、朋友、老师等人的帮助支持。支持方法可以分为以下几种：

**情绪支持**：给予承受压力者以关爱、同情、了解和团体归属感。

**信息支持**：与被支持者交流意见，给予忠告、建议与指导。

**尊重支持**：给予被支持者充分尊重，使其产生顶住压力的自尊。

**实际帮助**：给予被支持者必需的解决问题的资源。

**陪伴支持**：与被支持者共度时光和帮其分担一些工作。

不同的压力情境需要不同的支持来源和方式。如对于工作压力，家人可能分担不了，而生病的时候则需要家人的陪伴。开放自己、敢于倾诉是获得社会支持的必需步骤。

众多的研究表明，社会支持对压力的应对有相当大的帮助。

## 三、利用压力促进个人成长

如何改变我们自己的生活方式或者调整我们的环境取决于我们自己。压力管理和压力自身一样，是一件私人的事情。我们每个人在工作和家庭中面对的是不同的痛苦，而且，每个人都有自己承受压力的特征，因此我们感受到的压力是有差异的。重要的是，我们具备有效地管理压力的能力。我们不应成为压力的被动受害者。相反，我们要把自己看作积极的行动者，掌握自己的生活。不管情况有多么糟糕，我们都可以找到降低压力的方法。

压力可以是一种有价值的自我理解方式。我们并不完全知道自己能够做什么，直到我们不得不去做。每次成功走过困境，如通过一门困难的课程考试，我们的自信心都会增加。失望和失败有时是"伪装"的幸福。现在的一个小失败也许能够让我们在以后避免更大的挫折。

我们可以让压力为我们工作,压力不是痛苦的同义词。压力太少,生活会变得乏味或者懒散;压力太多,会让人变得紧张、容易犯错和生病。我们要最大限度地利用生活,了解自己抗压的最优水平和最擅长处理的压力类型。适当地加以管理,压力可以给生活带来热情。一个痛苦的状况带来的挑战能使我们更加努力,激发出我们最好的一面并且增进个人成长。管理的压力犹如乐器的使用,只有适当地施加压力,乐器才会演奏出优美的音乐。

## 章末回顾

压力是人们生活的一部分,是不可避免的。在不发达的社会中,压力首先是与寻找食物、寻找住所、寻求安全以及寻找配偶繁衍后代等生存需要联系在一起的。在发达的文明社会里,压力是现代社会人们最普遍的心理和情绪上的体验。它与社会的进步、人们对生活水平的期望、满足个人的愿望紧密相关。

压力,为我们创造了反复思考琢磨的机会,使人能尽快成熟起来;压力,能使人在思想感情上受到多重撞击,从中感悟人生的真谛,自觉把握人生的走向。理智地对待压力,从而形成适度的紧张,能增强大脑的兴奋过程,提高大脑的生理机能,使人思维敏捷,反应迅速。在适度紧张的生活和工作中,心脏会通过加强收缩将更多的血液供给全身各器官及组织,以满足需要,而血管的伸张、收缩功能对减少心血管疾病的发生十分有益。所以,适度紧张是一种健身运动。

当然,过度压力会有破坏力,它会给我们的生理、情绪、认知、行为等诸多方面造成危害。所以,正确对待压力,变压力为动力,是最重要的人生艺术。

大学生中常见的压力有学习压力、就业压力、生活压力、成长压力、社会大环境的压力等。我们应该学会采用各种有效的应对方式来预防和缓解各种压力。这些有效的方式包括确定生活的目标、学习解决问题的方法、学会改变对事情的看法、建立良好的人际关系、进行放松训练等。

## 活动训练营

### 自我放松训练

**肌肉放松法**

有些人可能不容易达到放松的效果。当你一直很紧张,而又不确定到底怎样的感觉才叫放松的时候,试试渐进式肌肉放松法吧!它可以帮助您真切地感受紧张与放松之间的差别。渐进式肌肉放松法是一种三阶段的放松方法。首先,要绷紧肌肉,并注意这时有什么样的感觉;然后,突然放松力量,并注意自己有什么样的感觉;最后，仔细比较这两种感觉有什么不同。建议在安静、放松的气氛下进行练习，可以坐着或躺着进行，每次练习只需要花十五分钟。下面是肌肉放松法的具体步骤：

（1）以轻松的方式坐下来。

（2）先将两手臂平行抬高至胸前，握紧拳头，绷紧手部的肌肉，直到不能再用力为止。

（3）注意这时的身体感觉。此时，你的肌肉会紧绷，而你的手部甚至可能会轻微地颤抖。你还可能会感受到手部、腕部及下臂的张力。

（4）维持这种紧绷的状态几秒钟，然后突然放松力量。

（5）突然松开你的拳头，并抛开紧绷的感觉。你可能会感觉自己的手突然变轻松了，这时请仔细感受腕部及前臂压力舒解的感觉。

（6）注意你的手在紧绷时及压力放松时的感觉有什么不同。在放松的时候，你的手是感到刺痛还是温暖？你在紧绷时所感觉到的震颤，在放松时是否消失了？

（7）依次将此方法延伸应用到身体其他部位的肌肉。你也可以从头部开始练习，先紧绷脸部的肌肉，再放松，然后依次到肩膀、双臂、双手、胸部、背部、双腿及双脚至脚趾。

**听音乐**

Seaward 引用了 1991 年的一项调查研究，3/4 的回答者认为听音乐是最常用的放松方法。科学家发现，听音乐可以减少压力，减缓心跳，并能降低血压。为了获得最大的益处，最好选择轻音乐。慢节奏的音乐要比快节奏的音乐更轻柔；弦乐器比管乐器更轻柔；演奏比演唱更好一些。要想获得音乐最大的帮助，应选择适合自己情绪的音乐，通过适合的音乐来调整自己的不良情绪，斯蒂芬・哈尔泊的《黎明》、保尔・维特的《保罗・维特》都是很好的选择，也可以选择一些背景音乐，如夏季的风雨声或海啸的声音。对音乐的喜爱，连幼儿也不例外，如图 5.5 所示。

**图 5.5　陶醉于音乐中的幼儿**

**蒸发压力**

很多人通过热水淋浴、盆浴、桑拿来蒸发自己的压力。如果你的房子很小，人又很多，那么浴室将是能给你20分钟私人时间的最佳地点。

热量可以使紧张的肌肉放松。如果你带着紧张的头痛感回家，洗个热水澡将会使你放松不少。一些专家认为，热蒸汽会促使体内产生压力的化学物质释放，从而降低压力激素。睡前洗个热水澡会使人进入深层次的放松状态，在洗澡水中加入紫苏、香柏木、甘菊、天竺葵、香草、玫瑰、鼠尾草或檀香木，效果会更好。这是另一种消除压力的好方法。

**大笑**

大笑会使心脏、肌肉的紧张感得到舒缓，从而分散压力。科学家已经发现，大笑具有与有氧健身相同的功效。大笑20秒相当于3分钟剧烈的划船运动，而且皮肤不会衰老。不要犹豫，开怀大笑吧！它会使你放松。你看，连图5.6中的动物也感受到了大笑带来的好处。

图5.6 “大笑”中的动物

**养宠物**

回到家后，如果有一只可爱的宠物帮助你忘却压力，将是一件多么让人羡慕的事情。科学家认为，养一只狗或猫确实大有好处，抚摸一只宠物能帮助你降低血压和减缓压力。

**按摩**

如果人们情绪过激，可以考虑按摩治疗这种减轻压力的好方法。按摩会通过下面的方式对有害的心理压力做出巨大的改变：降低心跳和血压、促进循环、提高皮肤的温度、加强健康的感觉、减轻焦虑情绪。

在按摩时，紧张的肌肉会放松，而且由于紧张感而带来的疼痛也会消失。当血液循环加快时，肌肉便会得到更多的氧气和营养。

**自我放松调试法**

在苦思、焦虑、勉强的状态下改变自己有很多困难，自我放松是很好的方法。

1. 逐步放松法

找一个安静的地方，舒适地坐下来，轻轻地闭上眼睛，慢慢地呼吸，深深地吸气，开始数数，由 10 倒数至 1，感觉自己数数的节奏，头部有意识地开始放松，依次放松到面部、颈部、胸部、腹部、双臂、双腿……逐渐进入一种有意识塑造的氛围，使心中的烦恼、不自信、悲观越来越远，让一个充满自信、热情，富有魅力的形象走进内心。此训练要连续多次进行，养成习惯，便可达到自我放松的目的。

2. 清除思绪法

由于压力反应是一种生理与情绪的交互作用，让自己的心灵休息一下，将会有助于放松身体。清除思绪法是其他心理放松方法的基础，其原理非常简单：只要心中专注于一个平静的字眼、想法或画面，就可能产生高度松弛的感觉。常做清除思绪练习，有助于改善心情，平衡生活中的压力。

(1) 找一个舒适的环境，尽可能避开烦心的事物、噪音及干扰。

(2) 以最舒服的方式轻松地坐下或躺下，松开任何紧绷的衣物，脱掉鞋子。

(3) 闭上眼睛，慢慢深呼吸。心中专注于一个平静的字眼、想法或画面，尽量持续 5～10 分钟。

(4) 刚开始时，容易有其他思绪进入脑中，这时不要紧张或灰心，继续放松，坚持深呼吸，然后慢慢再试一次。

(5) 做完以上练习之后，伸展一下身体，用力呼气。

3. 自我暗示法

自我暗示是一种渐进式的技巧。开始时先专注于一个心理上的暗示线索，例如“我的左臂感到沉重且温暖”。当你专注于这项“暗示指令”时，会感觉自己的手臂真的越来越沉重，越来越温暖。然后依次把注意力集中在自己的右臂、左腿、右腿等，重复下达同样的指令。一天练习两次，或当你感到紧张时即进行此项练习。自我暗示是一种需要常常练习的技巧，熟练以后随时可以让自己平静、放松下来。开始练习时，一天进行两次，每次约 10 分钟。4～8 周之内，你可能在专心做 5 分钟之后，便能产生放松反应。只要你持续地练习，就会发现自己越来越能随心所欲地放松身体了。具体做法如下：

(1) 以最舒服的方式轻松地坐下或躺下来，松开任何紧绷的衣物，闭上眼睛，先按照前面介绍的“清除思绪”训练法，尝试清除思绪，让自己达到放松的状态，脑中不再有其他杂乱思绪。

(2) 先集中注意力于自己的左臂，在心中反复告诉自己：“我的左臂感到温暖且沉重”，尝试去体会那个感觉。

(3) 这时，左臂会感到越来越温暖，越来越沉重。然后，再把注意力依次集中在自己的右臂、左腿、右腿，用同样的方式进行自我暗示，速度不宜太快。

(4) 如此做一遍下来，会感到四肢完全放松。

(5) 做完这项练习之后,深呼吸,并进行身体的舒展。张开眼睛,缓慢地呼气,并注意自己的身体有什么样的感觉。

4. 想象放松法

准备姿势和准备活动同自我暗示法。由指导者给予言语指导,引导来访者自行想象。指导者需要事先了解来访者在什么情境下最感舒适、惬意、轻松。

常见的情境是在大海边,这样可以描述:我静静地俯在海滩(湖边的草滩)上,周围没有其他人,清风轻轻地吹着,我渐渐聆听到风吹过草地和我的耳旁,我感受到了阳光温暖的照射,触到了身下海滩上的沙子(湖边柔软的草儿),我全身感到无比的舒适,微风带来一丝丝海腥味(清新的味道),海涛在有节奏地唱着自己的歌(湖面上的水静悄悄地涌过来,时不时有鱼儿嬉水溅出的水花声),我静静地、静静地谛听着这永恒的波涛声(这令人神往的梦里水乡)……

我坐上了小船,在平静的水面上慢慢荡漾,小船轻轻地摇呀,它有节奏地向我梦想最美丽的地方摇去,我的呼吸渐渐慢而深,和着小船的节奏,在这个美丽的世界里,我尽情地享受着。

天上的白云倒影在镜子一样的水面上,不知哪是水面,哪是天空。几只飞来的海鸥(白色的鸟儿)贴近水面掠过,翅膀几乎触到水面,一会儿它们又飞向蓝天,尽情地展示它们的飞行技巧,非常轻巧,潇洒自如,正如我一度有过的进入最佳状态时的表现,一切变得那么投入,比赛在我的控制之中,我发挥得很好……

指导者在给出上述指导语时,语气要柔和,语调适中,节奏要逐渐变慢,配合对方的呼吸。指导者要具有想象力,使语言指导具有形象性。

5. 沉思法

该法是一种平息精神激动、使人体放松的方法。近十多年来,这种方法已逐渐为教练员和运动员所重视,美国的许多职业运动员很喜欢采用这一方法,并取得了良好的效果。

其具体做法是:首先,找一个安静的、能使身体和精神愉快的地方,坐着或躺着,闭眼,全身放松。如果采取坐姿,则头、颈、背三点须成一直线,作有节奏的深呼吸;然后,反复默念某一暗示语(单词或简短的句子),或者全神贯注于某一感觉表象上,要注意呼吸的涨落和暗示语在节奏上的一致性。最后,当完全感到安静和放松时,开始做下述动作:先慢慢地将头倾向右边,然后移至左边,再回到中间,反复几次后,慢慢地将眼睛睁开。

美国运动心理学家把中国的太极拳看成一种身体沉思,即包括力量、平衡、耐力及注意力集中在内的一种静静的、有节奏的运动。该法特别强调呼吸和整个身体运动的同步进行。

当进行身体沉思时,运动员呈站立姿势,整个身体保持在一条直线上,双肘和前臂与地面平行,将右脚放至左脚的前面,以身体感到平衡和舒适为宜,同时将注意力集中于正前方某一点。然后,左脚慢慢移到右脚前面,同时呼气,慢慢地将前臂推离身体(掌心朝下),之后将左脚返回原来位置,同时吸气,掌心转至朝上,将手臂"拉"向自己的身体。重复这一运动，并注意动作的节奏。

沉思法要求运动员将注意力高度集中于某一点上，不允许其他事情“钻入”脑中，旨在排除杂念，集中思想，以达到身体和心理放松的目的。一般认为，运动员如果每天进行20分钟的沉思练习，对消除过度的焦虑情绪，使身体和心理放松具有显著作用。倘若沉思练习中再结合表象训练或认知调节技术，则效果会更好。练习无论赛前或赛后进行沉思，都会收到同样好的效果。

然而，如果不正确地使用这一方法，也会出现副作用，有些运动员不根据自己的实际情况，赛前一味采用这一方法，就可能过于放松，以致不能保持必要的兴奋度。

## 成长与反思

1. 你所面临的压力主要来源于哪些方面？
2. 你所面临的压力中哪些是不必要的？
3. 遇到压力时，你会采取哪些方式来应对？

# 第六章

## 与他人快乐相处——善与人处的秘密

### 典型案例

小童是一名大二的男生，性格敏感、内向，不善言辞，还有点小洁癖。最近开始与寝室几个同学关系紧张，这常常让他感到心烦：我习惯早睡早起，看书学习喜欢清静，还特别不喜欢别人动我的东西。平时跟寝室同学沟通较少，经常独来独往。到了大二，寝室几个同学都买了电脑，晚上经常打游戏到很晚，闹哄哄的，动静很大，我没法入睡。有时候，我一回来就发现自己的书桌被他们动过了，说了几次，他们好像没听进去，考虑到大家住在一起，我现在不好意思也不知道再怎么跟他们说。有时心情不好，回寝室后就懒得搭理他们。现在寝室氛围怪怪的，一方面，我怕这样下去，和他们的关系会搞僵，但另一方面，时间长了，我休息不好，脑袋整天昏沉沉的，上课打不起精神，不知该怎么办，压力特别大。

小童的烦恼在很多大学生中都存在。人际交往与学习压力、就业压力、情感困惑一起，成为当今大学生最为突出的四大"心病"，是引发大学生心理健康问题的主要因素。比起中学阶段，大学是个小社会，大学生的交往圈子更广泛、交往过程的独立性更强、交往方式也更为复杂，尤其是近年来，连续发生在高校的几起因人际交往不和导致的极端案例，更是给我们敲响了警钟。因此，了解人际交往的意义，学习人际交往技巧，培养人际交往能力，建立和谐的人际关系，不仅是对现代大学生素质培养的要求，更与大学生未来的发展密切相关。

# 第一节 我交往我快乐

人是社会性动物，人的社会属性决定了人是需要人际交往的。人际交往构成了人类社会最普遍、最直接的关系。

人际交往，是人与人之间的意见沟通、信息交流、情感表达和需要满足的过程。人际交往的组成主要包含认识、情感和行为等。其中，情感因素起着主导作用，制约着人际关系的亲密程度、深浅程度和稳定程度，是人际交往的重要调节因素。

## 一、人际交往有助于身心健康

美国伊利诺伊大学和宾夕法尼亚大学在“大学生自我幸福感觉程度”的专题研究中发现，影响大学生幸福感的决定因素是其内心最深层的归属感以及与他人交流的需要。那些自我感觉幸福的大学生的一个共同点是都有良好的人际交往：很少独处，和家人、朋友、恋人之间的关系非常牢固，开朗，和善，感到的压力少，对生活感到满意，生活中的积极体验多于消极体验。

大学时期是我们身心发展的重要时期，交往需求旺盛，渴望获得社会的支持和理解，如果把自己封闭起来，或者与他人缺乏来往，则会加大我们的挫折感，引发内心的矛盾冲突，不良的情绪反应会成为各种疾病的催化剂，从而削弱人的抵抗能力，影响人的生理机能，继而导致我们各种生理和心理疾患的产生。

大量的社会学、医学和心理学的研究表明，良好的人际交往，能获得友谊、支持、帮助，缓解内心的孤独和压抑，宣泄焦虑与烦恼，增加自信心及自尊心，增强自我价值感、精神上的充实感和幸福感，从而极大地促进我们的身心健康，使人变得乐观、开朗、积极、主动，身心得以全面健康发展。

## 二、人际交往有助于认识自我

交往，可以以人为镜，通过别人来认识自己，还可以把他人对自己的反应、态度、评价作为自我衡量的尺度，既可以看到自己的长处，也可以发现自己的不足，加深对自我的认识。

大学生就像青苹果，趋近成熟又未真正成熟。他们往往都认为了解自己，但其实与客观而全面地了解自己还有差距，比如在回答“你是一个什么样的人”的问题时，我们发现一些同学不是对自己估计过高、过于自信，就是对自己估计过低、过于自卑，而学会准确评价自己，对每个人来说都是需要去培养的能力。

每个人自我意识的发展和完善，不是自然形成的，而是通过相互学习、相互帮助、相互鼓励、相互影响而成熟起来的，室友、同学对自己的尊重和轻蔑、亲密和疏远、喜爱和厌恶、热情和冷淡、赞扬和批评都会影响自我评价，我们能从中获得启发。例如，周围的人对你都很冷淡，都有意躲着你，那么你就要从大家的反馈中及时认真地进行反省，同大家真诚交流，看看自己到底存在哪些缺点、不足，以便及时纠正，从而形成和谐的人际氛围。

## 三、人际交往有助于信息沟通

人际交往的过程常伴随着信息、知识、经验、思想、情感的交流。虽说信息时代给我们提供了网络交流的便利，但同学之间的面对面交流仍然是我们获得信息的重要途径。

另外，与人进行交流还能够获得“1＋1＞2”的智力共振效果。我们都有这样的体验，当一个人独自思考问题时，常常容易陷入某种定式不能自拔，弄得焦头烂额还无解，而跟朋友和同学说一说，切磋、讨论一番后，常会顿悟，一切豁然开朗，正如萧伯纳所说：“你我是朋友，彼此各拿一个苹果交换，得到的还是一个苹果；倘若你有一种思想，我有一种思想，彼此交换，就会有两种甚至更多思想。”比尔·盖茨也认为，一个人永远不要靠自己一个人花100％的力量，而要靠100个人花每个人1％的力量。

现代科学技术的发展使我们越来越依靠群体的力量，人与人之间情感沟通和智力交往的“群体效应”常使某些工作出现质的飞跃，如控制论之父维纳在建立控制论时曾组织过一个科学方法讨论班，参加的人有数学家、物理学家、工程师和医生，他们分别从不同角度对新理论进行发难、质疑、补充、完善，结果使许多问题得到了澄清。“独学而无友，则孤陋而寡闻”，在现代社会，各学科之间的语码转换越来越频繁，单靠一门学科的知识很难有大的成就。大学生思维活跃，成就动机强，但社会经验不足，单纯、理想化，在看问题时难免出现偏差。因此，大学生应该学会与周围人、与不同学科的人才进行交流，畅所欲言、互通有无，在思想碰撞中产生新的火花，从而在心灵上相互沟通、行为上相互协调，共同促进，共同提高。

## 四、人际交往有助于获得社会化发展

人际交往是个体社会化的起点和必经之路。大学生只有通过与其他个体发生联系，才有可能学习文化知识和专业技能，才能取得社会生活的资格。离开社会的交往环境，离开与他人的合作，个体将无法成为一个合格的社会人。

印度狼孩由于失去了与他人交往的最佳时期，失去了其作为“人”的成长的环境，因而即使后来被发现，也很难成为一个正常的“人”了。抗战期间，山东的农民刘连仁被日本侵略者抓去，送到北海道做苦力，由于不堪忍受欺辱，他逃进深山老林，过了13年的穴居野人生活，1958年被发现时他已经丧失说话能力。

青春期阶段，朋辈的影响甚至超过父母、老师的影响。通过与同伴的交往，逐渐调整自己的行为，摆脱以自我为中心的倾向，意识到集体的存在以及自我在集体中的责任和地位，学会与人平等相处和竞争，学会理解和宽容他人，都将有助于我们的社会化过程，加速我们的个性成熟。

## 自我心理测试

### 人际交往综合诊断量表

以下测验量表可以帮助我们了解自己的人际交往能力以及与人际交往有关的心理问题。

指导语：本量表共有28个问题，每个问题有“是”或“否”两种回答。请你认真完成，然后参看后面的计分方法，对测验结果做出解释。

1. 关于自己的烦恼有苦难言。 ○是 ○否
2. 和生人见面时感觉不自然。 ○是 ○否
3. 过分羡慕和妒忌别人。 ○是 ○否
4. 与异性交往太少。 ○是 ○否
5. 对连续不断的会谈感到困难。 ○是 ○否
6. 在社交场合感到困难。 ○是 ○否
7. 时常伤害别人。 ○是 ○否
8. 与异性来往感到不自然。 ○是 ○否
9. 与一大群朋友在一起，常感到孤寂或失落。 ○是 ○否
10. 极易受窘。 ○是 ○否
11. 与别人不能和睦相处。 ○是 ○否
12. 不知道与异性相处如何适可而止。 ○是 ○否
13. 当不熟悉的人对自己倾诉他的生平遭遇以求同情时，自己常感到不自在。 ○是 ○否
14. 担心别人对自己有什么坏印象。 ○是 ○否
15. 总是尽力使别人欣赏自己。 ○是 ○否
16. 时常避免表达自己的感受。 ○是 ○否
17. 对自己的仪表（容貌）缺乏信心。 ○是 ○否
18. 讨厌某人或被某人所讨厌。 ○是 ○否
19. 暗自思慕异性。 ○是 ○否

20. 瞧不起异性。 ○是 ○否

21. 不能专注地倾听。 ○是 ○否

22. 自己的烦恼无人可诉。 ○是 ○否

23. 受别人排斥与冷漠。 ○是 ○否

24. 被异性瞧不起。 ○是 ○否

25. 不能广泛地听取各种意见、看法。 ○是 ○否

26. 自己常因受伤害而暗自伤心。 ○是 ○否

27. 常被别人讨论、愚弄。 ○是 ○否

28. 与异性交往不知如何更好地相处。 ○是 ○否

计分方法:打“是”给1分,打“否”给0分。

总分在0~8分,说明受测者善于交谈,性格开朗,主动,关心别人,对周围朋友很好,愿意与他们在一起,彼此相处得不错。

总分在9~14分,说明受测者与朋友相处有一定的困扰,人缘一般,与朋友的关系时好时坏,经常处于起伏变动之中。

总分在15~28分,说明受测者在与朋友相处时存在严重困扰。分数超过20分,则表明人际交往行为困扰程度很严重,而且在心理上出现较为明显的障碍,受测者可能不善于交谈,也可能是个性格孤僻的人,不开朗,或者有明显的自高自大、讨人嫌的行为。

# 第二节　交往的困惑与调试

我们来到陌生的大学校园,都希望得到周围人的爱护和信任,渴望得到别人的接纳、尊重和理解,但生活是现实的,我们总会看到校园里飘荡着孤单的背影,还有那些曾经亲密的朋友最后却形同陌路。这是为什么呢?分析影响交往的心理因素有利于帮助大学生调整和改变自己的心理状态,改善人际交往。

## 一、自卑

自卑心理在很多人身上或多或少地存在着。人们会因为自己的某种缺陷或受到某种挫折而产生“我不如别人”的感觉,并容易把自己的不足泛化到所有问题。一方面认为自己样样不如别人,从而失去竞争意识、意志消沉、行为萎缩,处事消极;另一方面,又格外敏感,不轻易与人交往,逃避集体行动,因此常处于孤独、压抑、羞愧中。

例如,一个在学习上不如别人的大学生,往往会认为自己言语也不幽默,衣着也

不适宜，举止也太笨拙，从而失去与同学交往的勇气和信心，还特别敏感自尊，听不得别人议论自己。

克服自卑心理，首先，要学会接受自己。“我很丑，可是我很温柔”，无论自己有什么样的缺陷或不足，那都是我，一个与众不同的我，试想，一个连自己都无法接受自己的人，谁会接受你？其次，肯定自己的优点和价值。要积极主动、勇敢大胆地去交往，从交往中你会发现，自己并不是一无是处，你也有很多优点，从而获得喜悦，获得友谊，增加交往的信心，让自己成为生活中的强者。

## 二、自负

自负的人通常有很强的优越感，自我评价过高，清高自傲，只关心自己的需要，强调自己的感受，看不起别人，在他人面前盛气凌人，自以为是，听不得不同意见，常使他人感到难堪、窘迫，从而阻碍人际交往。

小杨的父亲身居厅级高官，自己身高 1.8 米，长得一表人才，是公认的帅哥，从小聪明伶俐，能说会道，成绩优异，一直深得父母和老师的喜爱。这些优越条件使小杨从进入大学起就不太看得起别的同学，表现得盛气凌人，常拿别人乱开玩笑，听不得别人对他的批评，总认为都是别人的错，很少检讨自己，时间一长，大家都对小杨敬而远之，使小杨身边没有朋友，形只影单的他感到了孤独。

克服自负心理，首先要调整的是人际交往的姿态。“山外青山楼外楼”，要以发展的眼光看待自己和别人，人人都有长处和短处，自己的优点是优点，不需要总是挂在嘴边，别人也有优点；同时自己也并不十全十美，没有必要过于骄傲，过于敏感，要学会与寝室同学、班级同学平等相处。其实，虚心接受别人的批评和意见并不可怕，不会丢面子，固执己见、唯我独尊的做法要不得。

## 三、自私

自私心理是由一种不正当的价值观念而引起的不良心理品质，其在大学生人际交往中的主要表现就是做人做事的一切出发点都是维护自己的利益，很少关心别人，从不替别人着想，自尊心过强，且具有明显的嫉妒心。

晚上 11 点多，小婧回寝室时发现室友都已熄灯上床，但她还是把灯打开，到阳台洗头发。因为影响到其他室友休息，在室友的要求下，离开关最近的小佳关掉了灯。小婧再回屋发现灯熄了，就骂了几句，小佳接了句嘴，两人便争执抓扯起来，气愤中，小婧随手抄起一锐器，朝小佳的脸颊、胸口、肩膀、大腿等一阵挥舞，导致十多处伤口血流不止，脸部受伤尤其严重，近乎毁容。小婧的做法不仅害了别人，自己也为此付出了沉重的代价。

克服自私心理，需要我们摆正国家、集体和个人的利益，兼顾他人利益。对于年轻人来说，未来的路还很长，切不可因小失大，只贪图眼前和个人的利益，与人斤斤计较，要学会宽容待人。同时，要经常自省，从自己自私行为的不良后果中看到危害，从而改正错误。还有，要多为他人做好事，从他人的赞许中得到满足和乐趣。当然，对于严重的自私心理，必要时还可以结合厌恶疗法，使自己在痛苦中意识到自私对人对己都是不利的，促使自己尽快纠正。

## 四、多疑

多疑心理是指由于自己主观推测而对别人的不信任，其在大学生交往中的表现是：心胸狭窄，过分计较个人得失，喜欢猜疑别人，对他人怀有敌意，在自己遭受失败时认为是别人在捣鬼，捕风捉影，心存戒备，处处设防，使人和人之间的交往产生人为障碍。

分析具有多疑心理的人，究其产生的原因，可能是：第一，错误的认知方式和不合理的归因；第二，自信和他信的缺乏；第三，缺乏自我安全感；第四，不恰当的心理防御。

期末考试前，有位女生的笔记本不见了，她怀疑被室友拿走了，理由是她们一直不和，她怀疑她们在报复自己，好让自己通不过考试，于是破口大骂，这使本来就紧张的同学关系陷入了僵局，事后证明是这位女生怀疑错了。

克服多疑心理，我们必须做到：善于沟通，培养自信心，学会宽以待人，是自己的错就要敢于承认并坚决改正，不是自己的问题就不要斤斤计较，这样，在赢得同学的信赖与支持的同时，也能使自己保持一个积极乐观的心态。

## 五、嫉妒

嫉妒心理，是对与自己有关系、又强过自己的人的一种不服、不悦、失落、仇视的忌恨心理，甚至带有某种破坏性的危险情感，即所谓的“羡慕嫉妒恨”。有嫉妒心理的人，总是在跟他人的比较中，产生消极心态，看不得他人比自己更优秀，借机造谣、中伤、诋毁、刁难，以贬低他人，安慰自己；而当他人面临或陷入灾难时，就隔岸观火，幸灾乐祸。

几位大学男生邀请一位女生一起出去踏青游玩，同时也邀请了她的寝室好友，这一行为使这位女生感到不舒服，尤其是在游玩过程中，看到男生们似乎对她好友更为照顾时，她感到难以遏制的嫉妒、愤然，仿佛失去了什么，忍不住拿自己好友的短处开玩笑，过分的玩笑招致了两个好友间的一场争吵，从此两人形同陌路。

大学生调适嫉妒心理，贵在有自知之明，首先，我们应该对自己有一个正确的评价，既要看到自己的优势、长处，也要看到自己的不足。其次，学会合理转化。我们要正确对待竞争，将消极的嫉妒心理转化为奋发进取、积极向上的动力。再次，在生活中要积极培养达观的人生态度，承认人和人之间是不同的，和对手之间存在差距也是正常的。最后，要密切交往，加深理解。许多嫉妒心理由误解产生，嫉妒者常常认为对方的优势会造成对自己的危害，从而耿耿于怀，所以，我们要打开心扉主动与人沟通，避免误会发生，即便发生误会，也要及时解决，才能在交往中加深相互理解，求同存异，争取共赢。

## 六、恐惧

有的人在大庭广众之下常会由于害羞、害怕、紧张甚至恐惧心理而手足无措、语无伦次，严重的会在公共场所感到极为不适甚至害怕见人，这就是社交恐惧症。

有一位女大学生，在高中时对一男生产生好感，有一次与他对视以后，忽然觉得自己脸红了。之后，她便害怕别人看出自己脸红，怕被看出她喜欢那个男生，怕被认为“不正派”、“不知羞”，心里很紧张。后来，即使见到别的男生，她也开始感到表情不自然、脸红，感到对方已经发现了自己不自然的表情。渐渐地，见到女同学后，她也感到脸会红起来，觉得她们也看出了自己的心事，这种情况一天天严重起来。一年后，她已发展到无论看到熟人还是陌生人，无论看到男人还是女人，都感到表情尴尬，脸红耳热。因此，她尽量避开别人，不敢去食堂吃饭，一个人躲在教室的角落里看书，与家人也很少联系。看到别人在谈恋爱，自己也想找个男朋友，但由于怕人知道自己的“毛病”而不敢去找，极为苦闷，感到难以抑制，最后打算退学。

害羞是大学生在人际交往中常见的心理，但过分害羞就不正常了。它使人在交往中大大约束了自己的言行，无法充分表达自己的愿望和情感，也无法与人沟通，妨碍了良好的人际关系的形成。克服腼腆害羞及社交恐惧，首先要战胜的是自己，明确认识社交是增长才干、了解人生和社会的途径，同时也是我们不可缺少的生活技能。很多事情只要去做，就有做好的机会，比如游泳，没下水时怕水淹着自己，真的下过几次水，就没那么可怕了。其次，要循序渐进。我们可以给自己制订一个“脱敏”计划：先和熟悉的人交谈，慢慢达到和陌生人交谈的水平，平时可以多找同学说话，慢慢培养在公众场合表达自己意见的能力。也可以在家里，设想自己在一个公众场合，下面有无数听众，自己对着墙壁说话。通过长期的心理锻炼，同事随着年龄的增长、个性的完善，社交恐惧症是可以逐渐克服的。

当然，除了心理因素，制约大学生人际交往的还有环境、文化和社会、个性障碍等多种因素，比如社会上盛行拜金主义，我们就很容易受影响，往往在评判人和事的时候，只用金钱作为唯一的衡量标准；学生干部在工作中如果缺乏耐心，盛气凌人，就会引发同学们的不满而造成人际交往的破裂等，因此，清除人际交往障碍，还需要我们多学习人际交往方面的相关知识。

# 第三节 谁会成为朋友

很多大学生都有这样的感觉，为什么在中学学习那么紧张时，还有好朋友，可是上了大学却找不到这样的朋友了，大家都各忙各的，自己也不知道该怎么去建立新的友谊，原本活泼开朗的人陷入了一种孤寂落寞的境况中。那么，我们去哪儿找友谊，又有谁会成为我们的朋友呢？

为寻找友谊，建立和发展良好的人际交往，我们应做足这些功课：了解人际交往的原则，掌握人际交往的普遍规律，熟练运用人际交往的技巧。

## 一、人际交往的原则

人的行为都是在一定的态度、理念下进行的，因此，端正交往心态、了解人际交往原则是构建和谐人际关系一个重要基础。

### （一）平等原则

这是人际交往的第一原则。平等待人是建立良好人际交往的前提。人都有友爱和受人尊重的需要，特别是年轻人。我们要允许他人表达思想，表现自己，尊重不同个性的人，尊重不同的意见，不强人所难，不把自己的意见强加给他人。平等的类型是多种多样的，如政治平等、法律平等和人格平等。

同学之间尽管家庭地位、经济状况、个人能力、经历、生活习惯、价值观念有所不同，但人格和精神是平等的。每个人都希望得到对方的平等相待，希望得到尊重和理解。在现实交往中，既不能只看自己的优点高高在上，也不能光看自身的弱点盲目自卑，要正确评价自己，必要的时候，为了维护自己的尊严，对别人的恶语中伤，还要给予反击。据说，德国大诗人海涅是犹太人，常常遭到无理的攻击。在一个晚会上，有个旅行家对他说："我发现了一个小岛，这个岛上竟然没有犹太人和驴子！"海涅不动声色地反击道："看来只有你我去那个岛，才能弥补这个缺陷。"

### （二）真诚原则

真诚在人际交往中是心与心相通的桥梁，是交往得以成功的关键和核心，只有真诚待人才能使人与人的关系得以维系和深化。唯有真诚，发自内心地关心和尊重他人，才能得到别人的信任和悦纳。曾打败过拿破仑的库图佐夫将军说过："您问我靠什么魅力凝聚社交界如云的朋友，我回答你的是：真实、真情、真诚。"

大学生在人际交往中最看重的也是真诚。如有的同学说："我可以容忍别人的缺点，但不能忍受别人的虚伪。”美国心理学家 1968 年设计了一种测试，列出了 555 个描写人品的形容词，让大学生指出哪些人品他们最喜欢、哪些最不喜欢，结果是对真诚的评价最高，对虚伪的评价最低。

## （三）交互原则

从心理学上讲，每个人都是天生的自我中心者，在交往中，我们都希望别人能承认自己的价值，支持自己，悦纳自己。当别人对我们表示出友好、赞许和支持时，我们也应该用同样方式去支持和喜欢别人，报答别人。如果别人的行动偏离了我们的预期，我们会认为别人不通情达理，导致不愉快，产生心理排斥。古人说的“爱人者，人恒爱之”、“己所不欲，勿施于人”都是非常有道理的。一般来说，交互原则反映在感情互慰、人格互尊、目标互促、困境互助、过失互谅等方面。

在大学生的交往中，经常会看到这样的现象，常常有同学愤愤不平地指责自己的同伴：“我对他这么好，他一点都不知道回报，真是不识好人心。”在日常交往中，我们不能一味只图索取、不去奉献，要想得到别人的关心、爱护和尊重，就必须考虑到别人也有这种需求，将心比心，友谊才能长久。

## （三）包容原则

世上没有完全相同的两片叶子，也没有完全相同的两个人。我们每个人都有自己的个性特点、兴趣爱好甚至缺点，在交往中难免会遇到不愉快的事情，出现误解和矛盾，这就需要我们在交往的时候相互理解，相互包容，尊重与自己不同的性格、兴趣和生活方式，善于接纳别人的思想、观点和行为方式。在非原则性问题上，对待别人的小毛病、小问题，不妨“雾里看花”，“难得糊涂”一把，切不可锱铢必较，患得患失，修炼出“学会原谅别人是美德，学会宽容别人是高尚”的心态，使每一天都变得快乐。

包容不等于软弱，而是大度的一种体现。我们对清朝宰相张英的故事耳熟能详。一天他接到家人来信，说邻居侵占了三尺自家地盘筑墙，要求张英利用手中的职权夺回来。张英回信一封：“千里寄书只为墙，让他三尺又何妨，万里长城今犹在，不见当年秦始皇。”张家人接到回信后，按照张英的意思，果真退让了自家三尺地让邻居筑墙，邻居深感惭愧，也让出三尺地面，最终修成了流芳千古的“六尺巷”。

## （四）理解原则

理解他人是人际交往中应遵循的重要原则。“金玉易得，知己难觅”，人能成为朋友、成为知己，关键在于彼此能够理解和关心对方。理解，就是要在了解别人的基础上，主动调适自己的行为，尽量给他人以关心、帮助和方便，多为他人着想，处处体恤别人，学会换位思考。站在别人的立场上想问题，有利于拉近人与人之间的距离，消除人与人之间的隔膜，恢复心理平衡。

周恩来总理理解他人、善解人意的故事不胜枚举。有一天，周总理连续工作了 20

多个小时都没有休息，还要赶到机场去迎接外宾，就请朱师傅来帮他理发、刮胡子。刮着，刮着，周恩来突然咳嗽了一下，朱师傅没有提防，刀在周总理的下巴上划破了一个口子。朱师傅心里很难过，忙说："总理，真对不起你，我工作没做好……""怎么能怪你呢？怪我咳嗽没和你打招呼。还幸亏你刀子躲得快。"周恩来笑着为朱师傅解脱。刮完胡子，周总理临走时还嘱咐邓颖超说，"你陪老朱吃饭，我走了。"周总理从细微处透露出的人格魅力让朱师傅感动一生，周总理为我们树立了建立和谐人际交往的好榜样。

## 二、人际交往的规律

掌握人际吸引和人际心理效应的规律，在交往中加以巧妙运用，是我们拥有良好人际交往、找到知心朋友的"金钥匙"。

### （一）人际吸引

人际吸引是指人与人之间相互接纳和喜欢。人为什么会喜欢别人或被人喜欢呢？从社会心理学的角度来看，人际吸引具有以下的规律：

**邻近吸引律**。俗话说，远亲不如近邻。相对来说，空间距离近是人际吸引的因素之一。人们更多地将喜欢的情感投向周围与自己有直接交往的对象，并在其中选择交往或合作的伙伴。比如，大学生更容易与本班、本寝室的同学成为好朋友。这是由于：第一，人们普遍存在建立良好人际交往的期望，都希望与邻近者友好相处。第二，与邻近者交往的成本小，容易熟悉对方，产生安全感。第三，与邻近者交往，往往付出较少努力，就能达到自己的目的。但空间距离也不是越近越好，合适的亲密距离、私人距离、社会距离和公共距离会使人感觉更安全、更舒适。

**增减吸引律**。美国社会心理学家阿伦森（E. Aronson）和兰迪（D. Landy）的研究表明，人们都喜欢那些喜欢自己的人，尤其喜欢那些对自己的喜欢不断增加的人，如果将一直受人称赞与先受人批评后再受别人称赞相比，人们更喜欢后者。

阿伦森和兰迪请了许多被试分四组来参加一项实验，其中一位被试实际上是研究者的助手，亦即假被试，研究者安排这名假被试担当这些被试们的临时负责人。在每次实验的休息时间，这名助手都会离开被试们，到研究主持者的办公室向其汇报情况，其中会谈到对其他被试的印象和评价，被试们的休息室与研究主持者的办公室只有一墙之隔，虽然两人压低声音谈话，但是实验以巧妙的安排，让被试们每次都能清楚地听到别人怎样评价自己。实验的四种情境分别设定为：

肯定——让第一组被试始终得到好的评价：假被试从一开始就用欣赏的语气说他们如何如何好，他如何如何喜欢他们。

否定——对于第二组被试，假被试从始至终都对他们持否定态度。

提高——对第三组被试，前几次评价是否定的，后几次则由否定逐渐转向肯定。

降低——对第四组被试，前几次评价是肯定的，后几次则从肯定逐渐转向否定。

然后，研究者问所有被试在多大程度上喜欢这个助手。让被试们在从－10到＋10的量表上作答案，结果发现，喜欢程度的平均分如下：第一组为＋6.42，第二组为＋2.52，第三组为＋7.67，第四组为＋0.87。

这一实验揭示了人际吸引中的“增减原则”：人们对原来否定自己而最终变得肯定自己的对象喜欢的程度最高，明显高于一直肯定自己的交往对象，而对于从肯定到否定变化的交往对象的喜欢程度最低，大大低于一直否定自己的交往对象。也就是说，在人际关系中，人们最喜欢那些对自己的喜欢、奖励、赞扬不断增加的人或物，最不喜欢对自己的喜欢、奖励、赞扬显得不断减少的人或物。这种有意思的现象出现在婚姻中，阿伦森幽默地称之为“对婚姻不忠定律”，即从陌生人处所获得的赞许往往比配偶的赞许更有吸引力。因为后者在日久天长的岁月中对自己的喜欢程度逐渐降低，而前者由淡漠突然转向赞许，给人印象深刻，人们的这一心理倾向潜伏着对爱情不忠的可能性。

**相似吸引律**。“物以类聚，人以群分”，人们通常喜欢那些在各方面与自己存在着某种程度的相同或类似的人，主要是在态度、信仰、价值观与爱好、兴趣等方面，文化、语言、共同的遭遇、患同样的疾病也都能在一定条件下，不同程度地增加人们的相互吸引力。这是因为，相似使人们更加容易相互理解，引起心理共鸣，拥有共同语言。新入校的大学生一般都会积极地参加老乡会，就是因为老乡之间由于地缘的关系，显得更有亲近感，有更多共同语言，容易获得更多的肯定和支持。

**互补吸引律**。交往双方的个性、需要及满足需要的途径正好为互补关系时，会产生强烈的吸引力。大学生中，喜欢沉默的人往往与爱说话的人成为朋友，家庭经济条件优越的学生会欣赏克服困难求学的人，一个看重学习成绩而自己成绩不理想的人，更喜欢与成绩优秀的人交往。两个互补的人容易相得益彰，相互容易得到满足，这种情况在异性人际交往中尤为常见。

**才能吸引律**。一般来说，一个人越有能力，就越受人喜欢。但是，能力与受喜欢的程度并不永远成正比。研究表明，最受喜欢的人并不是能力最强的人，而是那些具有非凡能力但也犯错误的人。我们常常遇到这样的学生，因为他的出类拔萃反而失去了同学的喜爱和信任。这是因为，一方面每人都希望自己周围的人有才能，有令人愉快的人际交往圈，但如果别人的才能使我们可望不可及，就会产生心理压力。“木秀于林，风必摧之”，人们对有才能的人的态度往往出人意料。

**异性吸引律**。常言道，男女搭配，干活不累。这是由于心理和生理的需要，男性和女性在一起性别相悦、个性互补，比同性之间更容易产生轻松愉快的感受，从而相互吸引，建立良好的交往关系。比如，在全是男生的班级或者全是女生的班级，同学之间矛盾就较多，男生通常更喜欢打架，女生间为鸡毛蒜皮的事情吵架的也多，而一个班级里如果既有男生也有女生，则班级的人际交往会更为协调。

**特质吸引律**。爱美之心人皆有之，爱美是人的高层次需求。个人独特的体貌、气质、神态，包括说话的声音、语气和速度，都具有"辐射效应"，人们对美好特质的人的其他方面也会给予积极评价，一般会觉得他们更有魅力，也更聪明、有趣、独立、会交际、能干而愿意与之交往。生活中这样的例子不胜枚举：帅哥、靓女更容易得到异性的爱慕。著名电视节目主持人杨澜，在实现理想的第一步，就懂得这个道理，她在第一时间自己花钱请了私人形象设计师，为自己订制了一套"城市女精英"方案，其中包括对服饰的搭配选择、各种场合礼仪的培训、与人交谈的说话方式。杨澜严格执行这一方案，后来，她与许多知名人士结识，获得了大家的接纳和认可，喜欢和欣赏她的人越来越多。

## （二）人际心理效应

人际心理效应，是指人们在社会交往中形成的对他人认知的反应或心理倾向，这些效应普遍存在，对人际交往产生重要影响。

**首因效应**。又称第一印象、先入为主，指交往中，对首次凭直觉获得的对方信息在形成印象时占优势，第一次交往常给人留下深刻印象，以致会影响今后的评价。我们既要认识到良好的第一印象是打开交往大门的"金钥匙"，也要看到其具有一定的盲目性和片面性，容易限制对人进一步的了解，如有些大学生仅仅凭与人交往的第一印象，就决定今后是否继续交往，这就不太理智了。

**近因效应**。是指人们在交往中最近或最后的印象对人的认知具有重要影响。如老师上课最后几分钟的精彩讲解会给学生留下美好的遐想。"三日不见，刮目相看"也是典型的近因效应。近因效应在大学生人际交往中普遍存在，如一贯表现好的学生，一旦出了点差错或做了一件错事，便会给人留下很深的负面印象。有的大学生很会利用近因效应，在关键的时候表现自己，从而树立良好的个人形象。大学生在人际交往中要以发展的、全面的眼光看待他人，同时自己要善于利用近因效应，加深同学间的友谊。

**晕轮效应**。也叫光环现象，是指在对人进行知觉时，判断者常从或好或坏的局部印象出发，扩散而得出全部好或全部坏的整体印象。生活中常有的"以貌取人"、"爱屋及乌"、"情人眼里出西施"以及狂热的追星族对明星的崇拜都是典型的晕轮效应。晕轮效应的最大失误在于以偏概全，极端化的表现容易产生对人的盲目崇拜或全盘否定，从而影响人际交往。大学生在人际交往中应优化自己的言行举止，充分展示自己的优势，克服晕轮效应带来的负面影响，使自己在交往中获得更多的成功。

**投射效应**。是把自己具有的某些特征加到他人身上的心理倾向。"以小人之心，度君子之腹"就是典型的投射效应。投射效应在大学生人际交往中的表现多种多样，比如，有人常常认为别人都会与自己的好恶相同、观点相似。自己喜欢的，认为别人也一定喜欢，自己不喜欢的，别人也不会喜欢，而事实并非总是如此。还有，把自己的主观愿望投射于他人，认为别人也如自己所期望的那样，并把希望当成现实。如有的大学生暗恋自己喜欢的异性时，总希望对方也喜欢自己，在观察对方时，把对方的一个眼神、一个动作和一个友好的表示，都误认为是爱的信号。投射效应容易使人从自我出发认知他人，自我和非我不分、主观和客观不分。因此，大学生在认知时，应该注意客观性，从实际、具体情况出发，而不是想当然。

**刻板印象**。也称社会偏见，是指对某一类人或一群人进行固定化判断和评价的心理态度及倾向。刻板印象常常以籍贯和地域作为标准，例如大家普遍认为，南方人精明能干，北方人直爽厚道；美国人喜爱冒险，法国人喜欢浪漫。刻板印象既有可以帮助人们简化认知过程、在一定程度上反映认知对象特征、有助于交往的积极作用，也有使人们的认识僵化和停滞、阻碍人们认识发展、对他人判断错误，从而影响人际交往的消极作用。

**定势效应**。是指人们在交往中常会不自觉地产生一种有准备的心理状态，作为一种固定了的观念或倾向加以评判。如大学里经常用“好学生”、“差学生”对学生进行评价，而这些评价往往基于单纯的学业成绩而非对学生全面的评价。定势效应也与其他心理效应一样，有积极和消极的正反两面，大学生应尽可能全面、客观地分析交往中的人和事，从而对认知客体进行正确概括。

## 三、应知应会的人际交往技巧

**会用耳**。人有两只耳朵、一张嘴，目的就是让你少说多听。但从习惯上来说，我们可能更愿意表达，而不习惯于听，这和我们的生理结构有关。因为我们的思绪速度频率很快，比如说话的正常速度是每分钟 180 个字左右，而思绪却能达到三四百个字那么多，思绪的速度更快，很容易忽视别人所说的话。但任何人都讨厌你在他说话的时候心不在焉。

认真的倾听可以使他人感到被尊重、被欣赏；可以解除他人的压力，帮助他人清理思绪；可以真实地了解他人，增加沟通的效力，在无形中加深彼此的感情，增进彼此的关系。因此，“倾听”是一门艺术，倾听既反映出一个人的礼仪修养，也是一种高超的交际艺术。在倾听的时候需要注意：①记住说话者所讲的关键内容；②避免受偏见影响；③不让自己的情绪影响判断；④巧用身体语言表达自己；⑤排除环境因素的干扰；⑥总结听到的重要内容并向说话者确认；⑦善于听出对方的言外之意；⑧学会肯定对方的观点。图 6.1 的情形是需要我们尽量避免的。

**图 6.1　人际交往中不耐心倾听的情形**

**勤用眼**。“她今天怎么脸色那么差？是不是昨天和男朋友吵架了？”“今天的晨会上我介绍了自己的方案，老板总是看着我并不断点头微笑，看来通过是没问题了。”“他总是乱放东西、乱吐口水，真是没修养！”

你知道吗，身体语言能真实地反映一个人的本意？在交往中，我们要勤用自己的慧眼，精准解读他人的身体语言，在尽快熟悉身体语言所能表达的情感和含义的同时，仔细观察他人的表情、眼神、姿态、手势、声音、触摸甚至衣着、与你之间的距离。手指细微的动作可以表述截然不同的意思：

大拇指朝上：表示赞赏、感谢及准备妥当。飞行员常在嘈杂的引擎声中用竖大拇指的动作向地勤人员表示一切准备就绪，可以起飞。

向下竖大拇指：地域不同，含义也不同。在我国表示“向下，下面”，是没教养的动作，表示鄙视、看不起；在英美国家意味着“不接受、不同意、结束了”，在法国则用来说明“没用、运气差、死了”等。

伸出弯曲的食指：英美人在非正式场合用这个手势表示招呼人过来，该手势不适合用在正式场合。

向上伸中指：表示挑衅、侮辱、下流。

向上伸小指：表示差劲、倒数第一、看不惯对方。

大拇指和食指搭成圈，再伸出其他手指：表示“OK”，同意、赞扬的意思，欧美国家人经常用。

伸出食指和中指：表示“V”，胜利的意思；喜欢这个手势的人多较自信、乐观，充满活力。

一根食指指向对方：这个手势容易招致对方的反感。一个人如常用这种手势，说明此人富有攻击性，在为人处世方面偏于强势，和他相处，应该尽量避免与其发生争执。

**巧用嘴**。法国启蒙运动的倡导人伏尔泰曾经说过：“我不同意你说的话，但我誓死捍卫你说话的权利。”语言艺术关乎人际交往的成败，所谓“良言一句三冬暖，恶语伤人六月寒”，卡耐基断言：“现代的成功人士80%都是靠一根舌头打天下的。”笨嘴笨舌、词不达意的人常处处碰壁，寸步难行；而巧舌如簧、口吐莲花的人通常会左右逢源。巧用嘴巴会说话，优美而文雅的谈吐不但可为自己树立良好的个人形象，还能扣开对方的心灵之门。

你了解以下“说的艺术”吗？

(1) 保持令人愉悦的声音。

(2) 说话看对象、分场合。

(3) 多用尊称、招呼语、赞美语、感谢语、感叹语和征求语。

(4) 围绕对方感兴趣的话题。

(5) 忠言说得“顺”耳。

(6) 准确表达自己。

(7) 委婉拒绝。

（8）不信口开河。

（9）不做长舌妇。

（10）道歉及时。

（11）培养幽默感。

（12）说话不伤人。

（13）不探听隐私。

（14）多掌握语种和方言。

**善用情**。我们常说，用心做事，用情做人。真情是维系人际交往的纽带，无论亲情、友情还是爱情，都是心随情动，有情才有爱。爱，令人轻松愉悦，令人快乐健康，令人心驰神往。如果在交往中表错情，让对方会错意，将是十分尴尬的。

有一位义工去敬老院服务，有位老人看到他后说："年轻人，我知道你是一个好人，但是你总显得郁郁寡欢，看到你这张脸，我心情很沉重，你给我们的感觉是不愿意干了。既然你来了，我真的希望看到你的笑脸，不要让别人对你产生误解。"义工听了以后非常震动，没有想到自己的表情会给别人产生这样的一种感觉，于是他开始努力让自己的脸上经常挂满笑容。后来这位老人不幸去世。在弥留之际，老人送他一个包，包里有一件 T 恤，上面印了一张笑脸。老人留下话："年轻人，有一天当你心情不好的时候，我希望你穿上它。不仅仅是穿上它，而是心里拥有它，你会笑得很快乐。你开心了，我们大家就都开心。"

如果你想成为富有人情味又通情达理的快乐天使，不妨试试这几招：

（1）常保持愉悦轻松的心情。

（2）常保持甜美的微笑。

（3）塑造自身美。

（4）适时表达你的喜悦心、感恩心、宽容心、同情心和爱心。

（5）换位思考，推己及人。

（6）学会共情。

（7）顾全面子，给人台阶。

**多用心**。只有用心的人，才能编制好人际交往这张网。要多种花，少栽刺，平时多份积累，日后就多份收获，用心去交往，什么时候都不晚，千里之行，始于足下。当下的你，是否还需要对照下列内容，调整人际交往的重点？

（1）制订人际交往的目标。

（2）加入一些组织机构。

（3）寻求领导职位。

（4）利用好每次交往机会。

（5）加强记忆力。

（6）为人际交往提供充裕的时间。

（7）适时向合适的对象提出自己需要的帮助。

（8）常常思考和反省。

(9) 关键时刻露一手，让人发现你的价值。

## 章末回顾

良好的人际交往有助于大学生保持身心健康，认识自我，沟通信息，促进个体的社会化发展，是大学生快乐的源泉。自卑、自负、自私、多疑、嫉妒、恐惧等心理因素是阻碍我们获得和谐人际交往的重要因素，需要我们努力克服。在人际交往中，我们不仅要了解平等、真诚、交互、包容和理解等人际交往原则，懂得首因效应、近因效应、晕轮效应、投射效应、刻板效应、定势效应等心理效应给与人交往带来的利弊，还要掌握邻近吸引、对等吸引、相似吸引、互补吸引、才能吸引、异性吸引、特质吸引等人际吸引普遍规律，更要多学点人际交往的技巧：多用耳朵倾听别人的声音，勤用慧眼观察交往的对象，巧用语言表达双方的需求，用真情用真心编制牢固的人际网络，构建人际交往的桥梁。

## 活动训练营

**游戏**：心有千千结。

**目的**：通过努力使同学们认识到生活中产生的人际矛盾是可以化解的，没有解不开的结。

**步骤**：全班同学自由分成若干小组。每个小组成员手拉手围成一个圆圈，记住自己左手和右手拉着的是谁。然后都松开手，在圈内自由走动。当主持人喊停时，所有人都停住，再次和刚才拉手的同学拉起手。这样编织的一张网，手臂互相交错。成员们必须在手不能松开的情况下，通过跨、钻、转身等动作，将这张网解开，恢复到原来围成的圆圈。

## 成长与反思

1. 大学宿舍关系是社会人际交往的缩影，处理大学宿舍中的矛盾是每个大学生都应该学会的技能。想一想，在你们宿舍中有什么样的矛盾？你又是如何处理的呢？

2. 你在人际交往中或许有过妒忌、自卑、自负、多疑等心理，学习完本章后，你对自己的调节方式如何评价？是否有值得改进的地方？

3. 网络把世界变成了地球村，信息时代使很多大学生在网上结交了各种各样的“网友”，想想，结交“网友”需要注意些什么？如何使用好各种社交软件为自己的人际交往服务？

# 第七章

# 相识相知，爱中成长

## 典型案例

小董和小叶是初中同学，当时小董数学成绩非常好，小叶常带着一脸崇拜向小董请教数学难题。高中毕业后，两人互生情愫，走在了一起。后来的十年里，小董和小叶大学异地、研究生跨国，大部分时间都不在一起。一个人不容易，小叶常常在两人不愉快的时候，产生退缩和逃避的想法，甚至打算要和小董分手。而小董十分懂得如何安抚小叶的情绪，无论小叶怎么闹，小董对爱情都坚定不移。当然，无论自己多么不情愿，小叶从来没有在学业上阻止小董。当小董选择更好的大学、想出国深造时，小叶都咬牙让他走了。小叶说，让他按照自己想要的方式去飞，是自己的底线。就这样，十年后，小叶带着博士入学通知书和机票，跨过几万里的距离，来到了小董所在的国度。此时的小董，已经学会停下奔跑的脚步，开始为两人的将来做打算。

## 第一节　爱情是什么

小董和小叶是笔者朋友的化名，这是一个在笔者身边真实存在的爱情故事。他们爱情的时间跨度，差不多就是笔者认识小叶的时间长度。当小叶一个人拖着行李，走向异国他乡，带着自己的求知梦，追寻恋人的脚步时，笔者想，他们的故事或许才刚刚开始。出国后，小叶常说，我们怎么就在一起了呢？怎么就一起买菜做饭了呢？怎么就有一个家了呢？十年，对于他们来说很不容易，相恋的过程不尽是王子公主般美好。然而，爱情，让两个稚嫩的少年成为了更美好的彼此，让十年的分隔两地化成了长相厮守。回望相恋十年，小叶说，爱情是要经营的。那么，爱情究竟是什么？到底要怎样经营呢？是不是所有的有情人都能终成眷属呢？如果相爱的两个人最终分手了，怎么面对呢？

## 一、爱情的本质

一段恋爱关系从萌芽到正式确立是由哪些因素左右的呢？他或她身上有什么吸引你，抑或在恋爱这个动态关系中双方会因为彼此产生什么神秘的因子让恋爱关系更加稳固或者进入危机？

一般来说，爱情具有这样的特点：爱情是可遇不可求的，我们只能虔诚地等待爱的到来，感受爱的指引；爱情是两个人的事，要两个人心灵相契、志趣相投，才能舞出最绚烂的舞步；爱情是捉摸不定的，它让你甜蜜的时候感受到世界上最甜的幸福，也让你痛苦时尝到世界上最苦的苦涩；爱是独占的，陶行知先生曰："爱之酒，甜而苦。两人喝，是甘露；三人喝，酸如醋；随便喝，毒中毒。"正是因为爱的独特性，我们的千古篇章里才有那么多或幸福或悲伤的爱情故事，爱是人类永恒的主题。

那么爱情是怎么一回事呢？每个人心中都有自己想象中的爱情。有人把爱情看作人们在恋爱阶段渴求为所爱的人付出一些或全部所有，并希望其永远幸福的感情思想；也有人从人际交往的角度，认为爱情是人与人之间相互吸引的最强烈形式，是心理成熟到一定程度的个体对其他个体产生的有浪漫色彩的高级情感；还有人说爱情是男女间基于一定的社会基础和共同的生活理想，在各自内心形成的倾慕，并渴望对方成为自己终身伴侣的一种强烈、纯真、专一的感情。著名心理学家弗洛姆从心理学的角度给爱情作了一个美好的注脚：爱，是产生爱的能力。如果我们认为幸福在于找对一个人，那么可能我们终生都找不到这样一个完全符合自己想象的人。弗洛姆认为我们的"另一半"不是找到的，而是通过彼此交往产生的。也就是说，要想找到爱情，一个最重要的前提就是要变得可爱，我们周围会有人特别招大家喜欢，正是因为他们有较强的产生爱的能力。

爱情是亲密关系的一种，亲密关系至少在六个方面和其他的一般关系有所不同，它们是：了解、关心、依赖、相互性、信任和承诺。亲密关系中的伴侣对对方有更多的了解，他们共享彼此的经历、爱好、情感和欲望，对对方的感情远远超过了其他人；彼此在生活中互相依赖、相互融合，他们在关系中通常表现出高度的相互性。亲密关系的一个重要组成部分是信任和承诺，也就是伴侣之间彼此信赖，并对他们的关系有长久认真的承诺。

莫里哀说过这样的话：爱情是一座学校，教我们重新做人。一段好的爱情可以修补一个人的灵魂。一段好的爱情可以弥补我们小时候在亲密关系中受过的伤（比如受到父母的冷落或者嘲讽），让灵魂变得更完整。若有幸获得一段美好的爱情，我们将会以前所未有的速度成长，因为当我们爱一个人时，我们一定会自爱，会在与自己所爱之人交往时，努力完善自己、丰富自己、发掘自己、升华自己，让自己变得更美好。

## 二、爱情的理论

### （一）爱情的三角理论

在对爱情的研究中，最有名的是美国心理学家斯腾伯格提出的爱情三角理论，该理论一直被心理学界推崇，影响深远。斯腾伯格认为爱情由激情、亲密和承诺三个基本成分组成。其中，激情是爱情中的情欲成分，是爱情中最激情澎湃、最撼动人心的部分，它来得快，去得也快；亲密是指在爱情关系中的温暖体验，通常和喜欢相连；承诺指维持关系的决定期许或担保。亲密是"温暖"的，激情是"热烈"的，而承诺是"冷静"的。

第一要素：亲密（intimacy）。

亲密，是两人之间感觉亲近、温馨的一种体验。青梅竹马之间就拥有亲密这一爱情的要素，两个人相处时感觉快乐自在，互相体验对方的内心感受，互相支持对方的情感和体验。亲密这一成分也广泛地存在于深刻的友谊关系之中。

第二要素：激情（passion）。

激情是一种"强烈地渴望跟对方结合的状态"。通俗地说，就是见了对方，会有一种"怦然心动"的感觉，这是一种兴奋的情感体验。它主要来自性的唤起，所以它是爱情中的"情欲成分"，是一种强烈的驱动力。

第三要素：承诺（commitment）。

承诺由短期的和长期的两方面组成，一般被认为是做出维护这一爱情关系的承诺，包括对爱情的忠诚、责任心，是一种患难与共、至死不渝的承诺。这一成分大体上相当于我们中国人常说的"山盟海誓"、"天长地久"、"忠贞不渝"。

根据这个理论，爱情可以分成七种类型：

**1. 单纯的爱**（liking，图 7.1）

**图 7.1 单纯的爱**

只有亲密，两个人在一起感觉很舒服，但是觉得缺少激情，也不一定愿意厮守终生，比如青梅竹马、两小无猜。

2. 痴迷的爱（infatuated love，图 7.2）

图 7.2　痴迷的爱

只有激情，认为对方有强烈的吸引力，除此之外，对对方了解不多，也没有想过将来。通常被称为迷恋，例如追星等。

3. 空洞的爱（empty love，图 7.3）

图 7.3　空洞的爱

只有承诺。爱情生活主要是一种责任和义务，如包办婚姻。

4. 浪漫的爱（romantic love，图 7.4）

图 7.4　浪漫的爱

有亲密和激情体验，没有承诺，通常称为红颜知己。缺乏持久性，好聚好散。大学里的爱情，多半就属于这种。

5. 伴侣的爱（companionate love，图 7.5）

图 7.5　伴侣的爱

有亲密和承诺，缺乏激情，如《魂断蓝桥》中的男女主人公。

6. **虚幻的爱**(fatuous love，图 7.6)

图 7.6　虚幻的爱

有激情和承诺，没有亲密关系。通常是一见钟情和海誓山盟相结合，缺乏对伴侣的了解。

7. **完美的爱**(Consummate love，图 7.7)

图 7.7　完美的爱

同时具备三要素，但这样的爱情存在的可能性非常小，即使存在也不易维持。正因为爱情如此美好，又如此难得，我们才更应该了解爱、练习爱，从而获得爱的能力。

亲密是爱情三角理论中最重要的元素，它既是爱情产生的根本条件，又贯穿于爱情关系的整个过程。两性互相吸引的最初阶段有赖于激情的强大吸引力。激情关系可以让相爱的双方在短时期内处于一种迷恋的状态，迅速提升亲密感，从而建立牢固的情感关系。但是处在迷恋之中的男生、女生往往会忽略很多个性上不和谐的因素，为爱情的长久发展埋下危机。此时，亲密感就成为化解爱情双方潜在冲突、建立长久的爱情凝聚力的必要元素。亲密是一种令人舒畅的感觉，伴侣可以感受到对方无条件的接纳。小叶和小董也正是从两小无猜的过程中，建立了亲密感，而这种亲密感又无形中化解了后续的种种危机。当然，正因为有了最初的激情，小叶和小董的爱情才可以开始；而有了后来的承诺，小叶和小董的爱情才有了完美的结果。

## 自我心理测试

### 激情之爱量表

这一调查问卷请你描述在激情之爱中的感受。描述这种感受的一些常见词语为：激情的爱、迷恋、相思病、着魔的爱。现在请想象一个让你觉得最有激情的人。如果你现在没有谈恋爱，请想一想你的前一个恋爱对象。如果你从来没有谈过恋爱，想一个你以类似方式关爱过的人。在完成这个问卷的过程中始终想这个人。请告诉我们在你的感情最为浓烈的时候的感受。

请用以下评分标准回答每一项：

丝毫不准确　　比较准确　　完全准确

1　2　3　　4　5　6　　7　8　9

1. 如果____离开我，我会很难过。

2. 有时候我感觉不能控制我的思想，它们都在____身上。

3. 当我做了令____高兴的事情时，我会很快乐。

4. 我就想和____在一起。

5. 如果我想到____爱上别人，我会很嫉妒。

6. 我渴望知道____的一切。

7. 我身体上、感情上和精神上都需要____。

8. 我对来自____的情感渴望永无休止。

9. 对我来说，____是完美的浪漫伙伴。

10. 当____爱抚我的时候，我感觉我的身体在回应。

11. ____似乎总在我脑海里。

12. 我想要____了解我、我的想法、我的恐惧还有我的希望。

13. 我急切地寻找____对我有欲望的表现讯号。

14. 我被____强烈地吸引。

15. 我与____的关系不顺利时，我会极其苦恼。

得分高者表明有很高程度的激情之爱。

## （二）爱情的故事理论

作为爱情理论最执着的探索者，罗伯特·斯腾伯格不满足于自己的爱情三角理论，因为三角模型不能用于解释一些更关键性的问题：是什么使一个人爱上这个人，而不是那个人？是什么决定了他/她爱的方式？为什么有些情侣可以白头到老，另外一些却如流星闪过？为什么我们在感情中一次次犯同样的错误，追寻不同的人，在不同的地点，却遵循相同的剧本，就好像爱情的命运，从求爱到终结，从一开始就已经写好了？

最后，他放弃了心理学上的概念与分析，认为爱情在本质上不是分析性的，而是叙事性的。所以，理解一对情侣的思想和行为的最佳方法，是看他/她如何讲述关于爱情的故事，以及他们对于爱情理想的描绘。于是爱情的故事理论成型。

有人相信亲密关系是合股关系。这是商业故事。

有人喜欢吓唬自己的伴侣，或者被自己的伴侣吓到。这是恐怖故事。

如果我的伴侣离我而去，我的生活将是一片空白。这是成瘾故事。

爱情是一场游戏，输赢的不确定性才是游戏的好玩之处。这是游戏故事。

有人觉得伴侣就像外星人一样不可思议，难以理解。这是科幻故事。

爱情是一个故事，只不过作者不是莎士比亚、马尔克斯，而是我们自己。通过大量的访谈和实证研究，斯坦伯格一共总结了26个故事，包括童话、商业故事、恐怖故事……

斯腾伯格曾说，故事理论给世间情侣最大的启发在于，一段感情是否幸福，能否维持，很大程度上取决于男女双方关于爱情的故事是否相匹配。

同一个故事中的互补角色最容易相处，比如童话故事中的公主与王子。或者，两人的故事足够相似，可以融合成一个新的统一的故事。比如一个童话故事与一个园艺故事可以结合，一方渴望被白马王子拯救，而另一方希望照顾一个人，精心培育一段感情。

一对恋人，彼此的故事不兼容，就像两个角色在同一个舞台上演出不同的剧目，表面看起来也许很相配，但一方渴望灰姑娘式的拯救（童话故事），另一方在投资回报率上纠结（商业故事），这样的爱情不可能走太远。相反，一对争吵不休的夫妻可能在外人看来难以长久，却因为对于战斗的共同需求（他们都拥有一个关于“战斗”的爱情故事）而保持爱情历久弥新，白头到老。

所以，如果想拥有一段幸福的感情，就从理解自己的故事开始吧！你到底想讲述一个什么样的故事？故事的主题是什么？在过去所有的感情中，最吸引你的是什么样的人？那些你最终失去兴趣的人有什么样的特质……然后，寻找那些与我们的故事相符合的人。当然，你也可以修改自己的故事，毕竟你是自己故事的作者。

## （三）爱情关系的依恋理论

我们的爱情风格受什么影响呢？心理学家研究表明，我们在亲密关系中表现出来的风格与我们小时候对母亲的依恋类型非常相似，下面是依恋理论的简单介绍。

依恋理论最初由英国精神分析师约翰·鲍尔比（Bowlby）提出，他试图理解婴儿与父母相分离后所体验到的强烈苦恼。鲍尔比分享了心理分析流派的一个经典观点：幼时经历对之后生活行为的发展有着重大影响。我们每个人早期的依恋模式正是建立在婴儿时期与养育者关系的基础上的。不仅如此，鲍尔比还认为出现依恋是人类进化中非常重要的一步：“与特定的人建立强烈的情感联结，是人类最自然的反应。”

通过对依恋特点的分析，鲍尔比把依恋分为三种类型：

### 1. 安全型依恋

安全依恋类型的孩子们，在与照顾者分离时没有经历过重大创伤事件。当害怕的时候，这些孩子们会立即向父母或者照顾者寻求保护，获得安全感。如果孩子在早期的生活中受到充分的照顾和保护，在和养育者的关系中体验到了爱和信任，他就会觉得自己是值得被爱的，生活环境是安全的，从而形成“安全型”的依恋风格。在安全的环境中，这样的孩子倾向于积极探索周围的新鲜事物，和陌生人玩耍互动。

研究表明，安全依恋型孩子在成长过程中会更有同理心和共情能力。与矛盾型不安全依恋和回避型不安全依恋的孩子相比，安全依恋型孩子的破坏性更小，攻击性更少，也更加成熟。长大后，安全型依恋的孩子也更加容易拥有良好稳固的恋爱关系，更多地表现出其他一些关键的安全依恋特征：具有高自尊，享受亲密关系，寻求社会支持，能与他人分享感受的能力。

然而，如果孩子早期的需求没得到满足，或是养育者忽略孩子的感受，孩子可能会形成一个不好的印象，觉得没人爱自己，发展为"不安全"型依恋。此类型的孩子在和母亲分离时会体验到焦虑和不安，一看不到妈妈就会大哭大闹，甚至在母亲回来之后依然不能平复情绪。这种类型的孩子长大后很有可能会变成没有安全感的恋人，时时刻刻问"你爱不爱我"，或者喜怒无常。"不安全"型依恋包括矛盾型不安全依恋和回避型不安全依恋两种。

**2. 矛盾型不安全依恋**

矛盾型不安全依恋的孩子通常很会防范陌生人，不容易产生信任感。当与父母或照顾者分离的时候，这类孩子会表现出可以理解的巨大悲痛，与其他类型不一样的是，当父母回来时，孩子却表现得很难被安抚，难以平静。有时，这些孩子通过拒绝让自己获得舒适感的方式反抗父母，或者直接攻击父母，表达自己的愤怒与不满。卡西迪和柏林的研究表明，矛盾型不安全依恋的孩子并不常见，在美国仅仅有 7%～15% 的婴儿表现出这种依恋风格。

当这些孩子慢慢长大，老师们常常会觉得这类孩子有些过度粘人或依赖他人。成人后，这些人常会很犹豫是否与别人亲近，并担心自己付出的感情无法获得对方对等的回报。这常会导致频繁分手，因为彼此的关系慢慢就变得冷漠而疏远。矛盾型不安全依恋的人在一段关系的最后，常会异常的心烦意乱。

**3. 回避型不安全依恋**

回避型不安全依恋儿童倾向于回避父母和照顾者，这种回避的程度在父母或照顾者离开一段时间后会更突出。这类孩子也许并不拒绝父母对自己的关注，但是他们不会从中寻求舒适感或彼此接触。回避型不安全依恋儿童对父母和完全陌生的人是一视同仁的，没有任何偏爱。这类孩子成年后，在同亲密爱人相处和建立亲密关系上困难重重。他们往往不会对这段关系投入太多感情，在关系结束的时候也不会很难过或悲伤。他们常找各种借口（比如工作忙）来逃避亲密相处，或者容易三心二意等。

综上所述，具有安全型依恋风格的成人更容易和他人建立亲密关系，并且恋情一般比较持久，而矛盾型和回避型不安全依恋的成人通常很难和他人建立长久、稳定的亲密关系。

如果能形成恰当的依恋风格，一个人可以自我信赖，并成功地依恋自己的伴侣与后代。相反，如果一个人未能在早期与母亲建立良好的依恋，他将可能缺乏爱别人与爱自己的力量，难以成为一个好的恋人或父母。他们一般会把更多的精力和情感放在事业上。

然而，依恋风格并非一成不变。50%～60%的人属于安全型依恋，但是不安全型依恋也不是一经测定就盖棺定论的。已经有研究证实，依恋类型并非是一成不变的，时间和关系的改变可以帮助人们改善依恋关系。对于那些不懂得爱自己的不安全依恋类型的人来说，拥有一个安全依恋型伴侣可以产生更多安全型依恋行为，体验到自己值得被爱，并在恋爱中收获满满的满足感。

对于不安全型依恋的人来说，建立一段亲密的恋爱关系可能是困难的，他们需要尝试去克服来自童年的不安全感，相信自己已经足够强大去爱人爱己，才更能体会恋爱的美好。

# 第二节　爱情功夫茶

有这样的一首歌，在20世纪90年代非常流行，它唱出了大学纯洁爱情的珍贵，这首歌的名字叫《模范情书》：

我是你闲坐窗前的那棵橡树，
我是你初次流泪时手中的手，
我是你春夜注视的那段蜡烛，
我是你秋天穿上的楚楚衣服。

## 一、我们容易被怎样的人吸引

有句话这样说：于千万人之中，遇见你要遇见的人。于千万年之中，时间无涯的荒野里，没有早一步，也没有迟一步，遇上了也只能轻轻地说一句："哦，你也在这里吗？"这句话感动了很多人。那么我们是怎样找到这个人的呢？

### （一）只有接近，才能喜欢

"蓦然回首，那人却在灯火阑珊处"，原来我们一直寻寻觅觅的人就在我们身旁。社会心理学有个著名的"曝光效应"，即在多数情况下，我们的友谊和浪漫缘于和周围人的交往，也就是见的越多，越有亲切感，如果心灵上再有沟通和交流，爱情的火花就很容易产生，这也就是"近水楼台先得月"。交往的愈频繁，愈容易对彼此留下深刻印象，进而发现更多吸引的要素。当然，时空接近性只表现在正面影响时，也就是说，只适用于双方的印象良好时，如果第一印象即对其留下不佳的印象，则曝光愈久、愈频繁，则只会让人更害怕、更厌恶。

## （二）外表吸引力

外表在第一印象中无可厚非地占了最大的部分。外表并不只是单纯的外貌，还包括了个人的气质与举止。我们可以发现，外貌姣好的同学无疑在人际交往中更具吸引力。第一印象如此，可是在长期的相处中，内在的优点会逐渐取代外在的容貌。因此在普通的友谊上，外表的因素可能很重要；可是在约会、结婚的深入交往中，品格和性格特点会更重要。虽然人人都想得到漂亮或帅气的伴侣，但是通常人们会和外貌相当的人结成伴侣，这也就是我们所说的“般配”。

## （三）性格特质

除了气质以外，个体还有多种性格特质。在这些特质中，愉快的、可信赖的、体贴的、诚实正直的等正向的特质，会使个人具有较大的吸引力。除此以外，还有男性化特质、女性化特质，男性化特质是指勇敢的、大度的、豪爽的，女性化特质有温柔的、细腻的、善解人意的，而在两性关系中，同时具备两性特质的人，会比传统的、单一化的性格特质更具有吸引力。比如说一个男孩很善解人意，一个女孩很豪爽大方，在人际交往中，都是很吸引人的。

## （四）相似性

无论是朋友还是恋人，幸福的伴侣在各方面都是很相似的，还记得你的高中好朋友吗？你们不仅年龄、教育水平非常接近，在对待事物的看法和态度上也是惊人的相似，“莫逆之交”就是描述这种没有相悖之处的友谊。人们在想法一致时会更加喜欢彼此，相似的感情风格也会促进彼此的吸引，比如幸福的人愿意和其他幸福的人相处，心情不好的人想跟心情不好的人接触，而不是身边那个兴高采烈的人，我们因为相似而更能体会彼此，也会更喜欢彼此。

## （五）互补性

相似性毫无疑问地支持了“物以类聚”的说法，互补性则是相对的极端理论。互补性最普遍的例子，就是爱侣中，一个极端聒噪，一个沉默寡言；或是一个保护欲强，一个倾向于被保护。但一般研究认为，相似性是关系中的主体，而互补性是建立在相似性基础上的少数部分。不过相似性与互补性的关系，目前仍具有争议性。

## （六）男性和女性的择偶差异

从进化心理学的观点来看，男性喜欢年轻、漂亮、身材好的女人，而女性喜欢的是比自己成熟而且拥有很多社会资源的男性。进化心理学告诉我们，人和动物最大的共同点是：所做的一切，其实只是为了繁衍后代。对于男性来讲，由于健康和生育能力强的女性通常更容易产生下一代，所以自然选择促使了男性选择年轻（处于最佳生育期）、漂亮（与健康相连）、身材好（容易生育）的女性。而对于女性来说，她们不必担心伴侣是否年轻，因为男人一生都有生殖能力。她们关心的是在漫长的生育期和抚养孩子的时期，伴侣能否为她们遮风挡雨、保护她们，所以她们倾向于寻找强壮的、有社会资源和地位的、能够为后代提供更多生活保证的男性。这也可以解释在古代的一夫多妻制度下，为什么女人宁愿和有众多妻妾的富翁共同生活，也不愿意做贫苦男人唯一的妻子。

随着时代的发展，女性受教育和参加劳动的比例逐渐上升，男女教育程度的差异缩小，人们对配偶的智力和教育要求逐渐提高，女性的经济能力对男性也日趋重要，人们择偶时从物质需求的互相补充、支持、辅助为主，转向以个人吸引力及相互满意为主。一项对美国半个世纪以来择偶观变迁的研究表明，就两性而言，对伴侣的人品是否可靠、感情是否稳定成熟、气质优雅与否的评价在各时期仍保持较高水平，相互吸引和爱慕、美貌偏好有所上升；而男性对女性善于烹饪和持家的要求降低，对其经济状况与前景更为看重。

### （七）印象管理

不管我们是否意识到，我们在一见到他人时就开始对其进行判断了，如他的外在形象气质如何，他的谈吐是不是我们所欣赏的等。同样的，别人也立刻会产生对自己的第一印象。由于在人际交往中第一印象非常重要，我们经常会尝试左右他们对我们的印象。但是在维持良好形象方面，我们对亲密伙伴却比对其他人更少费心，因为我们通常认为恋人已经非常喜欢我们了，在已经了解和爱我们的人面前，我们更可以放松下来，轻松做自己。

有一种观点在对象的选择上非常重要，即感情的平衡理论，我们喜欢漂亮的人，我们喜欢聪明大方的人，我们喜欢和自己志趣相投的人，但是我们更喜欢也喜欢我们的人，也就是说情感的互动性：你喜欢我，我才会喜欢你，人们愿意接近那些喜欢自己的人，而不是拒绝他们的人，所以我们会发现，人们在生活中主动出击、寻求所爱的人并不是那么冲动，他们通常会衡量你接受他的可能性，再做出出击与否的决定。

而当我们选对了人，当我们被他人吸引时，我们会心跳加速，会欣喜若狂，会沉醉，会战栗，这种美好的体验能使我们容光焕发，充满斗志，此刻的爱情是一杯美酒，酒不醉人人自醉。

## 二、每段缘分都是一门功课

恋爱时，我们都想找到 Mr. Right（正确先生）或 Miss Right（正确小姐）。然而，假若我们执着地认为，幸福就在于找对一个人，那么可能我们终生都找不到那个人。

相反，假若我们能明白，幸福在于内心的和谐，而外部世界都是我们自己内心的展现，那么我们可能会发现，原来答案就在你身边，就是那个和你一直厮守着的伴侣。

### （一）爱情促使我们更好地了解自己、爱自己

一个自爱的人是自知的，他清楚自身的优势和缺陷；一个心理成熟的人是会坦然地表达自我和表露自我的。自爱是要成为你自己，而非通过爱情变成他人。许多年轻人无法很好地处理成为自己和向爱人妥协的平衡，他们通常会因为迎合爱人而强迫自己变成爱人喜欢的样子，实际上，没有什么比成为你自己更有力量和更让自己开心的事，如果恋人真的不喜欢这样的自己，你可以选择重新寻觅一个更懂得欣赏自己的人。

不过，你了解你是一个怎样的人吗？原先你可能认为："我是个最大方的人，我永远都不会吃醋。"但是认识一个男生后，你发觉，当他看别的女生的眼神很温柔时，你就会不高兴："你怎么可以这样呢？你刚刚分明就是对她有意思！"于是你惊讶地发现，其实自己是个大醋坛子。这些亲密的互动，会让你对自己的了解更完整、更真实。所以要想了解自己某些深层的、不易被自己发掘的人格特质，必须要恋爱才能实现，爱情是一所学校，让我们更加清晰了解自己的灵魂。

### （二）爱情培养我们爱人的能力

我们经常会忘了一件事，我们生下来时都是不懂爱的。我们会的是"被爱"，从小父母对我们的宠爱，让我们感受到被爱是很棒的事，等到自己突然要谈恋爱了，才发现根本不懂什么是爱，也不懂得怎样表达爱。通过恋爱的实践，我们学会了如何处理两个人之间的矛盾，学会了怎么去满足对方的情绪需求，学会了妥协、沟通、倾听、信任，学会了爱自己和爱对方。

## 三、如何让爱情之花更鲜艳，更持久

实际的生活经验告诉我们：浪漫不可持久。爱情刚开始时，在爱情中的人们会把对方的优点无限地放大，弱化或者忽略他的弱点。新奇本身也会增加激动和能量，就像第一次亲吻带给人的震撼要远远大于以后的千万次亲吻，是因为新奇增加了吸引力。可是随着相处的增加，了解的加深，幻想逐渐向现实妥协，新奇慢慢变得陈旧，爱情也会逐渐褪色。

这个消息也许令人沮丧，但是，它却为怎样构建长久幸福的爱情生活提供了重要建议，要想牵手同行，亲密的爱比激情的爱更有力量。而保持亲密的爱需要做到以下几点：

## （一）彼此支持

只有相互支持的恋爱关系才有机会进一步发展和走向婚姻。这样的恋爱关系产生的爱情会保留一生，人在这种恋爱关系中会获得成长和成熟。

许多爱情故事中把“爱就是需求和依赖”的观点变成神话，这被认为是爱情的模板，也只有这样的爱情才是真的爱情，比如罗密欧与朱丽叶的故事。这个伟大的爱情故事背后的主题就是两个人彼此活不下去，他们以爱之名义牺牲自己。大部分人都以这样浪漫的爱情悲剧在激励自己，也渴望自己能获得这样的爱情。这样的爱情其实是不成熟的，人在其中试图控制爱的对象，以维持基本的安全感。几乎每个人都有依赖他人的一面，但当这种依赖成为恋爱关系的核心主题时，便会造成问题，因为会使关系受到限制。在发展恋爱关系时，支持之爱其实是重要的基础材料，它不但是恋爱关系早期发展的必需品，而且也是日后恋爱关系得以维持的一个重要手段。相互重视对方时，会害怕失去对方，恋爱关系中经常出现这样的情况，只有真正地面对自己和对方的需要，才能在恋爱关系中获得喜悦和满足。

## （二）保持快乐

心中有爱的人乐于看到别人的快乐，恋爱关系中的人会因为对方的开心而开心，当然前提不是将一方的快乐建立在另一方的痛苦之上。在恋爱关系中，虽然快乐是由对方的存在激发的，但恋爱双方都要为自己的快乐负责，事实上快乐的来源主要是自己。很多人坚信自己的快乐来自别人，只有自己被爱时，才觉得快乐。他们感觉不到自己拥有快乐的能力，处于一种快乐盲区，他们的快乐要他人负责。事实上，爱的快乐来源于自己，而不是别人。当两个人在一起完全感受不到来自内心的快乐时，恋爱关系离分手也就不远了，但这样的分开其实对恋爱关系是有利的。

两个人彼此相爱时，爱本身就是快乐，恋人在对方快乐时也会觉得快乐。很多人一直心怀被爱的渴望，因为被爱确实是舒服、快乐的事情。可是更深刻的快乐是能爱别人，感受到爱的辽阔、喜悦和温暖。因为我们在爱别人的时候，通过给予对方能够唤起生命力的东西，提高彼此的生命感。

## （三）善于袒露和坦诚

从小到大，我们都习惯于去保护自己，为的是不让自己受到伤害。而恋爱关系中，我们必须学会放下防卫，展现出自己脆弱和真实的一面，这样才能让对方认识到真正的自己是怎样的。当心理的那堵墙倒下，双方就能如实地看见彼此。在了解、认知自己的恋人的过程中，我们也慢慢认识了自己。而这个过程中，彼此的生命在某种程度上得到了一定的疗愈，生命中那些找不到光亮的地方，也因此有了光。当我们认识了自己和对方的某些部分时，我们便在双方的关系中更好地找到了自己的位置，更能够和恋人建立深层次的亲密感。

## （四）适当展现脆弱

恋爱关系中的双方需要坦诚地展现自己的情感。在发展的过程中，我们时刻被社会和家人告诫要学会坚强，尤其是男性，我们经常听到自己的父母说：“男儿有泪不轻弹。”现在看来，我们更应该鼓励的是：男人哭吧哭吧不是罪。如果想要有个人成长，我们终究必须放下防卫，即向对方展现自己的脆弱，如此，我们才能更清楚地认识对方。爱就是提供这种机会，使得我们能够开放地在恋爱关系中展现真实的自我，坦诚、真实、没有控制。恋爱关系中，爱的脆弱是一种清新、开放、喜悦的情感状态。只有这样才能跳脱出防卫，体验到自我，活在当下。

## （五）敢于接纳和分享

好的爱情是两个人都愿意让对方做自己孤独的守护者。当两个陌生的人走进恋爱关系，这个以两个陌生个体为主体建立的情感关系要维持和发展，就需要恋爱双方互相接纳和分享。在恋爱关系发展的早期，双方还不够了解彼此，还不足以体会到接纳的爱，但随着恋爱关系得到进一步发展，双方就能够接纳自身内心不曾看到的部分，也越来越能够接纳自己，当接纳自我与对方越来越深入时，就会不断产生新的成长、觉察和接纳。

在恋爱关系产生危机时，恋爱双方会隐藏在角色和防卫之后，使彼此无法认识，没有很多机会接纳自己或对方。这时恋爱关系会僵持在指责、内疚和轻视的状态中。在接纳的爱中，就能跳出对错的限制，接受对方的想法，体悟到对方的感受，越来越愿意向彼此袒露和承认自己。在相互接纳的对话中，恋爱双方能体会到对方的处境，不再抱怨，恋爱双方不论发生什么，都会共同有兴趣去解决。

恋爱关系中必不可少的一个部分就是沟通和交流，当这种交流和沟通是以一种坦诚和脆弱的形式展开的时候，我们称之为分享。学习分享可以帮助恋爱关系中的彼此跳出既有观点的限制，理解伴侣拥有完全不同但令人信服的观点。通过分享，我们能学会真的倾听，听见对方所听见的；同样的，也能学会接受新的看法，理解恋人的想法，并相互借鉴，跳出自我限制，敏锐地了解彼此的感受和观点，发展得更成熟。

## （六）正确对待男女需求差异

恋爱关系中，男生常常想不明白女生为什么说着说着就生气了，而女生常常抱怨男生不懂她们的心。其实，除了相似，男生和女生之间还存在着一定的差别，这些差别往往是造成双方误会和矛盾的原因。

**1. 男生需要独处，女生需要倾听**

在面对压力、心情烦躁的时候，男生会集中注意力去解决一个问题。他需要独处和安静，需要不被干扰地独自解决自己的某个问题。如果问题得到了解决，他的压力就会疏解，他会重新回到与恋人的关系当中。女生面对压力、心情烦闷时，则需要找个人来谈论问题的细节，她只有把自己的压力、问题、烦恼统统说出来才能缓解压力。重要的是，在说的时候，她希望恋人能认真地、全神贯注地倾听，否则她不能感觉到被理解、被支持、被爱。

一对处于压力状态下的恋人在一起，矛盾可能会激化。男生不知道自己被问题占据时，对女生的冷漠会使女生非常紧张，认为男生在排斥和拒绝自己。女生感觉到压力，会要求男生跟自己沟通，听自己谈论自己的感受。男生在压力状态下无法集中注意力来倾听，而女生为了吸引男生的注意力会谈论更多的烦恼，以确保男生能够真正了解她的心，矛盾就此激化。

**2. 男生需要听到“我需要你”，女生需要听到“我爱你”**

在男生的世界里，爱你等于爱自己，你的快乐就是他的快乐。你越快乐，越满足，我就越愿意付出更多，你的接受代表对他的能力的认可和信任。他的能力一旦被你认可，他就越能感觉到你对他的需要和信任，他的全部热情就被激发出来了。如果男生发现自己的付出并没有换来恋人的快乐和满足，他就会垂头丧气，感到自己的能力没有得到认可，心爱的人不能信任他，也不需要他，挫败和打击会使男生停止付出，因为他认为自己根本没有能力满足女生的需求。

付出是女生关注的重点。在女生的世界里，认为只有自己不断地付出、不断地提供支持，男生才能够开心快乐，自己的痛苦和忍耐可以成就男生的解脱。看到男生难过，女生认为自己就不应该开心。女生按照女性世界的标准审视自己时会发现，自己总是接受而不付出让自己感觉不舒服，这种感觉驱使女生不再愿意向男生提出要求，即使接受男生付出也不会感觉到快乐。男生接收到自己不被需要和没有能力使女生高兴的信号后，就会重新回到男生的世界，停止付出。女生也会因此认为自己不值得爱，感到更加伤心。

**3. 男生把抱怨当成责备，女生把沉默当成遗弃**

女生抱怨是为了与人分享自己的心情，为了获得他人的安慰和支持。但是，男生通常把抱怨解读为责备。女生说：“你从来不陪我！”她的意思是说，“你能多花点时间陪我吗？”男生会解读为，“你忽视我，令我不快乐，你没有能力做一个好恋人！”女生期待自己的抱怨能够换回多一点安慰和支持，而男生以为女生在责备自己，会马上抽出“宝剑”来防卫自己，“我这两天一直在陪你！”这句话他针对女生所说的“从来不”，但女生根本没在意自己的夸张用词，她表达的只是一种感觉。男生站在事实上说话，而女生站在感觉上说话，沟通不在一个层面上，自然就会引发争吵。

男生需要时间独处或者还没想好事情的解决方案时，通常选择沉默。但是，在女生的世界里，只有自己受到伤害或者不信任对方时，才会沉默。男生一沉默，女生就容易感到恐惧，认为是自己做错了什么，或者对方要离开自己了。当男生沉默时，女生就会不自觉地想要提供帮助和安慰，但是男生需要的不是女生的帮助和安慰，而是信任，因为帮助和安慰会使男生觉得自己是个弱者，而信任则让男生感觉自己有能力。

**4. 女生等待男生主动帮助，男生等待女生提出请求**

女生天生敏感，能够快速感知到他人的需求并主动提供帮助，这被视作是一种爱的表现。所以女生也习惯性地以为男生也像女生一样敏感，可以迅速感知自己的需求，并且主动提供帮助，甚至以此作为考验来探测对方是否真的爱自己。女生假定，如果他爱我，就能够预测我的需求，并主动提供未经请求的帮助，否则他就不是真的爱我。

但是，在男生的世界里，主动提供帮助是莽撞的行为。如果男生没有提出请求，他人的帮助只会令他感到愤怒，因为他认为这是他人对自己的不信任，对自己能力的否定。所以，为了维护他人的尊严，男生从不轻易提供帮助，除非有人主动提出请求。

男生世界的标准和女生世界的标准是截然不同的。问题在于，当男生和女生相处时，会时不时忘却对方的标准，而回归自己的世界。其实，当我们成为对方的恋人时，要采纳的是恋人世界的标准，而不是自己世界的标准。女生要敢于对恋人说出自己的需要，相信恋人有能力使自己快乐，尽情享受接受的快乐，大声地、不断地告诉恋人我是多么需要你，和你在一起我是多么开心。男生要明白恋人的不开心并不是因为自己的能力问题，而是因为她还不确定自己是否是一个值得爱的人，她习惯了付出而不是接受。对自己的恋人要不断地强调我是多么爱你，你是多么值得人爱，你为他人的付出已经够多了，现在是你接受的时候了。

## 四、谈性不必色变

有一段形容恋爱人群的顺口溜是这么说的："60 年代前后走，70 年代并排走，80 年代手拉手，90 年代搂着走，到了现如今则是边吻边走"。这很形象地反映了随着时代的变化，恋爱中的性行为发生的变化。

### （一）什么是性行为

性行为是指个体企图实现性欲望、满足性需要、获得性快感的一种性动作或性活动方式。从男女双方肉体的接触形式看，性行为可以分为三种：①距离性性行为，如谈情说爱。有人把跳交谊舞也称为距离性性行为。②边缘性性行为，如亲吻、拥抱和抚摸等。③核心性性行为，即指男女双方的性交活动。从性活动的对象化方面分析，可以将性行为分为自慰性性行为和交媾性行为两大类。通常情况下，人们习惯把男女间的性交关系说为性关系，而性行为则指上述三类性行为的统称。本章中所说的恋爱中的性关系是指性交关系，有人也称其为婚前性行为。

## （二）性行为要遵循的原则

有调查显示，在大学生群体中，有 30.2%的男生和 20.3%的女生对性冲动持否定、抑制的态度，采取压抑的方式。压抑不仅有碍于性心理的健康发展，严重者还会导致性变态或性过错；与此相反，3.2%的男生和 2.8%的女生对性持无所谓或放纵的态度，其中，有 40.7%的男生和 30.3%的女生有过性交行为。

从这组数据我们可以看出，对于性采取不同的态度，会导致相应不同的结果，如何正确把握性的态度变得尤为重要。对于大学生而言，我们需要遵循以下几种原则：

**1. 性行为统一原则**

这是人类行为活动和性关系建立所必须遵循的首要原则。人类的性不仅仅是生理的满足与宣泄，当男女之间的性行为没有情爱的成分时，我们就不能称之为人类之性。人类的"性"与"爱"是统一的。性是在两性互爱基础上升华出来的一种崇高的伦理感情，一种洁丽的精神现象。它的诞生、发展、成熟、深化过程，也是恋人们认识生活、净化灵魂、美化人生、丰富感情的过程，是为未来的婚姻家庭生活提供可靠的伦理保证的验证和调节过程。

**2. 平等自愿原则**

两性之间作为彼此独立的个人存在，其人格是平等的，在处理两性性关系的过程中，应当以尊重对方的意愿为前提。在大学生中，常出现为了对方失去自我的情况，当对方不能实现海誓山盟的承诺后，对对方憎恨不已，对自己责备万分，以致产生一些失控的行为，是不可取的。此原则提醒大家不仅要爱人，更要爱自己，不仅要付出，还要学会拒绝。

**3. 无伤害原则**

无伤害原则强调真正"道德的性"应当既不伤害自己，也不伤害对方，同时也不伤害第三者。这里所说的伤害不仅指身体上的伤害，也包括心理、精神上的伤害。

在我们思量自身的性及其行为到底"应该不应该"的时候，尤其是当我们陷入性的困惑中无法适从的时候，该原则就是我们的"指南针"。不伤害自己一方面指不主张纵欲主义，因为无节制的性必然导致对自我健康的伤害和性传播疾病的肆虐；另一方面指不赞同禁欲主义，性是人的生物本能，如果对之予以强制性的压抑，将可能导致病态人格和扭曲心理。大学生要根据自己的实际情况暂时禁欲。对于大学生来说，不伤害他人一方面指排斥性暴力和性虐待等具有直接伤害的行为；另一方面指反对未婚同居等婚前性行为，因为当事人双方的行为不被社会支持、不受法律保护，存在很多隐形危机，如意外怀孕，对女方的身体、男方的形象、无辜的孩子和双方关系的进展等都可能带来严重伤害。

**4. 责任承担原则**

人的任何行为活动都会造成一定的行为后果，性行为也不例外。自由与责任总是紧紧联系在一起的，拥有自由就要承担相对应的责任。性的责任承担，不仅取决于自己是否有承担责任的勇气，关键在于自己是否有承担责任的能力。人类性行为的责任首先是要维护自己的良知；其次是要以对自己的另一半负责的态度来选择自己的行为；最后是要对自己性行为的结晶——子女的成长履行为人父母的责任。

一个人是否具备承担责任的能力和三个因素有关：一是看他的身心是否成熟，这是决定一个人是否能够支配和享受性权利的自然生理基础；二是看他的人格是否完善，这是决定一个人是否能够支配和享受性权利的关键性因素；三是看他的经济是否自立。这三个方面标志着一个人承担责任能力的大小，而承担责任能力的大小正是衡量一个人的成熟性与成长水平的最精确的尺度。

在我们渴望拥有和行使自我的性权利之时，首先需要问问自己：我具备这种承担责任的能力吗？

**5. 秘密原则**

性行为是很秘密的行为，因此人们既要自重又要尊重他人。对于性行为，一方面，不暴露。自重意味着不能在公开场合进行自己的性行为。对于大学生而言，在校园或教室亲吻爱抚、在异性宿舍留宿都是不道德的行为。因为对于其他人来说，这是一种挑逗和骚扰。另一方面，不窥视，不传播。尊重他人性行为（包括现实生活、网络中的图片与视频）的秘密性是社会对人基本道德要求。

# 第三节　当爱已成往事

"去年元夜时，花市灯如昼，月上柳梢头，人约黄昏后。今年元夜时，月与灯夜旧。不见去年人，泪湿春衫袖。"欧阳修的这首词，描写的是失恋的苦恼和痛苦。是的，在恋爱过程中，与恋人的每一次接触，恋人俊美的形象、悦耳的声音、甜蜜的亲吻，使得恋人双方都感到快乐和幸福。正如欧阳修所言，昨宵还相会在花前月下，今晚忽莫若路人，卿卿我我的甜言蜜语犹在耳畔，"再见"的白纸黑字倏然来到眼前，月依旧是原来的月，灯依旧是原来的灯，只是那个陪自己赏灯看月的人早已不在身边，这让人产生了不满和痛苦的体验，这就是失恋的感觉。

## 一、失恋心理阶段

有调查显示，当问及如何对待失恋时，有的同学表示"能心平气和地接受，但要查清原因，吸取教训，重新开始"。有部分同学"接受不了，非要找对方问清楚"，有的甚至"紧闭心扉，远离爱情以致一生是单身"。与主动失恋者或者和平分手的恋人相比，被动失恋者的痛苦体验会加倍，失恋后，他们可能会经历以下五个阶段：确认期、刨根问底期、再表达期、讨价还价期、接受期。

**确认期**。失恋的确认期短则几分钟，直接被对方告知，此时被动失恋者由于毫无心理准备，容易产生强烈的情绪反应；长则几个月，对方“玩失踪”、“捉迷藏”，或态度不明确。这阶段，被动失恋者表现出忐忑不安、情绪低落、烦躁、沮丧、愤怒、自责等情绪，严重影响生活和学习。

**刨根问底期**。确认失恋后，被动失恋者会通过各种途径寻求失恋的原因。这一阶段可能与确认期紧密连接甚至相互交叉，容易产生急性应激反应，也可能出现激烈的争吵。

**再表达期**。这一阶段部分失恋者会通过多种方式来表达悲伤的情绪，并让对方看到自己失恋的痛苦程度，有的甚至用自杀的行为来“要挟”对方，试图唤起对方对自己的同情，从而改变态度，幻想对方能够因自己的执着而回心转意；部分失恋者会对对方进行精神报复，表现为试图控制对方的情感生活，干涉对方的人际交往等。

**讨价还价期**。部分被动失恋者的再表达被拒绝后会与对方讨价还价，希望通过某种关系维系和对方的感情来恢复恋爱关系，如能否只是暂时分开一段时间（目的是为了一段时间后能恢复恋爱关系）；能否通过特殊的形式延续这份感情（只是换一种形式）；能否由恋人关系转变为知己关系（还是没有最终放弃）；能否做朋友，不要成为陌路人等。

**接受期**。讨价还价失败后，被动失恋者只能很无奈地接受失恋的事实，但容易产生自我否定、归因错位等认知障碍和退缩、逃避、攻击等行为障碍，容易发生性格改变。部分失恋者抑郁情绪严重，会出现自杀意念和自杀行为。

是的，失恋必然会带来痛苦的情绪体验。茫茫人海中遇见可心的人不容易，相处时你侬我侬，曾经的恋人带给了自己多少快乐、幸福的回忆。既如此，为何要在分手时伤害那个曾经和自己一起经历过美好回忆的恋人呢？于是，如何在提出分手后，尽量减少给对方带来的痛苦，便成了一门艺术。

在所有的分手方式中，温和的分手方式的杀伤力是最低的，也为日后彼此成为生活中的朋友打下了一定基础。所谓温和的分手，即跟对方进行一场长谈，而不是打冷战、疏远对方或者做一些过分的事情逼对方提出分手。《分手大师》这部电影讲述了快速分手的故事。男主角梅远贵用了很多种分手策略，多是逼对方提出分手。这些冷酷的分手方式相当伤人，也断绝了分手双方再续友谊的可能。而长谈式的、温和的分手策略往往能够使双方彼此理解、和平分手。所以，当你确定已经无法和对方再继续下去之后，应找个合适的机会，和对方进行一场长谈，坦诚地告诉对方自己坚持不下去的理由。如果对方一时接受不了事实，给对方一点时间，做好再谈的准备，给对方一个缓冲期，最终达成两人和平分手。

## 二、分手可以不那么痛苦

分手时，我们总是会找出各种理由来告诉自己：我爱的那个人是世界上独一无二的最好的那个人，失去他以后我再也找不到更好的人了，我不能够失去她，否则我的世界会崩塌。心理学这样认为："爱情是对我们幼小时候的亲子关系的复制。幼小的孩子，无论从哪个方面看，都离不开爸爸妈妈。如果爸爸妈妈完全否定他，那对他来说就意味着死亡，这是终极的伤害和恐惧。我们多多少少都曾体验过被爸爸妈妈否定的痛苦和恐惧，所以，当爱情——这个亲子关系的复制品再一次让我们体验这种痛苦和恐惧时，我们的情绪很容易变得非常糟糕。"不过，爱情和亲子关系有一个巨大的差别，我们小时候离不开自己的父母，因为我们不能选择自己的父母，但现在我们是长出翅膀的小蜜蜂，我们可以选择自己的爱人，我们已经有了力量在这段破碎的感情上去寻找自己新的出路，当我们悟出这一点时，"爱情就不再只是对亲子关系的自动复制，我们的爱情就获得了自由，就有了放弃的力量。"

没有任何人是无可替代的，你今天从他身上获得的，你以后也会从另一个人身上获得更多。爱情是两个人的事情，另一个人有他独立的思想和灵魂，无论你们曾经多么相爱，多么了解彼此，当他决定要离开时，请你尊重他的选择，并且，你也有重新选择爱情的权利。因此，分手后，我们需要通过一定的方法来帮助自己尽快从痛苦中恢复过来，珍惜往后的时光。

### （一）倾诉

女孩身边不可以没有几个贴心的闺蜜，当你遭遇打击时，她们是你最贴心的小棉袄，有了她们毫无保留的支持、鼓励、劝慰、倾听，相信笑容一定可以重新回到你的脸上，失之桑榆，收之东隅，走了一个不爱你的人，来了一群真正关心爱护你的朋友，这个世界给予你的比你想象的多。各位坠入爱河的同学们，眼中不要只有你心爱的人，好朋友也非常重要，因为万一你在爱情的角逐中失利，闺中密友一直会在你身边，不离不弃。

### （二）移情

当我们失去所爱，一定会觉得非常空虚，及时适当地把情感转移到失恋对象以外的他人、事或物上是排遣孤独的好方法。此时，可以和关系密切的朋友交流思想，倾吐苦闷，陶冶性情；或者投身到大自然的博大胸怀中，感受一草一木、清风明月的抚慰，开阔心境。

### （三）升华

把感情生活的热诚转移到对工作事业的热情上是一种非常积极的方法，许多失恋者因此而创造出了辉煌的成就。歌德、贝多芬、罗曼·罗兰、诺贝尔等历史名人都曾饱受失恋的痛苦，可能没有那段失恋，他们还不一定会有如此的成就。他们是用奋斗的办法升华“自我”，积极转移失恋痛苦的楷模。

## 三、和痛苦的行为说再见

失恋后，我们总要经历一段特别难熬的时期，而在这段时期里，我们可能会有些错误的行为或认知，导致我们的痛苦程度更深，痛苦时间更长。以下是常见的四种加重痛苦程度的行为或认知方式，以及破解方法。

### （一）保持弱联系

分手后，曾经的恋人间还可以通过网络进行没有互动的弱联系（weak-tie contact）。不用见面，在家刷刷社交网站和朋友圈就可以“跟踪”前任，了解他们最近在干什么。

最近一项有关网络“弱联系”的调查发现，社交网络上的“弱联系”甚至会比“强联系”（如打电话、发短信等）更加阻碍分手后情绪的恢复，而且阻碍的程度与花在弱联系上的时间成正比。这可能是因为，弱联系与打电话、发短信等联系方式相比提供了更多的信息。毕竟，分手之后在社交网络上看到对方的概率要比亲眼见到的概率大很多。当你看到对方更新了状态，发现前任开始跟别人交往时，你很有可能会嫉妒生气，从而影响情绪的恢复。

因此，我们建议在刚开始分手的一段时间内尽量避免保持与前任的弱联系，比如屏蔽对方的朋友圈，等自己过了恢复期后，再决定是否继续保持与对方的联系。当然，我们这里所说的避免弱联系，并非建议同学们反复删除好友再加好友的行为，这会加重自己的痛苦程度，延长痛苦的时间，同时也会招致对方的反感。

### （二）陷入自我否定的死循环

有部分同学可能会在分手后陷入死循环，越来越讨厌自我，产生更多的负面自我评价。在他们眼里，被分手验证了自己不够好。在生活中，这部分同学可能格外担心别人觉得自己不够好，人际关系的好坏会直接影响他们对自我的评价。他们会通过自己被接受或被拒绝的程度来衡量自己的好坏，分手对他们来说，便加深了对自己的负面评价，难受、郁闷、羞耻等痛苦的感受也就随之而来了。此外，他们会将分手原因归在自己的缺点上，倾向于把责任推到自己身上，不断自责，而这又会进一步加深他们对自我的负面看法。在不断的自责中，他们很可能会形成这样的观念，即“我天生就不招人喜欢”，而不是“我的前任不喜欢我”。

如果要摆脱这种循环，我们需要找到让自己舒服的理由。如果把分手的原因都归结到自己的缺点上，会让自己痛彻心扉；如果将分手的责任推到关系问题上，比如双方想法不同、彼此不适合，分手后的第一感觉便会是松了一口气，而不会感到愤怒或者沮丧。若将分手归因于无缘，还可以缓解分手带来的痛苦，让失恋者更快接受分手的事实，失控感也会相对较少。这会帮助我们从失败的感情中收获一些经验，找到“病灶”并有所成长。

失恋可能反映出了自己的一些不足，但这并不代表我们不够好、不受欢迎。像《我的名字叫金三顺》里的女主角三顺一样，就算自己不如女二号漂亮，但依旧有征服男主的魅力。承认自己的不足，同时正确认识自己的长处，我们才能接纳自我，发现自己的魅力。只有当我们接纳自我，从心底开始爱自己时，别人才会爱自己。

### （三）还是会想对方

当你生病、无所事事、遇到挫折、需要帮助、需要关怀、需要爱的时候，你是不是总会想起刚刚分手的他或她？

分手一段时间后，虽然有些失恋者深知前任不会再陪在自己身边、安慰自己和关心自己，但是依然渴望依附前任。寂寞时，还是会想起对方；遇到挫折后，还是想得到对方的安慰等。这种欲望会阻碍失恋者在分手后的恢复。只有这种欲望降低后，失恋者才会慢慢地恢复。

这时，我们需要积极利用身边的资源来应对分手事件，在前任离开后，将自己的闺蜜和家人作为“避风港”。如，当需要陪伴的时候，找自己的闺蜜；当遇到挫折的时候，找自己最信赖的朋友或家人；当没有安全感的时候，想想支持自己的朋友和亲人，消除“世上只有前任是给我最多安全感的伴侣”这种信念。

### （四）总在反复分析失恋

人在伤心难过的时候，容易陷入反复、不断深入的思考。失恋后，大脑会不停地思索“为什么那个人不再爱我了？”“我到底做错了什么？”“为什么会变成这样？”“为什么被甩的总是我？”……

事实上，对失恋的过度思考和纠结不但会加深痛苦，还会延长痛苦的时间。即使感情不够深，只要反复纠结，失恋后的痛苦也会超过那些感情浓厚却不纠结的失恋痛苦。因为难过时，过度思考将导致出现更多的负面记忆和想法，形成恶性循环。在痛苦的时候，人们难免会勾起以前痛苦的记忆，更加消极地看待一些问题。这时候，人们很容易对负性事件进行深度思考，如“为什么他会变成这样？”接下来，便沉浸于对这种抽象的、无法解释清楚的问题的无穷无尽的思考之中，结果唤起更多的有关自我和外界的负面想法，变得更加痛苦。因此，反复分析不仅加强了负面情绪对消极思想的影响，还唤起了更多负面情绪，形成一个无休止的恶性循环。最为可悲的是，这种过度思考无法帮助我们找到解决问题的方法。

其实，只要转移注意力，你就不会沉浸在失恋的痛苦之中。但这样做并不容易。人们反复思考是因为迫切希望能够想通这件事，但如果这时去做其他事情，就会搅乱思绪，无法继续分析。因此，很多人宁可苦苦思索，也不愿参加能让自己愉悦或转移注意力的活动，即使深知这些活动将能够改善心情。

因此，我们需要采取一些强制性的手段逼迫自己去做其他事情，给自己安排一些平常就很想去做的、与这段感情无关的事情。在这种时候看爱情电影或听失恋歌曲等应该避免，因为这些会使人勾起伤心的情绪，使人陷入反复分析中。不开心时，可请关系亲密的朋友一起解决问题。通常，好友能从更客观的角度看待问题，提供一个突破性的解决方案，正所谓旁观者清，当局者迷。

需要强调的是，失恋后并不是不能分析，而是在情绪平复的时候去分析。因为在伤心的时候想起失恋的痛苦，会让人们得出更加消极的解释。我们需要的是解除困惑，而不是使自己沉浸在痛苦之中，无法自拔。

陈奕迅的歌曲“十年”中，有一句这样的歌词：“十年之后，我们是朋友，还可以问候。只是那种温柔，再也找不到拥抱的理由。”失恋后，是和前任继续做朋友，还是从此老死不相往来？很多失恋者都要面临这样的抉择。尤其是在大学校园内，彼此的圈子都很小，有的甚至是同班同学，常常抬头不见低头见；有的和前任之间有不少的中间好友，不时地总能听到对方的消息。要不要和前任成为朋友成了十分两难的选择。

那么，满足哪些条件，才能在分手之后再续友谊？

除了本节开头采用温和的分手方式外，还有以下两种情况，使分手的恋人容易做朋友。

第一种是，恋爱之前双方就有深厚、长久的友谊，那么分手之后，可以选择继续维持这段友情。这样就大大降低了不确定性，不用再想“我能不能跟他（她）说说学习上的事情？”“我还能约他（她）吃饭吗？”这种问题，从而可以使恋情顺利地过渡到友情。

第二种是，如果双方都愿意分手，而非某一方主动提出，那么两个人还可以是朋友。在这种情境中，一般双方对这段感情都已感到不满，彼此之间的依赖减少。因此分手对双方来说并不算坏事，甚至可能是解脱。

假如想和前任继续做朋友，该怎样做才能避免尴尬和痛苦呢？

继续与前任联系的念头或许很难遏制，但这样往往比断联带来的痛苦更多。继续联系容易勾起你对前任的想念并唤起想与对方复合的念头。如果看到对方发来的短信，会觉得对方还会在意自己，让你抱有复合的希望。渴望收到信息却一直收不到的失落感也会加深你的痛苦。同时，如果不断联系，你也很难脱离对对方的依赖感。即使对方不在身边，你依旧会在遇到困难的第一时刻想到他。这些因素都导致你很难走出失恋的怪圈。

在分手后，被分手者不要立刻回应对方的联系，更不要主动联系，等你能够彻底断了复合的念头，并且可以独立、不再依恋对方时，才可以再续友谊。只要你断开复合的念头，不再将安全感系在对方身上，就可以和前任成为朋友了。

亲爱的同学们，爱情的滋味非常美好，但却不是人生的全部，我们还有学业，还有身边可爱的同学，他们是我们的兄弟姐妹，他们也是我们人生中最珍贵的礼物，千万不要为了爱而忽略了朋友，这样会得不偿失。大学是一生中最容易感受到纯洁爱情的时候，没有计较，没有物质，没有算计，这样的爱，该顺其自然，不用强求，能走到哪里就算哪里，这样就会收获很美好的爱情。

最后，用一首席慕容的诗《无怨的青春》作为本章的结尾，祝福大家能够拥有一段无悔的青春：

在年轻的时候
如果你爱上了一个人
请你，请你一定要温柔地对待他
不管你们相爱的时间有多长或多短
若你们能始终温柔地相待
那么
所有的时刻都将是一种无瑕的美丽
若不得不分离
也要好好地说一声再见
也要在心里存着感谢
感谢她给了你一份记忆
长大了之后你才会知道
在蓦然回首的一刹那
没有怨恨的青春才会了无遗憾
如山岗上那静静的晚月

## 章末回顾

爱情是世界上最美的情感，也是大学生心理健康教育不可或缺的一个环节。本章通过讨论爱情的心理学理论，包括斯腾伯格的爱情三角理论、爱情故事理论和依恋理论来阐述爱情的实质。通过本章的学习，我们知道了爱情的发展轨迹和爱情的重要特质。爱情与心理学紧密相连，接近性、相似性、互补性、外表和性格吸引力决定了我们会受谁吸引，更好地爱自己和爱别人是爱情教给我们的爱的能力。彼此支持、保持快乐、善于袒露和坦诚、适当展示脆弱、敢于接纳和分享以及正确对待男女需求差异，可以帮助我们更长久地维持爱情。面对性行为，大学生需要遵循统一、平等自愿、无伤害、承担责任以及秘密原则。当爱情离我们远去时，我们会经历一定的痛苦阶段，可以通过倾诉、移情和升华等方法来缓解痛苦。爱情是甜美的，爱情能力的获得需要我们共同追求和学习。

## 活动训练营

### 表达爱的五种语言

爱的表达是有其自身的语言的，如果我们交流的语言不同，彼此都无法正确地领会对方爱的语言，就不能达到传达爱的效果。那么在爱的国度里，语言有哪些呢？辨别清楚对方爱的语言是表达爱的前提，只有把准脉搏，我们的爱才会更有意义和力量。

综合说来，爱的语言有五种：

**一、肯定的语言**

心理学家威廉·詹姆斯(William James)说过，人类最深处的需要，就是感觉被人欣赏。对那些安全感低、有自卑情绪模式的人，缺少安全感时，就会缺少勇气。而这时，如果能给对方一些鼓励性的话语，往往会激发出极大的潜力。

肯定的语言包括以下内容。

一是赞赏。赞赏要真心，要具体，不是敷衍。

二是鼓励。鼓励要有针对性。如果对方愿意去做，鼓励就是正面的，积极的。如果对方不乐意去做，鼓励就是一种强迫，是要求，效果自然不好。

三是仁慈和爱。带着仁慈与爱去肯定，会有积极意义。

四是谦逊。肯定对方时，不能用教训的口吻。同样一种需求，采用不同的表达方式，会得到不同的结果。

**二、精心的时刻**

什么是精心的时刻？答案是给予对方全部注意力的时刻，如全神贯注交谈的时刻。人们常说，“世界上最遥远的距离，不是生和死的距离，而是我在你身边，你却在玩手机。”所以，把手机等丢在一边，全神贯注地和你的那个他(她)交流吧！

**三、接受礼物**

礼物是爱的视觉象征。它可以是自己做的，也可以是购买的。礼物可以用来提醒对方“我还爱着你”，事实上，这是最容易学习的爱的语言之一。

**四、服务的行动**

这是指做对方想要你做的事，表示对他/她的爱。

**五、身体的接触**

肢体接触是人类感情沟通的一种微妙方式，也是爱的表达的有力工具。牵手、亲吻、拥抱、抚摸都是身体的接触。对有些人来说，身体的接触是他们最主要的爱的语言。缺少了它，他们就感觉不到爱。对于喜欢身体接触型的人，如果你有过激的不接受反应，他们就会有被人污辱不被尊重的感觉。

所有的这些语言能传达出爱，也许其中之一是你主要的爱的语言，它能够超越情绪的层面，能深入地表达爱。

在爱情的国度里，我们需要认清自己和对方的爱的语言，只有学会他们的语言，才能让爱更有能力和意义。掌握了这五种语言，将会助你一臂之力，让你收获美满和幸福。

## 成长与反思

1. 请静静地思考一下“爱”是什么？在白纸上写出 5 条你所认为的爱的实质，如爱是需要、关怀……（请更多地关注那些直觉的、第一印象的内容，而非理性思考的内容和感受），写完后进行小组交换讨论。

2. 小丽本是一个活泼开朗的女孩子，可自从和男朋友分手之后，她就变得情绪低落、郁郁寡欢。他觉得男朋友之所以会和她分手，是因为自己不够漂亮、不够温柔、家庭条件不够好……她越想越觉得自己一无是处，内心充满了自责感、内疚感，变得食欲不振，睡眠也不好，每天都是昏昏沉沉的。你能运用所学知识帮助她摆脱情绪困扰吗？

# 第八章

## 快乐学习，成就梦想

### 典型案例

小赵考上一个理想的大学，一直都只顾着学习，也因此过得很充实。可进入大学以后，他感觉一切都改变了。目前就读的学校并不是自己理想中的大学，自从进入这个学校学习的那天起，他就感到不如意，很失望。除了感觉学校环境不如意之外，对自己所学的专业也没有很大的兴趣。虽然所学专业在学校还是不错的一个专业，但他总觉得这个专业技术性太强，不适合自己。正因为对自己所学的专业很失望，导致了他根本没有心思也不愿意学习公共课，越来越习惯逃课，考试只是应付。更严重的是他迷上了上网，将宝贵的学习时间浪费在了网吧里。每次父亲打电话来，都要问他学习情况，鼓励他拿奖学金。可是目前这种情况很难达到父亲的要求，他总感觉无颜面对父亲，一直隐瞒着自己在大学的学习情况，良心上越来越感不安。两年的时间很快就过去了，看到自己现在的状况，再考虑自己的前途，小赵觉得非常渺茫。他曾经想过放弃现在所学的专业，但又觉得不太实际，只能这样持续下去，不敢想象结果会怎样。总之，现在的小赵感到比较迷茫和空虚，他迫切需要一个彻底的转变来改变目前的生活，却不知何去何从。

# 第一节　我为什么而学

读大学之前，对多数人来说，考大学就像黑夜里的一盏明灯，指引着我们奋力前行。考上大学后，四周明亮起来，我们的下一个目标又在哪里呢？虽经"十年寒窗"，上大学的目标已经实现，但是学业仍需继续，短暂的欢呼庆幸之后，很多大学生陷入了迷茫和沉思，开始寻求学习和发展的动力。

梳理多方面的调查结果，大学生的学习动机概括起来有以下 13 种：为了祖国建设，为了振兴中华；为了人类社会的进步；为了当一名科学家；为了实现自我价值；渴望得到更广阔的知识；不甘落人之后；为了谋求职业；为了取得一张大学文凭；为了跳出农村，过优裕一些的生活；为了出人头地，光宗耀祖；为了不辜负父母的希望；为了适应社会的形势；听从亲朋的劝说。根据不同的特点，可以将学习动机分为：一是直接性学习动机和间接性学习动机，直接性学习动机是由对学习的直接兴趣以及对学习活动的直接结果的追求所引起的，间接性学习动机是社会要求在学习上的反映；二是主导性学习动机和辅助性学习动机，主导性学习动机是指在学习动机中起主导作用的学习动机，反之为辅助性学习动机，辅助性学习动机有的能促进主导性学习动机，有的会抑制主导性学习动机；三是内部学习动机和外部学习动机，学习的内部动机来源于学生自身的需要、兴趣、爱好等，它较为持久、稳定，学习的外部动机则是由外界的诱因所决定的，它往往较为短暂、易动摇；四是近景性学习动机和远景性学习动机，近景性学习动机是指由学习的直接兴趣和直接结果引起的一种学习动机，如争取当优秀学生、获得奖学金等，立志成就事业、在某学科领域有所作为等就属于远景性学习动机。

## 一、学习的内在动力

学习的内在动力有求知欲、兴趣、好奇心、成就需要等。

求知欲是学生发自内心的认识、追求知识的需要，对知识的好奇、认知过程中的认知冲突或者学习过程中体验到的知识魅力和愉快情绪都可以驱使学生趋向知识，接近事物，认识问题，探索和解决问题。求知欲是学生学习动机的基础。当然，求知欲的发展会受教师的素质和教学水平、学生独立钻研精神培养的影响。

"知之者不如好之者"；陶行知先生也说"学生有了兴味，就肯用全部精神去做事，学与乐不可分"。兴趣是力求认识某种事物或爱好某种活动的倾向。学习兴趣是学生渴求获得知识、对学习的认识需要的一种愉快情绪表现，它是推动学生学习的一种较重要的内在驱力。按照产生的原因，兴趣可以分为直接兴趣和间接兴趣。直接兴趣是由学习活动与学习内容本身所引起的兴趣。间接兴趣则是指由学习活动的结果所引起的兴趣。按照稳定程度可以将兴趣分为暂时兴趣与稳定兴趣。学习兴趣的发展有一个从直接到间接、从暂时到稳定的过程。学生对学习产生兴趣，就会对学习产生一种满足的愉快体验，会增加学习动机的能量，提高学习的动力。相反，如果学生对学习没有兴趣，就会对学习产生消极的情绪体验，减弱学习动机。

好奇心是指一种不期望获得外部奖励与强化而激励着某种探索性活动的内在动机。如果某些事物吸引了我们的注意力，使我们对之产生好奇心，就会促使我们对这些事物进行某种探索性的活动，激发我们进行学习，从而了解未知的东西，获得许多新知识。这无疑会对我们的学习有很大帮助。

成就需要是指个体有力求完成自己认为有价值或重要的工作，以达到某种理想的内在需要。有很多的大学生都有着自己的理想，从进校的那天起他们就有为实现理想而努力奋斗的强烈愿望。许多心理学家的研究表明，成就需要强烈的学生对学习的动机强、劲头高，且学习效果好。成就需要的强烈程度与学生的学习毅力、学习效率和学习成绩呈正相关。同时，成就动机还受其他如个人的年龄、性别、所处的文化环境、家庭教育以及宗教信仰等许多因素的影响。

列宁曾说过："没有人的情感，就从来没有也不可能有对真理的追求。"对大学生来说，大到对国家和社会的情感，小到对家庭、老师、朋友的情感，还有对专业、学科和课程的情感，都对我们的学习和认识活动产生了影响。有很多学生立志为国家、民族的兴旺和社会的进步而努力学习，也有不少大学生努力学习是为了获得自尊、友谊、爱，为了避免被集体所排斥，避免伤害父母和朋友的爱心和期望。

另外，大学生学习的内在驱动还有学生的自我效能感、学生的意志品质等，会同以上的几个方面，它们之间有着紧密的联系，相互作用，对大学生的学习动机产生重要的影响。

## 二、学习的外在诱因

学习的外在诱因有期望、竞争、奖励、惩罚等。

期望是社会、家庭或学校对学生掌握更多知识，取得好的成绩，能健康地成长成才的一种预期和希望。教育本身就是要培养符合社会要求的人才，社会对于学生的期望和要求往往是通过学校和家庭对学生间接地产生影响的。老师和家长如果能从学生的成长成才和社会发展相结合的角度出发，适当地对自己的学生或孩子表达期望，就很可能给他们的学习带来信心和动力。心理学中著名的皮格马里翁效应就很能说明这个问题。当然，老师或家长所表达的期望要能与学生本身的实际和抱负水平相当，期望过高或过低都不能起到很好的作用。

竞争是指个体（或群体）为了自己的正当利益、需求和需要同他人（或他群体）争胜的行为特征和心理倾向。来自各方面日益激烈的竞争给当前的大学生带来了巨大的心理压力，对学生的自尊、荣誉构成威胁，因此竞争是强化学习动机的一种有效手段。社会对人才的要求越来越高，大学生为了适应这一要求，必须加强自身的知识学习和能力培养，不断地提高知识能力水平，进而强化学习动机。学校里同学、同伴之间也会有评优评先、竞选干部和就业等的竞争，同样也会促使学生努力学习锻炼。目前，社会、学校逐步健全的竞争环境和机制对强化学生的学习动机起到了很好的作用。

奖励是指用积极愉快的事件（或刺激）鼓励和激发个体正当行为的发生；惩罚则是与之相对的概念，是指用消极和不愉快的事件和刺激抑制或消除个体不恰当的行为的发生。比如，学校在学生的管理中都会有评三好学生、评先进和处分的相关规定和条例。学校通过科学地建立奖惩制度，并恰当地运用，可以对学生的学习和其他行为动机产生一定的强化或削弱作用。

此外，来自外部诱因的吸引也会对大学生的学习动机产生一定的影响。例如，社会成功人士的事迹和形象吸引会使学生产生努力学习的冲动；学校老师深入浅出、幽默风趣的教学方式或才学人品可能引发学生的学习兴趣和动力；奖学金、考研究生、出国等目标诱因的吸引同样会引发学生努力学习。

## 自我心理测试

### 学习动机测验

请根据自己的实际情况，逐一对每个问题做"是"或"否"的回答。为保证测验的准确性，请你认真回答。

1. 如果别人不督促你，你极少主动地学习。
2. 你一读书就觉得疲劳与厌烦，只想睡觉。
3. 当你读书时，需要很长的时间才能提起精神。
4. 除了老师指定的作业外，你不想再多看书。
5. 在学习中遇到不懂的知识，你根本不想设法弄懂它。
6. 你常想：自己不用花太多的时间，成绩也会超过别人。
7. 你迫切希望自己在短时间内就能大幅度提高自己的学习成绩。
8. 你常为短时间内成绩没能提高而烦恼不已。
9. 为了及时完成某项作业，你宁愿废寝忘食、通宵达旦。
10. 为了把功课学好，你放弃了许多感兴趣的活动，如体育锻炼、看电影、郊游等。
11. 你觉得读书没意思，想去找个工作。
12. 你常认为课本上的基础知识没什么好学的，只有看高深的理论、读大部头的作品才带劲。
13. 你平时只在喜欢的科目上下狠功夫，对不喜欢的科目则放任自流。

14. 你花在课外读物上的时间比花在教科书上的时间要多很多。

15. 你把自己的时间平均分配在各科上。

16. 你给自己定下的学习目标，多数因做不到而不得不放弃。

17. 你几乎毫不费力就实现了你的学习目标。

18. 你总是为同时实现好几个学习目标而忙得焦头烂额。

19. 为了应付每天的学习任务，你已经感到力不从心。

20. 为了实现一个大目标，你不再给自己制定循序渐进的小目标。

评分标准：选“是”记 1 分，选“否”记 0 分，将得分相加。总分在 0～5 分说明学习动机上有少许问题，必要时调整一下；总分在 6～10 分，说明学习动机上有一定问题和困扰，可调整；总分在 14～20 分，说明学习动机上有严重的问题和困扰，必须调整。

# 第二节　什么在影响我“学”

大学生的学习内容高深广博、形式复杂多样、任务繁重紧张，这些对学生的身心素质都是一种考验。在学习过程中，你或许会体验到想学学不进，学习没有兴趣甚至厌学，效率低下，注意力不能集中，记忆困难等困惑，在心理学上这些困惑被称为学习心理障碍。要想摆脱这些学习中的困惑，就要对它们有比较明确的认识。大学生中常见的学习心理障碍主要反映在以下几个方面：

## 一、学习动力缺乏

学习动力缺乏表现为：学习没有内在的驱动力量，没有明确的学习方向，既无知识要求，更无学习兴趣，厌恶学习，想尽力逃避学习，盼望赶快毕业。造成学习动力缺乏的原因是多方面的，如社会中所谓的“知识贬值”现象；学校的教育条件陈旧或老师的素质和教学水平不高；家长不合理的期望等，更重要的原因是学生自身的社会责任感不强；学习目的不明确；对所学专业缺乏兴趣；缺乏自我效能感，自我效能感是自己能够成功地执行产生某种预期结果所需行为的信念，这种信念越强，完成学习任务的自信心也就越强，反之就越弱；进行错误归因，归因是个体寻求理解导致某种结果原因的一种心理倾向，例如有的学生成绩不好，他会归因于运气不好、考题太难或老师教学存在根本问题等。

## 二、学习动机过强

在大学生中学习动机过强的心理表现较为普遍，具体表现为求胜心切，急于超过别人，过分担心落后；只盼成功，害怕失败；非常重视奖惩和别人对自己学习的评价；学习强度过大，不能劳逸结合，甚至有时会因失败而焦虑、抑郁等。造成学习动机过强的原因可能是：成就动机过强，确立的目标与期望往往超过自己的实际水平；把学习成绩看成维护自尊、树立形象的唯一标准；过分看重学习成绩带来的奖励和荣耀，因而不能专注于学习，从而失去心理平衡，影响了学习。

## 三、注意力涣散

有人把注意力比喻为知识的窗口，没有它，知识的阳光就照射不进来。注意力集中是大学生搞好学习的基本心理条件，反之则影响学习的正常进行。大学生注意力涣散的主要表现有：课堂上不能专心听讲，胡思乱想，目光呆滞，反应迟钝；很容易受到周围因素的影响，东张西望，心神不定；上自习时，心猿意马，不能专心于功课；经历某件事后，长时间沉浸其中，不能及时把注意力转移到学习上来。大学生注意力涣散实际上是有意注意减弱、无意注意增强的体现。有意注意减弱是指学生的学习自觉性和意志力降低，而无意注意增强使学生很容易被无关事物吸引。下面几个方面的原因可能会引发大学生注意力涣散：缺少集中注意力的自觉性，意志力不强；学习动机不强，学习兴趣缺乏；无明确的学习目标，没有压力感和紧迫感；学习无计划，缺乏自控力，学习习惯不好；过多参与与学习无关的活动，造成中心兴趣转移。除此之外，学生身体疾病或过度疲劳、学校的教学环境、老师的素质和教学水平等也会造成大学生学习注意力的涣散。

## 四、记忆力减退

记忆是人智力的重要组成部分，它与大学生的学习休戚相关，但是不少大学生在自己的学习过程中常常体验到因记忆力不好而带来的烦恼。记忆力减退主要反映在：记忆的速度减慢，记忆的效率降低；记忆内容在大脑中保持的时间变短，遗忘变快；记忆不准确，再现困难。导致记忆力减退的原因主要有以下几个方面：学习过程中的情绪失调，如过度焦虑、烦恼、紧张、忧愁等；生理方面原因，如体质差、身体疾病等；不良的生活习惯（如吸烟、饮酒、熬夜等）；不良的学习习惯（如疲劳战术）和不科学的学习方法。

## 五、过度学习焦虑

焦虑是个体对当前或预感到的失败或挫折的一种复杂的消极情绪状态，表现为紧张、不安、忧虑、恐惧等反应。学习中适度的焦虑水平可以增加学习的积极性，过度的学习焦虑则会引发精神高度紧张，注意力涣散，记忆力下降，反应迟钝，烦躁易怒，寝食难安等。究其原因，主要在于：抱负期望水平过高，已超出自己的实际能力范围，对于能否达标信心不足；怀疑自己的智力和能力水平，但又不甘心落后；过分看重学习成绩和名次，把成绩好当作大学成功的唯一标志；来自父母、朋友或恋人的期望带来的巨大压力。由于焦虑是一种唤醒的情绪反应，因此心理应激与生理应激相互影响，致使患有学习焦虑症的人表现出睡眠不稳、注意力不集中等现象。

## 六、学习失助抑郁

失助是指个体在被动地接受某种刺激后，感到无力去应付或不能学会去应付的一种情绪状态。部分学生因学习基础差、缺乏学习能力或学习方法不正确等导致多次学习失败，这样往往会使他们感到力不从心，无法驾驭学习，甚至怀疑自己的智商和能力，认为自己低人一等。而这种失败感又容易导致消极认识的扩散，认为自己对外部事物不能发生任何影响，起不了任何作用，产生自卑自弃的沮丧心理，表现出压抑、消沉的情绪及嗜睡等生理特点。在认识上主要表现为消极的判断和评价，如无兴趣、无望、无助；在自我矛盾方面表现为程度不同的自责、自罪和孤立感。轻度的学习失助抑郁较为常见，并不构成疾病，但长期存在或程度加深则会对个体生活起消极作用，构成畏缩、退避、易激怒、易攻击的极端行为反应方式。

## 七、学习定势

所谓定势是指人们在过去经验的影响下，解决当前问题时所带的倾向性。学习定势也称学习定向，是指一个人进行学习活动时的心理准备状态。已有的愿望、态度、思维方式、知识经验等都构成一个人学习的心理准备状态，使后续的学习活动有了一定的倾向性，朝一定的方向进行。它的积极作用是可以提高解决类似问题的效率，其消极作用在大学生身上表现为学习动机缺乏、学习方法不当、学习效率不高、考前紧张、注意力难以集中等，妨碍了学生学习过程中的变通性和创造性的发挥。产生学习定势的原因主要包括：缺乏较强的学习动机，学习目标不明确；缺乏科学指导，不知道学什么、怎么学，视野狭隘、思路不开阔；自我调控能力差，同样的学习环境中，有的人能主动适应，积极缩短适应过程，而有的人适应能力差，适应困难，易于产生心理障碍。

## 八、考试焦虑

焦虑是一种类似担忧的反应，是对当前或预计到对自尊心有潜在威胁的任何情境所具有的担忧的反应倾向。考试焦虑是焦虑的一种情况，它是指在一定的应试情境激发下，受个体认知评价能力、人格倾向与其他身心因素所制约，以担忧为基本特征，以防御或逃避为行为方式，通过不同程度的情绪性反应所表现出来的一种心理状态。适度的焦虑有利于情绪的唤醒，在应试过程中它有利于学习水平的发挥。过度考试焦虑易分散和阻断注意过程；过度的考试焦虑会使考生头昏脑涨，致使回忆发生混乱，干扰回忆过程；过度考试焦虑还对思维过程有瓦解作用。另外，过度考试焦虑会危害考生的心理健康，甚至在考后仍继续危害考生的心理，使他们终日处于烦恼不安之中，为自己的考试成绩担忧，时时感到胆怯自卑。影响考试焦虑的因素有：人的神经类型及其他生理特点的影响，如有些人的神经系统属于弱型，极易对刺激环境产生紧张反应；个体的身体健康状况，身体健康状况良好的人，精力充沛，情绪稳定，能够对考试做出积极反应，相反，如果情绪很容易波动，则考试焦虑水平也较高；个体认知评价能力，假如一个人对某一次考试很重视，考试焦虑水平相应地也就较高，反之，焦虑水平就比较低；考生自身所具备的知识的多寡，如果考生在考前准备得较为充分，就不容易产生焦虑情绪，相反，便会产生焦虑感；应试技能，具备一定的应试技能会使考生在考场上得心应手，自如地答题，焦虑水平自然较低；外在环境因素，家庭或学校对学生的过高期望，或者过于重视分数等都会使考生产生较高的焦虑水平。

大学生的学习心理障碍除以上几个方面外，还有学习疲劳、自卑等，这些心理问题一般都由多种原因引起，相互之间会彼此影响，甚至相互转化，有时可能形成恶性循环，引发心理上的疾病，对我们的学习和身心健康造成不良的影响。

## 自我心理测试

**考试焦虑自评量表(TAS)**

下面的测验旨在对考试焦虑心理做诊断。测验共有33道题，每题有4个备选答案，根据自己的实际情况，在题前填上相应字母，每题只能选择一个答案，其相应字母的意义是：

A：很符合自己的情况；B：比较符合自己的情况；C：较不符合自己的情况；D：很不符合自己的情况。

1. 在重要考试的前几天，我就坐立不安了。

2. 临近考试时，我就拉肚子了。

3. 一想到考试即将来临，我身体就会发僵。

4. 考试前，我总感到苦恼。

5. 考试前，我感到烦躁，脾气变坏。

6. 紧张的复习期间，我常会想到："这次考试要是不理想怎么办？"

7. 越临近考试，我的注意力越难集中。

8. 想到马上就要考试了，参加任何文娱活动我都感到没劲。

9. 在考试前，我总预感到这次考试将要考砸。

10. 在考试前，我常做关于考试的梦。

11. 到了考试那天，我就不安起来。

12. 听到开始考试的铃声，我的心马上紧张地急跳起来。

13. 一到重要的考试，我的脑子就变得比平时迟钝。

14. 考试题目越多、越难，我越感到不安。

15. 考试中，我的手会变得冰凉。

16. 考试时，我感到十分紧张。

17. 遇到很难的考试，我就担心自己会不及格。

18. 紧张的考试中，我却会想些与考试无关的事情，注意力集中不起来。

19. 考试时，我会紧张得连平时记得滚瓜烂熟的知识都一点也回忆不起来。

20. 在考试中，我会沉浸在空想之中，一时忘了自己是在考试。

21. 考试中，我想上厕所的次数比平时多些。

22. 考试时，即使不热，我也会浑身出汗。

23. 在考试时，我紧张得手发僵，写字不流畅。

24. 考试时，我经常会看错题目。

25. 在进行重要的考试时，我的头就会痛起来。

26. 发现剩下的时间来不及做完全部考题，我就急得手足无措、浑身大汗。

27. 如果我考了个不理想的分数，家长或教师会严厉地指责我。

28. 考试后，发现自己会的题没有答对时，就会十分生自己的气。

29. 有几次在重要的考试之后，我腹泻了。

30. 我对考试十分厌烦。

31. 只要考试不计成绩，我就会喜欢考试。

32. 考试不应当像在这样的紧张状态下进行。

33. 不考试，我能学到更多的知识。

计分与评价：

统计你所填的各个字母的次数，每填一个 A＝3 分；B＝2 分；C＝1 分；D＝0 分。

用下列公式可以算出你的总得分：

总得分＝3×填 A 的次数＋2×填 B 的次数＋填 C 的次数，根据你的总得分查下面的评价表 8.1，就可以知道你的考试焦虑水平。

表 8.1　考试焦虑水平评价表

| 总分 | 焦虑水平 |
| --- | --- |
| 0～24 | 镇定 |
| 25～49 | 轻度焦虑 |
| 50～74 | 中度焦虑 |
| 75～99 | 重度焦虑 |

# 第三节　“学”也可以很快乐

## 一、科学调适学习中的心理困惑

基本上每个大学生都会在学习过程中不同程度地遇到心理困惑，这些心理困惑不仅会造成心理环境混乱，而且会对身体造成伤害。为了维护我们的身心健康，保持良好的学习心理，按照科学的方法预防和调适学习中的心理困惑，就显得十分重要和必要。

**第一，积极客观地认识和评价自己。**在我们的学习生活中，要能对自己当前的知识能力水平有客观的评价，例如自己的知识基础如何，学习能力大小怎样，学习的方法是否恰当，优点和不足之处在哪里等，在此基础上确定合理的期望抱负水平，避免和其他同学进行盲目的比较，以免产生焦虑或自卑等情绪体验。另外，要积极客观地认识自己，还要能够清楚地认识自己的过去、现在和将来，并能对其进行整合，以帮助我们完善知识结构，确立正确的发展方向。

**第二，对大学学习有正确的认知，坦然对待得失。**研究表明，大学生强烈的求知欲望与浓厚的专业兴趣来自于对个人学习与社会进步的关系的理解，以及由此而产生的社会责任感。要能认识到通过大学学习，我们要成为适应社会发展并能有所作为的人，要进一步了解自己的专业特点和规律，以及所学专业在国家建设事业中的地位和作用，这样才能深刻感受自己学习这一专业的社会价值和意义，才能有锲而不舍的毅力和坚韧不拔的精神，从而激发出高尚的学习动机。此外，除了多方面的知识，我们还要有综合能力和素质。克服“唯分数”等功利倾向，端正我们的动机，设定合适的目标，制订合理的计划。如果我们能从整个人生、整个生活的角度来看待问题，一次考试、一份奖学金，甚至一学期的成绩都只是一件小事，要从长远计议，努力学习，并不必每分必争。

**第三，培养对知识的真正兴趣。**兴趣是情感的凝聚，对大学生来说它是求知的动力，热情的凝聚，学习行为的指向，成功的起点。如果对知识形成真正的兴趣，就会深入、积极、持久地进行学习，此时学习就会成为一种享受。对于大学生来说，如果只注重结果，把学习看作是单纯完成取得较高考试分数任务的活动，则很难唤起人的学习热情。因此，要特别注意矫正读书为了考试、考试为了及格、及格为了毕业的消极思想。在学习兴趣的培养中，可以先接触，寻找对所学内容的有趣点，引发好奇心，进而逐步产生对知识的乐趣，最后再推动“乐趣”向“志趣”发展。

**第四，锻炼自己的意志力**。患焦虑症的人，往往杂念多且不能摆脱，结果阻碍了对有关知识的回忆与再认识、判断与推理的正常进行。从生理机制来看，这是由于大脑皮层上的神经活动产生了负诱导，引起了抑制，因而阻碍了思维的正常进行。因此，要保持健康的学习心理，就要注意培养自己的毅力，提高自控能力。要有意识地通过自我放松训练，学会把注意力集中在学习目标本身而不是自己的内部情绪上，敢于并善于向紧张挑战。

**第五，正确地归因失败，回味成功经验，树立和维持自信心**。从心理学上讲，人的自我感觉在很大程度上取决于对过去经验的认识，自卑的人往往注意过去的失败，而自信的人往往注意自己过去成功的方面。在学习生活中，某些大学生常常因为某一次的失败而灰心、沮丧、怀疑自己或怨天尤人，进而引发焦虑或抑郁。因此，一方面，要能对自己的失败进行合理的原因分析，另一方面，要能不时地回味自己的成功经验，进行良性的心理暗示，这样有利于自信心的提高。我们要对自己干得出色的每件事，以及周围环境中的肯定性评价予以充分重视，从中获得成功的内心体验。

**第六，正确对待考试，避免考试焦虑**。“唯分数论”是引发考试焦虑的一个重要原因，不少学生学习就是为了能考一个高分，这样可以拿奖学金，可以得到老师、家长的赞赏，可以在同学中间有面子，因此在考试时就会紧张、担心、焦虑。避免考试焦虑，我们一方面要充分认识到考试是检验学习效果的手段之一，也是教学的一个重要环节，分数的高低并不能完全、准确、真实地反映一个人的知识水平，特别是不能全面反映个体的能力；另一方面，我们要做好考前准备，认真复习，合理计划安排，不要使大脑过度疲劳，掌握一定的考试技巧，如转移注意、先易后难等。

当然，养成良好的学习习惯、掌握合适的学习方法对调适学习心理障碍也有很大的帮助。从心理学角度看，与老师的语言、思想交流有利于增进感情交流，而感情交流又有利于知识交流。因此，我们每个人都要积极参加各种活动，争取机会与老师、同学进行交流，形成泰然的心态，努力营造融洽友好的人际关系，为自己的学习创造良好的人际氛围。

## 二、培养良好的学习能力

据美国《未来》推测，今天的科技知识量只占 2050 年科技知识总量的 1%。科学研究表明，在现代社会里，一个人的知识只有 10%是靠正规学校教育获得的，90%是在以后的工作实践和学习中得到的，也就是说，走出大学校园以后还有很多知识靠自己去学习、去掌握。这就需要我们在大学期间培养出一定的学习能力。

## (一)观察能力的培养

一个学生去应聘一家外企,几位主考官手中各拿着一份报纸,报纸的名字各不相同。学生走进去后很礼貌地说了声:“How are you?”但是几位主考官都没有理他,而是继续看报纸。学生不知道该说什么好,只好坐在那里低头不语。5分钟之后,几位主考官终于抬起了头,将报纸折好放进了抽屉,开始面试,岂料第一个问题就是:“你能说出我们几位刚才看的报纸的名字吗?”这下学生傻了,因为他只顾着想自己的事情,根本没有注意主考官手中的报纸。这场应聘面试以失败而告终。由此可知在平时的学习中有意识地培养自己的观察能力的重要性。那么,我们该如何培养自己的观察能力呢?

**培养细心、耐心的观察态度**。英国一位化学教师在给学生授课时,用手指蘸着糖尿病患者的尿的样品来品尝,然后要求每个学生都照他的样子做。学生们都勉强地做了。之后,老师笑了,说:“我伸进尿里的是拇指,舔的却是食指,你们没有观察仔细,所以只能自尝后果,尝尝尿的味道。”要使观察效果全面、精确、细微,应该具备实事求是、严肃认真的态度和一丝不苟的精神。在我们的学习生活中,需要不断地观察事物,发现问题,如果在观察中走马观花、麻痹大意,自然发现不了事物的本质和规律,也就找不到解决问题的办法。

**培养浓厚的观察兴趣**。好奇心是少年儿童观察事物的主要动因,因为他们对事物充满了好奇。对于不感兴趣的事物,人们不会用心观察。大学生有着很强的观察力,在学习和日常生活中应充分利用观察力接触事物、认识事物和把握事物,并在此过程中培养观察兴趣,养成良好的观察习惯。虽然观察力有天赋,但大学生可以通过一定的训练不断培养观察的兴趣,提高观察能力,例如,可以充分利用试验课、实习或其他社会实践活动的机会进行观察力训练。

**培养科学的观察行为**。在观察的过程中,要能认识到事物的多面性,事物之间的紧密联系以及事物的发展变化性。要了解事物的特性,在观察事物时就应该本着客观的原则进行。“横看成岭侧成峰,远近高低各不同。不识庐山真面目,只缘身在此山中。”从不同的角度看事物所得出的结果往往是不一样的。观察要努力做到客观、全面,不应该有成见或偏见,尽力避免先入为主的心理定势,以防扭曲事实或弄出“瞎子摸象”的笑话。

## (二)想象力的培养

想象是指在头脑中改造记忆的表象而创造新形象的过程。想象力是人类能力的试金石。马克思说:“蜘蛛的工作与织工的工作相类似;在蜂房的建筑上,蜜蜂的本事曾使许多建筑师惭愧。但是最劣的建筑师比最巧妙的蜜蜂更优越的是建筑师以蜂蜡建筑蜂房以前已经在他的脑海中把它构成了。劳动过程终末时取得的结果,已经在劳动过程开始时，存在于劳动者的观念中，已经客观地存在着了。”大学生有着非常丰富的想象力，对未来、对事业、对爱情充满了想象。但是据推断，一般人大约只用了想象力的15％，另外85％的想象领域仍是待开垦的处女地。那么，我们该如何培养自己的想象力呢？

**培养广泛的兴趣爱好与丰富的情感**。想象产生于需要、兴趣和爱好，又反过来促进兴趣和爱好的发展。陈景润由于从小对数学有着浓厚的兴趣，后来又对深奥的数论有着执着的爱好，从而产生了摘取“哥德巴赫猜想”这颗数学皇冠上的明珠的强烈愿望。科学的想象不仅使陈景润对枯燥的方程式产生了兴趣，也使他对有关的数学知识发生了兴趣，还对英、日、俄、德、法等外语产生了浓厚的兴趣。因为人的思维活动受到情绪与情感的调节，丰富的情感有利于产生积极的想象。如诗人、作家、音乐家、画家、演员等，就是在饱满而热烈的激情下想象力高度发挥，创造出一个个动人心魄的艺术作品来。相反，如果情绪低落，心情沮丧，其想象力也贫乏，即使有所想象，内容也是暗淡、悲观的。

**培养好奇心**。从某种意义上说，任何一项有价值的发明、发现，起初都是源于好奇心和探究心。在好奇心和探究心的驱使下，根据已有的事实材料，通过创造想象，在头脑中再造出一个新的设想或理论的框架，然后运用种种实验手段去证实它，使它成为一个有普遍意义的科技成果。对大学生来讲，在学习过程中要能捕捉到事物中的有趣点，引发好奇心，进而促进自己深入的探索和研究。

**培养想象素材，丰富表象储备**。想象是在原有感性材料的基础上形成的，任何想象都离不开知识基础，否则就会变成空想或者胡思乱想。经验越丰富，知识越渊博，表象储备越充实，想象力的翅膀就越矫健。因此，大学生应该开拓知识面，广泛涉猎文学、历史、音乐、美术、社会学、心理学、计算机等学科领域，以构筑一个一专多能、文理兼备的优化的知识结构。

另外，大学生学习的想象力培养还可采用多种方法。如形象法，把学习材料形象化，又可分为形象比喻、形象描述、形象摹写；又如联想法，即两个表象的连接，可分为接近联想、类似联想、对比联想、关系联想等。另外还有再造法和创造法等都可予以运用。

### （三）创造能力的培养

1921年，美国斯坦福大学的心理学家主持了一项大规模的主题为“智力与创造力关系”的追踪研究。研究从幼儿园、小学和中学中选拔了1528名高智商的少年，心理学家为他们每个人都做了详细的卡片，进行了长达50年的跟踪调查，一直到1970年前后才告结束。最后的追踪研究报告表明，智力与学业成绩、学术成就有一定的相关性，但是高智商不一定有高创造力。爱迪生在学校被讥讽为笨蛋，他没有上过大学；著名数学家高斯考大学落榜；爱因斯坦上大学屡屡受挫，后来即使考上了，教师也认为他是个差等生。对于大学生来讲，应如何培养创造能力呢？

**“异想天开”，培养创造性思维**。创造能力首先来自于创造性的思维，我们可以通过以下方法培养创造性思维：广开思路，对一件事物尽可能地想象出与之相似或相关的其他事物；类比推理，当初的万有引力定律就是来自于对苹果落地现象的推理；远距离联想，就自己身边的事物可以通过各种关系联想到看似遥不可及的其他事物，如由桌子联想到大海等；培养多注意中心，也就是通常所说的可以“一心多用”。

**培养大胆质疑的能力**。陶行知先生说过：“人力胜天工，只在每事问。”质疑能力是求知的内在动力，是人们追寻问题答案的心态。如果大学生在学习中没有了质疑的心态，那么他们的学习就会缺乏内在的动力和内在的需要，此时的学习就是老师讲什么，我们就听什么，老师考什么，我们就背什么。牛顿提出光的“粒子说”，18世纪没有人质疑。1801年，托马斯提出了挑战，他说：“我遗憾地看到他也会弄错，而他的权威有时也许甚至阻碍了科学的进步。”托马斯创立了他的“波动说”。

**学会多角度观察、分析问题**。人们往往习惯于按已成定理的方法来解决各种问题，形成了一种定势思维。在传统的教育环节中就能体现出这一点，老师教学有固定的教案指导书，学生习题有固定的习题解答，而且还都是唯一的标准答案等。这种教学方法，束缚着学生的思想，使之固定在了一种传统的思维模式上，习惯于“理性思考”，不利于培养高质量的创新人才。我们应该重视多角度观察、分析问题能力的训练，只有通过“横看”、“侧看”、“远看”、“近看”才能识出庐山真面目。

另外，创造能力的培养还要培养优良的个性品质（信心、勇气、果断等），要能认识和实践“综合就是创造”，更重要的是要积极参加科研和社会实践活动，在实际中进行锻炼和培养。

## 三、培养科学的学习方法

### （一）阅读方法

大学生阅读书籍的种类基本上是专业书籍和人文书籍两类。有调查发现，经常利用课余时间阅读专业书籍的学生只有35%，偶尔阅读的学生占46%，基本不去或根本没有阅读过的学生占了将近20%的比例。很难想象，仅仅凭借课堂上老师所教授的知识，大学生们如何在毕业以后迅速地适应社会的需要，成为一个真正的专业人才。专业书籍的阅读、专业知识的深化不容忽视，这是为大学生今后走上工作岗位铺上的基石。所以，对于任何大学生来说，既然选择了一门专业，掌握精湛的专业知识是首要任务，应该充分把握在校这种优势，利用课余时间阅读专业书籍，结合老师课堂所讲授的知识，通过思考、思辨，达到深化和升华的效果。此外，21世纪所需要的是综合性的、既博又专的人才。所以，当前在校的大学生们不仅要拥有精深的专业知识，还应利用闲暇时间广泛阅读人文类书籍，获取政治、哲学、法律、地理、历史等方面的知识。“历史能使人明智，哲学能使人高深，地理能使人豁达……。”书是人类进步的阶梯，畅游于其中，必能陶冶我们的情操。下面是两种常见的阅读方法。

**整体阅读法**。阅读时读者的注意力直接集中在完整的篇章内容上，注重整篇的意义和信息，而不是集中在个别的词语上，注重的不是细枝末节、语言点等。在阅读过程中，读者通过辨认篇章开头的某些词语，就会在头脑中产生一个对篇章内容进行了解的预期，然后在接下来的阅读过程中，通过对部分阅读的辨认而不断证实、修正、扩展开始时的预期，或者对它进行否定，从而产生新的预期，直到重建作者的意图。

**交互作用阅读法**。人们的头脑中储存着各种各样的生活经验模式，阅读的过程也就是外部的刺激信号与头脑中记忆的生活经验模式相互作用的过程，是读物和读者之间相互作用的过程。因此，理解的程度也取决于读者个人记忆结构的数量与质量。大学生阅读技能的衡量有如下指标：自己能独立阅读书报和资料；能从参考书或文章中选择有关某个问题的材料；能从参考书或文章中找到对所提问题的答案；能找出内容的特点和重点；能看懂图表；能通过概要或提纲读懂内容；能通过目录或导引选择参考书；能正确使用工具书和参考书等。

### （二）记忆方法

记忆是过去的经验在人脑中的反映。记是忆的前提，识记是任何对客观事物的记忆的开始，是获得知识经验和巩固知识经验的过程。识记的效果要靠再认识和回忆进行检验。再认识是指经历过的事物再次出现时，感到熟悉，能够识别和再认识。

**兴趣情感记忆**。兴趣记忆是事先没有规定的目标或目的，没有经过特殊努力的识记，它属于无意识记忆，有很大的选择性。对大学生来讲，兴趣记忆与我们的需要、兴趣、爱好、价值观有很大关系，凡是能激起我们积极情绪的事物往往识记效果都较好。比如，生活中因为需要，我们可以把经常使用的电话号码记得很清楚；因为爱好，我们可以将球星、歌星的资料记得很详尽等。在学习中，我们可以不断培养学习的兴趣，激发个人的求知欲和学习需要，以便增加记忆效果。情感记忆也是如此，当我们对于一个人怀有深厚的感情时，往往不容易忘记其音容笑貌。对于学习也是同样，学习过程中我们可以加强培养对知识和专业的情感。

**理解记忆**。理解记忆是指通过对事物内在的、本质的联系和规律的理解进行识记。比如，在教学中教师往往充分利用插图、实物、电视、多媒体、幻灯、案例和社会实践活动等直观教学方式和主动的语言描述艺术来帮助学生对知识的理解，从而提高学生的记忆效果。在我们的学习过程中，可以通过联想或知识之间的类比推理等方式促进理解记忆效果的提高。

**回忆记忆**。回忆记忆是在一定的条件下把以前所记忆的事物重现出来。回忆可分为直接的和间接的两种。直接记忆是当前事物引起过去经验的再现，如我们可以直接回忆起十分熟悉的英语单词。间接回忆也叫追忆，是通过中介联想达到的旧经验的再现，是一种有步骤地进行解决问题的思维活动。在学习的方法中，我们经常用到的比如在晚上睡觉之前“放电影”就是一种很好的回忆记忆方式。

### （三）整体与部分学习法

整体学习法是指将学习材料作为一个整体来学习，注重对知识的总体了解。部分学习法是指将学习材料分成几个部分或几个具体的概念，每次集中学习其中一部分或一个具体概念。对每个具体的部分或概念要根据其难易程度的不同，具体安排学习时间或次数。整体学习法使人较易把握学习材料的全貌，但对具体的材料内容就可能掌握不好；而部分学习法则能使学习者较好地掌握每一个具体部分，但却难以对材料形成一个总体印象，从而使具体学习的各部分内容不能很好地融会贯通起来。因此在学习过程中，我们要将二者结合起来使用，采取整体—部分—整体的方法。首先，采用整体学习法，对所学材料有一个大概的了解，在头脑中形成一个较为清晰的轮廓。其次，采用部分学习法，对学习材料实行“各个击破”，并重点学习那些较难或较重要的问题。最后，再采用整体学习法，将已仔细学习过的材料作为一个整体重新复习一遍，让各部分的具体内容前后联系起来，在头脑中形成一个更为清晰、全面的印象。

### （四）集中与分散学习法

集中学习法提倡“多时少次”，是指学习活动时间较长但次数相对较少的学习方法。分散学习就是“少时多次”学习，是指将学习时间分为几个阶段，每学习一段时间就稍作休息。选择哪一种学习的方法取决于所学习材料的性质及其他因素。一般来讲，集中学习法比较适合于复杂难懂的材料，这样可以保证学习者在一定时间内集中注意力，有利于理解并掌握那些抽象难懂的材料。但集中学习的时间不宜过长，否则容易引起学习者的疲劳，使学习效率下降。对于不是非常难懂，比较系统的知识材料比较适于采用分散学习法。

### （五）过度学习

所谓过度学习是指对知识达到勉强可以回忆的地步后，继续进行学习。也就是说，在全部学会知识技能以后再继续学习一段时间，以达到巩固学习成果的目的。美国心理学家克鲁格曾做过一项实验，他让被试识记一组序列词汇。第一组学习到全部能回答时就停止学习，第二组则继续学习，进行50%的过度学习，第三组则进行100%的过度学习。实验结果表明，过度学习对材料的保持率起着很重要的作用。过度学习越多，保持率越高。但过度学习超过50%之后，对内容的记忆效果有下降的趋势。因此，并非过度学习越多，学习效果越好，它有一个限度，在这个限度之内，过度学习的效果较好。

## （六）迁移学习

迁移学习是指先前的学习或训练的内容对后来的类似学习或训练内容的影响。心理学家埃利斯的研究表明，迁移的条件是：对刺激（信息）的反应如果相同，迁移量就大，反之则小。迁移量取决于刺激和反应的类似程度。另外，学习时间的间隔也会影响迁移的效果。在迁移学习中，有正迁移与负迁移之分。在应用迁移学习方法时，要尽可能地促进正迁移，而避开负迁移。为了获得迁移学习的成功，在平时的学习中就要注意掌握最基本的知识，这样就可以形成基本知识对一些具体知识与应用的正迁移。另外，还要注意对新学习材料与原有知识进行由“近”至“远”的安排，即首先使新学习的材料尽可能接近原有的知识，然后逐渐扩展到新知识的范围，这样有助于形成正迁移。

### 引申阅读

**时间管理策略**

时间是一种宝贵的资源，时间管理对于大学生来说是很重要的。下面提供了一个表格（见表 8.2），请根据自己的实际情况认真填写。

**表 8.2 时间管理表**

| 项目 | 时间分配 | 每天占用的时间（小时） | 所占比例 |
|---|---|---|---|
| 休闲 | 睡觉的时间 | | |
| | 吃饭的时间 | | |
| | 下课休息的时间 | | |
| | 闲聊的时间 | | |
| | 看课外书的时间 | | |
| | 听歌、看电视的时间 | | |
| | 每周休息的时间 | | |
| | 节假日时间 | | |
| 学习 | 上学、放学的时间 | | |
| | 上课有效学习的时间 | | |
| | 有效处理作业的时间 | | |
| | 有效复习的时间 | | |

西方统计学家指出，假如一个人的寿命为 60 岁，那么他在这个世纪上总共生活了 21900 天。其一生时间的用途分别为：睡眠 20 年(7300 天)；吃饭 6 年(2190 天)；穿衣和梳洗 5 年(1825 天)；上下班和旅行 5 年(1825 天)；娱乐 8 年(2920 天)；生病 3 年(1095 天)；等待 3 年(1095 天)；打电话 1 年(365)天；照镜子 70 天；擤鼻涕 10 天。最后，只余下 8 年零 285 天用来做事情。这个统计是否准确还无法考证，但却提醒我们注意这样一个事实，人生看似漫长，但可以做事情的时间却很短。所以对于大学生来说，大学四年用来有效学习的时间并不是很多。要想提高和全面发展自己的能力，就必须学会科学地管理时间。

时间管理有优先顺序之分，即时间管理并不是盲目的，也不是完全相同的。时间管理还要求不断地突破限制，使目标更容易达成。“重要的事情不一定紧急，紧急的事情不一定重要”，分清轻重缓急是做事情的第一步。首先是紧急而重要的事情，其次是重要但不紧急的事情，再次是紧急的但不是很重要的事情，最后是不紧急、不重要的事情，如果没有必要，完全可以放弃做一些事情。这样就可以避免无谓的忙乱和日常事务的积压。以下是几种有效的时间管理策略。

**1. 树立时间紧迫的观念**

目前，有不少大学生往往随意安排时间，想干什么就干什么，毫无控制。虽然知道时间宝贵，但并不会在头脑中时刻提醒自己，导致时间管理观念淡漠，更谈不上科学的时间管理。因此，大学生应加深对时间价值的认识，树立时间紧迫的观念，这是做好科学管理时间的前提。

**2. 形成时间管理的好习惯**

首先，在面临很多事情时，要分清轻重缓急，学会筛选。对实现远期目标和近期目标没有积极意义的，放弃它不会出现不良后果的事情应果断予以淘汰，这样可以杜绝空忙、白忙，使时间用在有意义、有价值的事情上。时间管理过程中的“帕累托原则”认为，20%的目标具有 80%的价值，而剩余的 80%的目标只有 20%的价值。因此，为了更有效地管理时间，我们应根据事情的价值来投入时间。也就是说，要分清事情的轻重缓急，把时间和精力投入到具有较大意义的目标中。

其次，对筛选出的事情通过相互比较得出完成先后的顺序，要把握好“重要的”“紧迫的”“困难的”和“喜欢的”的区别。

最后，学会时间预算。事情完成过程中难免会碰到很多意料之外的情况，因此，对事情完成时间的预算要留有余地，否则时间安排得过于僵硬，就会有被时间牵着走的被动感觉。

**3. 向十大“时间窃贼”宣战**

研究发现，偷走我们时间的“窃贼”有：找东西、懒惰、时断时续、一个人包打天下、偶发延误、惋惜不已、白日做梦、拖拖拉拉、消极情绪、分不清轻重缓急。相信这些“时间窃贼”在我们同学身边经常游荡，甚至好多“时间窃贼”已成为我们生活中的“伴侣”。在学习生活中，我们需要和这些“时间窃贼”做顽强的斗争，努力防范，尽可能不给这些“时间窃贼”机会，这样时间就会被你充分利用到人生价值的实现过程中，从而提升自己的生命质量。

## 章末回顾

学习是大学生在校期间的主要任务。明确自己为什么而学，弄清楚什么影响自己的学习，以及如何快乐地学习，是大学生顺利圆满地完成这一任务的关键所在。本章主要就大学生的学习心理进行了论述和探讨。

在“我为什么而学”这一节中，从学习的内因和外因两个方面，帮助大家分析了大学生学习的主要动机。内部因素主要包括求知欲、个人兴趣、好奇心、成就需要等几个方面；外部诱因主要包括社会、家庭、学校的期望、竞争和奖励等几个方面。

在“什么影响我学”这一节中，主要从现象和原因等方面，分析了影响大学生学习的心理困惑，主要有学习动力缺乏、学习动机过强、注意力涣散、记忆力减退、学习焦虑、学习失助抑郁、学习定势、考试焦虑等方面。

在“学并快乐着”这一节中，从引导大学生如何快乐地学习出发，就科学调适学习心理、培养学习能力、培养科学的学习方法三个方面进行了探讨。

## 活动训练营

### 活动一：学会学习

**目的**：通过与学习成功的教师或学生的交流，获取学习动力，明确学习的目标，获得学习方法的启发，从而学会学习。

**准备**：

1. 邀请嘉宾。对被邀请者进行必要的选择，最好来自不同的专业、表达能力强、男女生人数均等，并曾有成功经历。

2. 布置教室，包括擦黑板、摆放桌椅等，尽量营造出良好的交流氛围。

**步骤**：

1. 主持人先根据平时收集的大学生存在的学习心理问题，向每位嘉宾提出一个问题。

2. 由学生自由向嘉宾提问。

3. 主持人小结，并布置学生写心得体会。

### 活动二：记忆水平测试

在 10 秒钟内努力记住 20 个数目并记住它们的编号。

| | | | | | | |
|---|---|---|---|---|---|---|
| 1. 43 | 2. 57 | 3. 12 | 4. 33 | 5. 81 | 6. 72 | 7. 15 |
| 8. 44 | 9. 96 | 10. 7 | 11. 37 | 12. 18 | 13. 86 | 14. 56 |
| 15. 47 | 16. 6 | 17. 78 | 18. 61 | 19. 83 | 20. 73 | |

按照下面的公式计算记忆效率：

记忆效率＝正确记住的数量/规定记住的数量×100％

## 反思与成长

1. 什么是学习动机？我的学习动机是什么？
2. 学习过程中会遇到哪些困惑？
3. 学习的方法包括哪些？

# 第九章

# 网随我动——网络使用与心理健康

## 典型案例

何华(化名)由于入校成绩较为优秀，入学之初即担任其所在班级的学习委员一职。到大一下学期，由于大学的学习、生活相对自由，何华开始跟着同寝室的同学通宵达旦地打网络游戏，甚至旷课，起初只是偶尔的几次，到大一期末，网吧几乎成了他生活的主战场，有时甚至吃、住都在网吧，累了他就躺在网吧的沙发上睡一觉，饿了随便吃点东西。结果，何华在大一下学期挂了5科，也不再当其所在班级的学习委员，大学生活更加颓废。到了大二，寝室可以上网，何华于是成天在寝室打游戏，连续地旷课，不愿与人交流，连与同寝室的同学都不愿多说几句话。对他来说，只要能够上网，其他一切都不重要，家长、老师、朋友在他眼里都已经不重要了，没有什么能阻止他在网上游戏。大二结束时何华的不及格课程多达10科，收到了学校的退学通知。

网络现已成为我们大学生学习生活的一部分，如何正确使用网络，如何处理好网络与现实生活的关系，是每个大学生必须解决的问题。

# 第一节　好大一张网

## 一、网络的基本特征

随着21世纪网络信息时代的到来，网络正以迅雷不及掩耳之势向社会生活的各个方面渗透，成为继报刊、广播、电视之后的第四大公众传媒，已经成为人们获取知识与信息的重要渠道。据中国互联网络发展状况统计第25次调查报告，仅截至2015年12月30日，中国网民的规模已达6.88亿，全年共计新增网民3951万人，互联网普及率为50.3%，较2014年底提升了2.4个百分点。其中，中国手机网民规模达6.20亿，较2014年底增加6303万人。网民中使用手机上网的人群占比由2014年的85.8%提升至90.1%。可以说，网络就像一张大网，在我们的生活中无处不在。图9.1形象地描述了网络与地球的关系。网络何以具有如此巨大的魅力呢？让我们先来分析一下网络资源的基本特征。

图9.1　网络与地球的形象关系

### （一）虚拟性

网络资源最大的特征就是它的虚拟性。网络中的所有信息，如图像、文字、声音、动画等，都是以比特的形式存储的，实际上不过是一串串无形的二进制数字，通过特殊的编码系统，组合成有形的各种信息资源。现实世界是由各种不同的有普遍联系的物质所组成的，而网络世界则是由一种被称为“比特”的数字符号所组成的。网络世界是一种虚拟的数字空间，招之即来，挥之即去，看得见，听得清，却摸不着。在人们需要的时候，把键盘轻轻按一下，就可以做想做的事，演绎心中理想的生活。而当人们厌倦的时候，把电脑或移动终端一关，一切又都回到现实中，仿佛什么也没有发生过。

### （二）即时性

网络传播几乎与事件发生同步，它以电子速度迅速向全球传播。发生在世界上任何地方的事情，通过网络可以在同一时间为全世界所有上网的人们知晓。如2015年8月12日的天津塘沽大爆炸，几乎在爆炸发生的同一瞬间，网络便让世界各地的人们知晓了这一信息。网络的快速性、即时性是其他媒体无法比拟的。

### （三）开放性

互联网络是一个开放的世界，其开放性主要表现在两个方面：一方面，在互联网上，信息的生产是开放的。只要你愿意，任何人都可以在互联网上留下个人的印记。从某种意义上说，互联网上的每一个人都是信息的接收者，同时也在扮演信息生产者的角色。由于互联网的开放性特征，使得互联网在成为“超级”信息宝库的同时，也沦落为全球信息“垃圾场”，大量的垃圾信息充斥其中。另一方面，在互联网上，信息的使用也是开放的。互联网上的每一个人都是完全平等的，没有高低贵贱之分，不论你的国籍、种族、民族、肤色、地位等，只要你掌握了互联网的使用技术，并且拥有上网的条件，你就可以使用互联网上的任何公共信息。在开放的对象上，可以是区域性的，也可以是全球性的。

### （四）丰富性

所有的媒体都要经过选择和编辑，读者所看到的不过是媒介“把关人”眼中的世界。相比较而言，由于互联网媒体容量大、可交互性强、信息发布主体多、第一手信息丰富，过滤的可能性就相对较少，所以其信息就显得更全面、更丰富和更客观。在网上，你几乎可以找到你想要的任何信息：如果你关心时事，你可以关注新闻网站的重大报道，了解新闻信息；如果你喜欢娱乐，是一名超级追星族，你可以在娱乐网站了解到最新的、最快的娱乐信息；如果你想购物，你可以光顾电子商场，了解有关的产品信息；如果你是电脑“游戏迷”，你不光可以了解到最新的游戏动向，只要条件允许，你还可以在互联网上享受扣人心弦的互动游戏。所有这一切，都可以在包罗万象的互联网世界找到。

### （五）自由性

网络媒体在信息传播上具有明显的自由特点，可以轻易做到随时发布、即时滚动发布各类新闻，也可以在某些专门网站发布帖子，创作博客，表达自己对某一事件的看法或者发表自己的电子小说、论文和散文等文艺作品。作为网民，也可以随时进入某个网站去阅读各种新闻，看别人写的小说、论文和散文等，分享别人的观点与看法。甚至还可以把它们下载下来，永久保存。网民们通过各种类型的网站还可以自由选择或搜索自己想要了解的信息与资料。通过QQ、博客、电子邮件、聊天空间、论坛、网络游戏等，与世界各地的网友互相交流。总之，在网络环境下，其自由性较之现实环境要大得多，几乎可以做任何自己想做的，了解任何自己想了解的。

## 二、大学生的网络生活

大学生是互联网的忠实追随者。那么，大学生上网都做些什么呢？调查和研究表明，青年大学生上网主要有以下几种行为：

### （一）学习

上网学习是大学生网络行为的一种形态。大学生在互联网上可以查找资料、搜集信息，也可以进行各方面知识（如业务知识、外语、计算机等）的学习。目前，国内外的许多网站设置了学习方面的网页，提供各式各样的培训服务，建立了网上图书馆，如亚马逊公司。在国内，搜狐的网络教程可以提供给用户网页制作入门教程、多媒体教程、网站设计、图像动画制作、操作系统、办公网络方案、电子商务教程等关于互联网的各方面知识。著名的教育网站洪恩在线提供给用户大量的英语读写、听力材料，还有英文经典著作和名人演讲。电脑知识则从敲击键盘打字到纵横“网坛”，无不应有尽有。清华大学、湖南大学等国内著名学府借助网络的远程功能，开设了网络远程教育专业，培养国家承认文凭的本、专科生。许多学生还通过网络参加各类比赛，充分展示自我，挖掘潜能。2000 年的“浙江网络小姐”就是通过网络学习而成长起来的。写作论文对于一般的大学生来说，是一件令人头痛的事情。网上大量的信息和丰富的材料，是论文写作的可靠平台。

### （二）交际

“鼠标手中握，天涯若比邻。”越来越多的大学生坐到了电脑面前，凭借互联网，运用数字化的语言及灵活多变的方式，大胆地、毫无拘束地任意发挥。他们与远方的亲人、朋友通信，和陌生人聊天、互通信息、谈情说爱，建立起自己另一种虚拟的人际关系。他们在网上重塑自我，以达到自我满足和自我实现。在大学生的交往中，大多以微信聊天为主，他们通过网络结交更多的朋友。随着手机 APP 终端的发展，微信、QQ、微博等一系列的 APP 由于充分满足了学生们对方便、快捷、省钱等方面的众多需求而被广泛接受，逐渐取代传统的书信，成为大学生人际交往的重要手段。而躲在聊天室里侃大山则是大学生们更隐蔽、更直接的交流方式，最受大学生欢迎。因此这一类行为是大学生网上行为的最主要内容之一。尤其是新兴的微博和朋友圈等平台，更是网络交际的又一支生力军，他们在网上随时发表自己的心得，轻松地进行交流，尽情张扬自己的个性。

### （三）娱乐

网上娱乐是大学生网络行为的又一个重要表现形式。从广义上来说，整个网络行为都能给大学生带来愉悦；狭义地说，网上娱乐则专指网络上玩游戏、观看电影、收听音乐等行为。据调查，大学生上网的时间中，近 1/3 用在娱乐方面，近 15%的学生上网的目的就是玩游戏。把游戏作为学习之余的调节和放松活动，未尝不可，但有不少学生把玩游戏当成上网的目的，沉溺于其中而不能自拔，占用了大量的正常学习和体育锻炼的时间。此外，也有少数大学生上网沉浸于网络色情，热衷于追求感官刺激，给身心带来了严重的伤害。

### （四）商务

大学生们崇尚时尚，讲究个性，他们还是纯粹的消费者，网上各种各样款式新颖而价格相对市场上要便宜的商品，如化妆品、护肤品、零食、衣服、包、鞋子等，容易引起他们的注意与心动。通过网络，他们可以搜索到自己喜欢且价格相对便宜的商品，并且通过在线支付的形式和商家进行交易。

对校园大学生的网络生活，对见仁见智的客观事实，我们无法评论。但是这种对虚拟的寄托和自我构造的精神童话，大学生是自得其乐、自感幸福的。因为它为大学生们找到了一种表达、倾诉的空间和方式，大学生们往往认为在这个精神家园里，没有后顾之忧，没有强者塑造，没有肤浅说教，有的只是真实、原始、本质，有的只是孤独、深刻、倾诉，有的只是平等、自由、激情。

## 第二节　我被困在网中央 ❯❯❯

网络是一把“双刃剑”，它在改变生活的同时，也在侵蚀我们的生活，就好比打开窗户可以呼吸新鲜空气，但蚊子、苍蝇也会飞进来一样。

前些年上海某高校退学、试读、留级的 237 名学生中，约有 80%是因为沉溺于游戏、看碟、上网聊天而不能自拔，无法正常学习和生活，不能完成学业。某高校物理系一个年级，因玩游戏成绩差而被退学的多达 40 人。

图 9.2　沉迷网络漫画

某些大学生无节制地花费大量时间和精力在网上“冲浪”、聊天、玩网游，甚至沉溺于网恋、黄色网站和虚拟性爱中，成为“电子海洛因”的“忠实吸食者”，出现各种心理问题，如智力发育受影响、人格发展异常、染上网络成瘾症等，严重影响了他们的学习、生活和身体健康，甚至导致某些问题的产生（图 9.2）。其中网络依赖是大学生中比较常见的问题，也是危害较大的一种问题。

网络依赖又称网络依赖综合症(Internet Addiction Disorder),医学上称它为“病态性使用互联网”。它是指在无外界物质作用下的上网行为冲动性失控,沉迷于网络世界而难以自拔,从而导致个体明显的身心功能损害。现代医学证明,一个人如果不能控制对网络的依恋,很容易患上网络依赖综合症。这种新型的心理疾病主要是由于过度使用互联网,使自身的社会功能、工作、学习和生活等方面受到了严重的影响和损害。从心理上来讲,它主要表现在对网络有依赖性和耐受性,也就是所谓的上网成瘾,患者只有通过长时间的上网才能激起兴奋,满足某种欲望。从生理上来讲,这类疾病对人的健康危害甚大,尤其会使人体的植物性神经功能严重紊乱,导致失眠和紧张性头痛等;同时还可以使人情绪急躁、抑郁和食欲不振;长时间如此,会造成人体的免疫机能下降,还会使人不愿意与外界交往,行为孤僻,丧失正常的人际关系。

## 自我心理测试

### 网络依赖综合症自测

(一)网络依赖综合症自测问卷

匹兹堡大学的Kimberly Young最早对互联网成瘾现象进行了研究。她设计了下面一系列问题,通过调查对象对这些问题的回答来判断其是否患有网络依赖症。

1. 你是否着迷于互联网?
2. 为了达到满意,你是否感觉需要延长上网时间?
3. 你是否经常不能控制自己上网、停止使用互联网?
4. 停止使用互联网的时候,你是否感觉烦躁不安?
5. 每次在网上的时间是否比自己打算的要长?
6. 互联网对你的人际关系、工作、教育或者职业机会是否有影响?
7. 你是否对家庭成员、治疗医生或其他人隐瞒了你对互联网着迷的程度?
8. 你是否把互联网当成了一种逃避问题或者释放焦虑不安情绪的方式?

(二)结果分析

在上面8个问题中,如果被调查者对其中的5个以上问题的回答是肯定的,Kimberly Young就断定被调查者已经患上了网络依赖症。

## 一、网络依赖的类型

国内外研究发现,网络依赖高发人群大多集中在20~30岁、受过良好教育的年轻人身上,青年大学生就是网络依赖的易发人群之一。近年来,大学生网络依赖者越来越多。其依赖类型主要有以下几种:

## （一）网络游戏依赖

随着网络游戏功能的迅速发展，网络游戏已经成为当代大学生的“新宠”，每天吸引着不少大学生投身其中。部分学生甚至对网络游戏散发的诱惑力丧失了自我控制能力，整天沉迷于网吧或游戏厅，有的干脆买一台电脑玩得近乎疯狂，完全丧失了自我，无论学校和家长采取怎样的措施，他们就是执迷不悟，死不回头，荒废了学业，最后只好落个被退学的结局。

## （二）网络交际依赖

利用网络进行交际、交友聊天，既方便，又快捷。它是当代大学生最常用，也是最时尚的一种交际方式。但是，一些大学生网民由于这样或那样的原因，在现实生活中缺乏正常的人际交往，转而迷恋虚拟的网络社会空间，成了网络交际成瘾的“电子隐士族”等。他们用网络人际交往取代现实生活的人际交往，在虚拟的网络社会建立各种各样的交往关系，以满足其心理需要，对现实中正常的人际交往却采取逃避的态度，从而产生“人机热，人际冷”的现象。

## （三）网络色情依赖

内容无限丰富的互联网上，到处充斥着低级庸俗的色情信息，还有数以万计的专门的色情网站。大学生正处于精力旺盛的青春期，他们在失去他律监督的人机环境下，很容易被网上的色情信息所吸引，沉迷其中，难以自拔，有的甚至因此而走上犯罪的道路。根据调查结果显示，大学生中经常或偶尔点击色情网站的占上网总人数的40.73％，94.7％的学生点击色情网站时伴有自慰行为。

## （四）网络信息超载依赖

互联网将分散于世界各处的信息系统联结起来，使所有的信息能为人们共享。然而，我们所面临的一个重要的客观事实却是，人对信息的接受和处理能力是有限的。计算机的运行速度已经远远超过了人的大脑思维的速度。比如，与国际象棋大师卡斯帕罗夫对弈的计算机深蓝，每秒计算 2 亿步，而卡斯帕罗夫每秒仅计算 2 步。国际大师的思维加工处理能力与计算机相比尚且如此，那么，一般人的思维加工处理能力就更有限了。而就是这样有限的思维加工能力却要面对互联网上无限的信息。而大学生一旦对网络产生依赖，就会潜移默化地形成信息超载依赖。具体表现为过多地进行非理性的选择、迫使自己采用消极的选择策略、选择能力不断弱化等，使大学生利用网络时，不能独自地选择信息，完全被网络支配，并伴随着冲动性和盲目性，以至于在大量信息的冲击下，对自己的行为失去控制，最后陷于其中而难以解脱。

### （五）网络视听依赖

在今天这个所谓“读图”的时代，大学生在课堂上已不能满足教授讲授、板书，学生耳听、笔记等这样的传统教学了。新颖的网络内容、趣味的教学视频、丰富的多媒体内容等才可以吸引“低头族”大学生，课堂上的“记”笔记已经演变成“拍”笔记和“传”课件了。除上课时间外，据调查，大学生在课余时间最喜欢做的事情主要是观看影视和上网，在信息快速传播和盲目追从的大学环境里，大学生的手机更多的是用来传递、接收、搜集“有趣”的东西，最新的韩剧、最火的小说、最有趣的视频都可以在第一时间得到信息。过度地依赖网络视听，不仅会影响学习，还会带来身体、心理的健康危害，比如眼耳不适、肩膀酸痛以及离开手机产生的焦虑感觉。

### （六）网络强迫行为

所谓网络强迫行为，是指网民无法控制自己的意识，经常漫无目的地在网上浏览自己并不需要的信息，下载毫无价值的软件、资料或数据，参与网上讨论和购物等，以至于离开电脑就会感到失落，浑身不自在。大学生的求知欲和好奇心特别强烈，对网络上所提供的信息趋之若鹜，过度迷恋网络信息，最终导致网络强迫行为。

网络依赖患者一般既可以是上述的某一种类型，也可能是几个类型的混合型，但以混合型患者居多。

## 二、网络依赖的成因

造成大学生网络依赖的原因是多方面的，如文化因素、家庭因素、教育因素、社会因素、网络技术本身特点、网络规范及法律不健全等，但最重要的还是大学生自身的心理因素。影响大学生网络依赖的主要有以下心理机制：

### （一）补偿心理

在现今的高考制度下，考试成绩是评价学生的唯一标准。在中学，学习成绩优秀的学生可以凭借其优异的成绩获得老师的青睐和同学们的关注，优异的成绩是一些学生骄傲的资本。然而，进入大学的都是各个地方成绩优异的学生，他们中只有少数人能够保持原来的中心地位和重要角色，大多数学生将从中心角色向普通角色转变，一些大学生不能很好地适应这种角色的转变，自信心便垮掉了一半。而且由于他们缺少特长，在学校的各种文体活动中难以获得成功，其价值感和自我成就感便无从谈起。于是，一些学生被由此而产生的失落感和自卑感缠绕着，他们由起初的心理压抑进而产生了一切都无所谓的态度，一味原谅自己，放纵自己，进而到网络上寻找满足感，找回原来的“辉煌”的自我。另外，大学生有很多的需求，但许多需求不是能轻易得到满足的，需要付出艰苦的努力和奋斗。然而，各种需要在网络这个虚幻的世界里却能轻易地得以满足。在现实的学习与生活中相对缺乏竞争力的学生往往会选择上网以求得暂时的解脱。在网络的虚拟社区里、在游戏中体验成功的乐趣。而且，这种成功的概率很大。尤其在网络对抗游戏中，每升一级或者是打过一关，都会产生一种愉悦感和“高峰体验”。这是一种转瞬即逝的极度强烈的幸福感，甚至是欣喜若狂、如痴如醉和欢乐至极的感受。他们在虚拟的网络世界获取的快乐和自我成就感比现实世界要多得多。这样在学校活动中少有表现的学生也体会到了成功的乐趣，这种感觉又会强化他们参与网络游戏的行为，使他们沉迷于此而不能自拔。

### （二）逃避心理

如今，许多大学生都是独生子女，他们从小学到高中一直受到家庭无微不至的关怀，独立生活的能力比较差，受到的挫折也比较少。在家里一切都以自己为中心，而到大学后，一个人生活在学校中，家庭关心已鞭长莫及，许多事情要依靠自己。在与同学和老师的交往过程中，他们还习惯于以自我为中心，很少考虑他人的心理需求，往往在交际交往的过程中遭到学习上的、感情上的、人际关系上的挫折和危机。在与同学发生冲突后，他们不是努力在现实中寻求解决方法，而是采取逃避的策略。这种人格的不成熟也就使得网络这个虚构的空间成了他们逃避现实、寻求自我解脱的一个良好的渠道和环境。他们沉迷于网络倾诉，却忽视了这仅仅是对网络的倾诉，仅仅是一种摆脱现实、解脱困境的自我幻想。网络是开放的，但如果一个人沉迷于人机对话这种单一的方式，网络就成了一个封闭的空间。低年级的大学生比高年级的大学生上网的频率更高、人数更多，主要是因为低年级学生刚从高中进入大学，刚开始一个人独立生活，承受挫折的能力比较差。到了高年级后，他们的心理承受能力已渐渐变强，选择到网络上去逃避的可能会变小。

### （三）从众心理

当问及一些同学为什么要不停地玩网络游戏时，很多人的回答是，平时同学们在一起会大谈特谈网络游戏，如果你没玩过，不知道一点，感觉就像落伍了一样。为了不在朋友面前出丑，有些大学生或多或少地也要去玩上几次。网络游戏不停地冒出新花样，不停地升级，促使一些学生经常去随众尝尝鲜。网游如战场，每个参与者都会使出浑身解数，一展雄姿。他们重视自己的成绩，因此网游的世界少不了火药味。网民们在共同作战后，往往不论是战友还是对手，都有可能结成友谊，但也有不少输不起的亲身体验。

### （四）猎奇心理

喜新猎奇是青年大学生的鲜明个性特点。网络资源的丰富、内容的刺激更催化了大学生的猎奇心理。大学生正处在精力旺盛、求知欲强、想象力丰富的人生最佳阶段，网络上丰富的信息资源，足以满足他们的猎奇心理。

### （五）自我表现心理

在文本环境中，我们不可能像在可视状态下那样营建自己的形象和地位，无法装扮成可人的哈妹或是高雅的贵族或是说话嗲嗲地装可爱。无论是威严的声音、迷人的笑容，还是传情的眼神，都无法让别人感受和体验。我们能驾驭的、留给他人印象的主要工具就是传递思想的键盘和鼠标。与化妆品、衣服、发式或其他装饰品不同，键盘和鼠标在印象形成中是一个陌生和尴尬的工具。“印象驾驭理论”之父俄文·高夫曼深信，每个人都会在表达自己的过程中，采取他们所认为的与环境相符合的策略。事实上，我们在设法给他人留下一定印象的过程中，投入了大量的时间和精力，驾驭和完善了自己的形象。但是毫无疑问，我们不会让别人知道我们为此付出的代价，所以，高夫曼将这一情况形容为“一场潜在的信息竞赛，是隐藏、发现、错误呈现和重新发现的无限循环”。

## 三、网络依赖的危害

### （一）自我迷失

网络之所以让人着迷，是因为我们在这虚拟世界里可以做我们永远不可能去做的事情，扮演我们想扮演的任何角色，体验我们从未体验过的情感。害羞文静的女孩在网络上可以变得泼辣、满嘴脏话，粗犷的男人也可以变得娇羞可爱。大学生好奇、浪漫、喜欢惊险刺激，在网络的神秘世界里不断的探索，一旦得不到很好的控制，就会出现无法协调现实世界与虚拟世界的自我认识的情况，可能在虚拟世界中暴力、大胆，回到现实中却对网络中的那个“自己”感到羞耻、抱歉，总是怕现实中的朋友发现虚拟世界的自己。长期以来，两种“自我”角色不断碰撞、摩擦，矛盾得不到调和，可能会使大学生意志消沉，精神涣散，记忆力下降，思维能力减弱，现实口头表达能力弱化，迷失自我。

### （二）人际交往异化

网络交际是通过敲击键盘进行文字的交流，这与现实中的人际交往是有很大差别的。由于大学生对网络的眷恋和过分依赖，忽视了现实社会中的人际交往，甚至抵制社会交往，与外界的沟通能力下降，出现人际交往障碍等。还有些大学生沉溺于虚拟的网络情愫，带着很大的盲目性和偶然性与他人交往，越来越多的交友软件，约会软件、聊天室等已经悄然地改变大学生的人际交往和爱情价值观。另外，社会环境以及校园生活中的诸多问题使大学生更容易在虚拟世界或找网友倾诉不快，或去游戏世界厮杀一番，或去 BBS 上发表见解来宣泄自己的情绪。一味地依赖虚拟世界的安慰和对陌生人的信任，却在现实情感上封锁自己，将自己孤立于狭小的圈子，这样的人际交往错位，很容易出现情感障碍。

## （三）道德失范

由于网络立法和道德规范的滞后，大学生的网络行为没有一个良好的秩序和规制的约束，导致大学生产生道德缺失的意识和行为以及道德情感的弱化，比如在网上撒谎、谩骂、使用淫秽粗俗语言、传播无聊的虚假信息、网络赌博、网络剽窃、网络侵权等，据调查，不少大学生的课程结业作业基本是靠“复制”“粘贴”完成的，80％以上的同学看到过不文明的网络信息，90％的同学遇到过网上不文明现象，比如谩骂和恐吓。30％的大学生曾经在 BBS 上对别人进行过恶意攻击和散布虚假消息。

**引申阅读**

**网络霸凌：看不见的拳头**

“你长得太丑，你活着太难，我建议你去树林，找根绳子吊死自己……我会拿着转轮手枪，对准你的额头‘砰’一枪结束你的生命。”自 2009 年 2 月中旬起，德国 MySpace 社交网站开始流传一首名为《杀死皮特》的说唱歌谣。这首歌谣里的“皮特”——17 岁的皮特·瑞博是柏林约翰-乔治·哈尔斯柯高级中学的一名学生，而《杀死皮特》一曲的作者正是他的几个同班同学。他们不仅向全班同学的手机都发送了一份，甚至还将歌谣放到网上，供人随意浏览、下载。

2004 年，英国校园兴起一种称为“掴掌乐”的接力风潮，施暴者会突然对一名陌生人打耳光，另一名同伙则在一旁拍下被打人的惊恐表情，后将录像画面在手机间传送，并被放在网上取乐，这种变态游戏自起源于伦软南部后，已流传到全英的各个校园，众多学生加入到“掴掌乐”的行列，以欺侮他人为乐。2005 年上半年，单是伦敦就发生了 200 多宗“掴掌乐”事件，严重程度也早已不是扇耳光那么简单，而是变得越发暴力，乃至骇人听闻。一名 14 岁的少年因忍受不了被“掌掴”的凌侮，突然在家中的衣柜里上吊身亡，震惊英国警方。

2015 年 4 月，曾被票选宅男女神、上过多个综艺节目的台湾艺人、女模特杨又颖自杀结束生命，杨又颖家人在自杀现场发现其遗书，一张 A4 纸写得“密密麻麻”，讲述了工作压力和对网络暴民谩骂的不满。特别是“脸书”上有一个“靠北部落客”，几个月来不断攻击杨又颖，短短 70 天内有 65 篇抨击文章，人身攻击的内容让杨又颖身心俱疲。“靠北”是台语“哭爸”的谐音，是个诅咒人的词句，这个博客专门找对象进行辱骂、讥嘲、诅咒，不管有没有证据，都先疯狂地恶言恶语。

杨又颖事件发生之后，“靠北部落客”连夜关闭，其引发的网络暴力话题却持续燃烧。

一般而言，网络欺凌是指没有根据的、随便地通过网络骚扰、恶意抹黑或是攻击他人（图9.3）。青少年作为网络生活的主体，是最活跃的网络群体，也最容易受网络影响。欺凌行为在爆炸式网络传播的带动下，近几年有明显的增长趋势，由此“网络欺凌”也以迅速成长的姿态进入了我们的校园，由于网络的匿名性以及网络法制、法规的建设在青少年中还是白板的状态，导致很多学生无后顾之忧的、肆无忌惮地侵犯他人隐私，如网络欺凌者创建网站或者在校园BBS上嘲笑、羞辱其他人，比如主题为“×××全校公认的丑八怪”或“×××专业小三”等醒目的字眼，博得大家的跟帖或者起哄。

图9.3　网络霸凌漫画

网络传播的安全管制不善以及互联网大众传媒对负面消息的报道很多，但处理较少，导致校园欺凌行为迅速传播并久久压不下来，如有些学生将打骂、推搡，甚至扒他人衣服拍成视频在同学手机中疯传。

青少年学生平时通过网络等现代社会媒介可以接触到大量的暴力信息，例如暴力书刊、影片、电子游戏等，长此以往，学生会在不知不觉开始模仿欺凌和暴力行为。在学校中，学生拉帮结派找靠山、讲“哥们儿”义气，欺凌他人的现象不断出现。通过网络形式所造成的欺凌行为给被欺凌者造成的心理伤害往往是伴随一生的，比起单纯的年少轻狂的校园打闹行为，这更是衍生出的一种对整个社会都带来严重影响的偏差行为。

对于网络欺凌行为，有人选择了抗压，有人选择了“站队”，有人选择了传播，有人选择了漠视不理。对于大学生的我们来说，要健康安全上网，对于不实信息和恶意传播的信息要做到不跟风传播，自己也不在网络上欺凌他人。

## 第三节　别被网络“网”住了

对大学生而言，网络依赖的危害是显而易见的，它就像一条锁链，把我们牢牢地锁在了网络的“囚笼”里，如图9.4。那么，我们该如何避免网络依赖给学习、生活带来的危害，正确使用网络，不被网络给“网”住呢？

## 一、树立正确科学的网络认知，坚持预防为主的原则

大学生要正确认识网络，利用网络中的积极因素，把它作为学习和掌握知识的有效途径和手段，自觉拒绝网络的各种诱惑，预防各种网络偏差行为的发生，勿把上网作为逃避现实生活问题或者宣泄消极情绪的工具。不少学生上网初期的主要目的是为了摆脱孤独、宣泄情绪、缓解压力、满足成就感、追求时尚等，殊不知如果过度使用或误用，将会导致“借网消愁愁更愁”，上网非但不能达到以上目的，反而成了生活的消极依赖。因此，大学生要积极参加高校组织的有关互联网教育的学习和培训，适应网上冲浪给自己身心带来的变化，提高自己使用互联网的认知水平，学会合理、科学地使用互联网，避免其带来的消极影响。

图 9.4 网络的“锁链”

## 二、分析迷恋上网的情结

分析自己上网的动机和情结所在，充分认识上网的诱因。进行上网前后两种感觉的比较，能够看清自己逃避的是什么，以及希望从网上得到的又是什么。只有认识过分使用网络对自己的危害才能真正摆脱不良的网络行为。例如由于现实中的孤独，虽然自己在网上花费很多时间，但在生活中的孤独感并没有因此消除和减弱。这时就需要分析造成孤独的原因，并针对这个原因，采取适当的措施消除，彻底改变目前的处境。可以运用自己在网上表现的优良品质，把它应用到现实生活中，观察一下实际的效果；也可以尝试一种新的生活方式，这样才能够发现一些生活的乐趣，摆脱以前的困境。

## 三、合理安排上网时间

面对扑面而来的信息潮，要学会有选择、有取舍地利用信息。首先，要理性上网，不要沉浸在网络世界里而无法自拔。在工作、学习之余，可以利用网络来让自己放松

一下，缓解一下来自各个方面的压力，但是要控好制上网时间，做到节制上网。好好规划自己的时间，不要把时间全部浪费在显示屏面前，抽空多出去走走，或许会让你认识更多的朋友，拥有更好的心情。

## 四、培养健康、成熟的心理防御机制

有研究表明，网络心理问题与人格因素（个性因素）有关，一定的人格倾向易于使个体上网成瘾。因此，要不断完善自己的个性，培养广泛的兴趣爱好和较强的个人适应能力，学会合理宣泄，正确面对挫折，只有这样才会形成成熟的心理防御机制，不会一味地躲在虚拟世界中逃避失败与挫折，要学会用转移和替代的方式摆脱网瘾，劳逸结合，用有益于个体身心健康的兴趣爱好和休闲娱乐方式转移自我的注意力，暂时忘记网络的诱惑，例如，喜欢体育运动的人可以通过游泳、爬山、打球、下棋等方法有效地转移注意力，在个人与网络的相互协作中实现个体主动建构和适应网络的能力，以减少对网络的依赖。

## 五、发展和谐的人际关系，在现实世界中寻找社会支持

网络交友只是人们传统交友方式的一种延伸和补充，但它是无法完全替代现实中的人际交往的。网络人际沟通行为只是社会沟通的一种方式，是大学生人际交往的一种形式，这种形式的交往与真实社会的人际交往相去甚远。因此，在热衷网络交友的同时，也应时时提醒自己不要忽略了与朋友相处的时间，区分虚拟社会和真实社会的不同，丢掉幻想，积极地投入到学习生活中去。勇敢地直面现实世界，参加各种丰富多彩的课余活动，积极参加增进人际关系沟通与技巧的课程或活动，使自己能够提高沟通能力，并增加人际沟通方面的自信，形成健全的人际关系，多方面拓展自身的人际关系圈。学会在现实中寻找意义和支持，重新调整自己，摆正网上和现实的平衡，充分体会到现实世界的意义，并从现实中得到支持。

## 六、发展健全的自我意识，培养“五自”品德

网络是人类创造出来的一种工具，它的“善”或“恶”是主体选择的结果，作为主体的大学生要学会理性地使用网络，加强自我管理和自我约束，做到“五自”——“自学、自护、自辨、自制、自省”。自学，就是自己学，自主学习互联网提供的各种健康有用的

资源。自护，就是学会保护自己的身心健康，保持正常而规律的生活，调整精神状态，上网有节有度。当在网上交友的过程中碰到网络色情言论或网上性骚扰等情形时，要加强自我保护意识，理性防范，女大学生上网更应该保持警惕，以免上当受骗。自辨，就是自己学会用科学的世界观、方法论辨析网络信息，辨清网络内容的真善美与假恶丑。诚如美国学者 T. R. 莫斯森所言："大学的力量并不在它传播信息的方式上，而是体现在有助于挑选、阐释已获得的信息的方法上。"自制，就是自己学会克制自己，自我约束，自制自律，明白应该做什么，不应该做什么，养成良好的"慎独"的习惯，抵御网络中的各种诱惑，把网络作为知识的来源和学习的手段，而不是作为猎取不良信息的途径。自省，就是自己反省和检查自己，反思自己的网络行为，学会遵照社会价值处理各种经验和情境的变化，使个体自尊和自我和谐发展起来，形成统一和谐的网络人格特质，提醒和告诫自己在使用网络时避免误入歧途，迷失方向，做出有损于社会和他人的事情。

## 七、主动求助心理咨询机构的帮助

据了解，有网络成瘾倾向的学生，惯于自己承受心理负荷，大多敏感、退缩和逃避，往往不愿主动寻求他人或心理咨询机构的帮助，因此，网络成瘾的学生大多是老师和周围同学发现后引荐到心理辅导中心接受咨询的。网络成瘾者取得心理咨询机构的帮助是克服网络成瘾的有效途径。心理咨询人员会根据他们的成瘾程度，从专业角度对成瘾行为采取必要的心理咨询和治疗措施，这对他们恢复健康的身心是极有帮助的。因此，网络成瘾者要鼓起勇气，不要逃避，敢于积极主动地面对自己的问题，做自己行为的主人。

## 章末回顾

网络是把双刃剑，在改变大学生的生活、交往、学习和发展方式的同时，由于对网络的把握不当，也带来了某些问题。网络依赖是比较普遍和影响比较大的一种网络心理问题。

由于网络依赖是一种新型的心理疾病，目前国际上还没有统一的诊断标准。最普及的衡量标准在于对上网时间是否已经失去自控能力，对网上内容是否已失去把握和抵抗能力，上网是否影响到其正常的社会功能的发挥，如影响到学习、生活和工作，影响到现实生活中的人际关系和情感交流等。

要治疗网络依赖，必须首先戒断网络依赖行为，然后解决引发网络依赖行为深层次的问题，才是治标又治本的办法。

## 活动训练营

**活动一:网恋的是与非**

你支持网恋吗?至少举出一个理由。然后分两组(支持与反对)讨论,各推举四名代表发言,结束时教师作小结。

**活动二:传递信息**

**形式**:4~5 人一组。

**道具**:一则摘自报纸杂志的简短文章。

**目的**:演示说明信息是如何在各种“渠道”进行传递时失真的,网络信息是如何衰减的。

**程序**:

1. 事先从近期报纸或杂志中摘录一则 2~3 段的文章,但不要选择最热门的新闻。

2. 将学员分成 4~5 人一组。

3. 将各组成员按 1~5 号分好次序。

4. 请 1 号留在教室内,其他人先出去。

5. 你把故事念给各组的 1 号听,但不允许他们提问或做记录。

6. 之后 2 号从教室外进来,每组的 1 号负责将故事复述给 2 号听。然后 3 号进来,2 号将故事再复述给 3 号听。以此类推。

7. 使每组的所有人都听到了故事。

8. 教师抽查几组 5 号学员,请他们复述一下听到的故事。

**分享**:

1. 每个传递者是否遗忘了一些内容?是哪些?

2. 故事在传递中出现了哪些错误或篡改?

3. 我们如何才能加强记忆和理解?

**总结**:

1. 我们会发现,在这样的信息传递过程中,每个传递者都不可能把全部内容详细地传递给其他人。

2. 造成这种情况的原因有:语言表达、理解能力、对相关内容的熟悉程度等。

3. 为了加强记忆和理解,我们可以注意聆听其中的关键词。边听边想,避免断章取义。

## 成长与反思

1. 上网有哪些好处?无节制地上网会带来哪些问题?分别用两张纸片写一写,

进行比较。对于上网出现的问题，你会如何解决？

2. 如果你心情不好，会怎样去排遣？你会通过上网来解决问题吗？还有哪些方法可以解决问题？

3. 你觉得你在网络上是自由的吗？为什么？

4. 开展一次网络团体心理咨询活动，分析自己上网的动机，评估自己或周围的同学是否存在网络心理问题；如果有网络心理问题，该如何进行自我心理调适？面对周围同学的病理性网络使用行为，该怎样帮助他脱离网络成瘾？

# 第十章

## 珍爱生命，活出精彩

### 典型案例

“未来对我太没有吸引力了。仅就世俗的生活而言，我能想象到我能努力到的一切，也早早认清了我永远不能超越的界限……”高三学生嘉文在留下了这样的字句后，以跳楼的方式结束了自己的生命。

嘉文是一名普通的高三学生，但他还有另一个不普通的身份：两本历史学专著的作者。他文字的成熟，使不少人以为他是一位中年历史学者。甚至有教授评价他道：“他的水平，一般的博士也达不到，带博士也带不到他现在这个水准。”从小热爱历史、酷爱读书的嘉文，身在重点班，成绩也不错，尤其是历史成绩特别好，甚至被老师和同学称为“林老师”。但也有很多人不喜欢他，不喜欢他的高傲，不喜欢他的不爱打扫卫生，不喜欢他的不合群。

据了解，自杀前嘉文已患抑郁症半年多，一直在医院开药治疗，并接受过学校心理老师的辅导。事发前，他曾在微信写下“不明白自己这么拼是为什么……只能说是为拼而拼”，并和好友讨论过自杀。

看了嘉文的故事，你有什么感触？他为何会有这样的想法？他的选择是否正确？这样的悲剧又是否可以避免呢？

近年，各种自杀事件在青年人群中频发。不少人常发出“活着没意思”，“生活空虚”，“不知道自己为什么而活”的感慨。生命是每个人都具有的，但并非每个人都珍惜生命，并懂得生命的真谛。面对有限而又充满高低起伏的生命旅程，应该如何实现自己的愿望，又该如何履行应负的职责，值得每个人深思。

面对生活，你是什么态度？请阅读下列描述，根据自己的真实想法选择作答。

## 自我心理测试

### 测测自己的生活态度

请根据自己的情况选择“符合”或“不符合”。

1. 我对未来充满希望和热情。

2. 当事情变糟时，我知道不会一直这样，心情就会好转。

3. 我不能相信今后的十年中，我的生活会是什么样子。

4. 我预料我最关心的事情能够成功。

5. 我运气不佳，也不相信会有好运。

6. 我过去的经历已为我的将来打下良好的基础。

7. 当我展望未来时，我预想会比现在幸福。

8. 我从未得到我想得到的东西。

9. 将来我不可能获得真正满意的生活。

10. 对我来说，前途渺茫，捉摸不定。

11. 我想，将来好的时候会多于坏的时候。

12. 追求自己想要的东西是徒劳的，因为很少有可能得到它。

3、5、8、9、10、12 选“符合”得 1 分，选“不符合”得 0 分；1、2、4、6、7、11 选“符合”得 0 分，选“不符合”得 1 分。

得分小于等于 3 分时，表明你对生活充满希望和信心；

得分为 4～8 分，表明你对生活有轻度无望感；

得分为 9～12 分，表明你对生活有重度无望感，甚至有自杀意愿，建议立即寻求心理援助。

# 第一节　认识生命 ❯❯❯

生命是什么？在文学家看来，生命是思考、想象、回忆，是相逢的喜悦与失去的痛苦；在生理学层面，是心脏的跳动、大脑的活跃、身体多个系统的良好稳定运转；在社会法律层面，生命是个体从第一声啼哭到最后一次心跳的全部过程。生命是美好的，也是珍贵的，生命是世间一切美好存在的基础。林语堂曾说：科学无非是对于生命的好奇心，宗教是对于生命的崇敬心，文学是对于生命的叹赏，艺术是对于生命的欣赏。生命为我们提供了各种可能，我们需懂得珍惜、感恩。

## 一、生命的特点

### （一）生命的共同性与独特性

广义的生命，是生物体所具备的存在和活动的能力。地球上的绝大多数生物，包括人类，都是以碳元素为有机物质基础。构成我们生命的物质元素均为碳、氢、氧、氮等物质，然而从海洋到陆地，从天空到洞窟，生命以各种奇妙的方式存在着。尽管决定生命的物质基础相同，但每一种生命形式都有其独特的生存、繁衍、活动之道。

就连我们人类，虽然都是由二十三对染色体所携带的信息构成，但世上却绝无任何两个完全一样的人存在。就算是双胞胎，他们的指纹等其他身体细节也都会有细微的差异。你在世间难以找到两片完全相同的树叶，也无法找到两个完全一样的人。

每一个生命都是独一无二的个体。

### （二）生命的有限与无限

任何生命，其存活于世的时间都是有限的，人类自然也不例外。尽管现代医学技术不断进步，我们已经攻克了无数疾病和衰老难题，人类平均寿命也已大大延长，但生命的消逝仍是不可避免的。

肉体虽会消亡，但生命的影响力却不因个体的逝去而消散。今日，我们仍能在文字的海洋中与千百年前的古人思辨交流，于艺术馆的画作、雕塑中感受到艺术家们生前的技艺和创作激情，在影像资料中回顾演员们不断磨炼而成的精湛技艺。生命虽有限，但其所能留下的回响却是无限的，我们每个人都继承了无数前人用有限的生命为我们留下的无限知识和精神财富。

肉体的生命是有限的，但决定生命真正质量的精神却是无限的。

### （三）生命的限度与潜能

人生在世，逃脱不了自然规律的限制。我们既不能像植物一样进行光合作用，也无法像鱼类一样在水中自然呼吸。同时，我们也摆脱不了生老病死的束缚，必须按时进食、饮水、休息方能维持正常的生命运作。更不用说，现代社会中法律、道德、习俗施予我们的各种要求、责任。

生命同时又有着无限的潜能。体育赛场上，我们感叹运动员们锻炼到极致的身体潜能；杂技厅内，我们为演员们方寸之间所能展示出的身体控制力而折服；电视荧屏之中，我们则被“最强大脑”们所展现的强大记忆力和观察力震撼。而我们每个人，都有着无限的潜能：从出生时的一纸空白，成长为有着丰富知识和各项技能的成人，创造出无限可能的未来。

生命虽受到种种限制，但之中蕴藏的潜能，远比每个人想象的更为强大。

## 二、生命的过程

我们每个人都是赤条条地来到这个世界，出生时一无所有，唯有生命。而在成长的过程之中，不断成熟、成长，描绘出了属于自己的人生轨迹。

### 课堂活动

**生命成长——生命线**

**活动操作：**

1. 备好一张白纸，一支书写颜色鲜艳的笔和一支书写颜色暗淡的笔（比如一支红笔和一支蓝笔），用颜色区分心情。

2. 把纸横放好，然后从中部画一条长长的横线，在末端加上一个箭头。在原点处标上0，在箭头处标上为自己预计的寿命。

3. 在白纸的顶端写上×××的生命线。根据规划的生命长度，找到目前所在的那个点并标出来。在这个点的左边，代表着过去的岁月，右边代表着未来。把过去对自己有着重大影响的事件用笔标出来。

4. 如果自己觉得是快乐的事，就用鲜艳的笔写在生命线的上方。如果觉得快乐非凡，就把这件事的位置写得更高些。如果觉得是困难和挫折，用暗淡的笔写在生命线的下方。依此操作，用不同颜色的笔和不同位置的高低，记录自己在今天之前的生命历程。

5. 然后把未来想做的事都标出来，并尽量把时间注明。根据它们带给自己的快乐和期待的程度，用不同的高度标在生命线的上方。当然，也请把一些可能遇到的困难一一用黑笔勾勒在生命线的下方。

**分享讨论：**

相比之下，让你快乐的事情和悲伤的事情，哪个更多？你是怎样应对过去的悲伤或者困难事件的？你认为自己将会面临怎样的困难和挫折，会有哪些方法来顺利渡过？

世间没有后悔药，生命也没有重来一次的机会。从我们出生前的精子竞争开始，生命就充满了机遇与挑战。人生的每个阶段，都有各种任务和发展目标。过去的一次次成功，成就了今日的你我；未来的每一次顺利过渡，方能实现自己的人生理想。

### （一）生理成长

胎儿从母亲体内分娩出来后，方才开始了真正的个体生命过程。出生的头几年，是生命的第一个成长高峰。在短短的几年时间里，我们从能坐到能爬以至于可以走路、奔跑；从只能简单的哭闹，到牙牙学语，到能够掌握一门语言与外界沟通；从懵懂无知只会因饥饿等生理需要而发声，到拥有独立的思想和自我意识。不光是身高、体重在出生后快速成长，我们大脑的功能也在迅速发展，使得我们可以顺利进行各项生活学习活动。

青春期是生理发育的另一个高峰期，意味着我们的身体从儿童逐渐转变为成人。一方面，身高和体重增加速度明显加快，身高每年的增长甚至可以达到10～12厘米，远超过儿童时期；此外，大脑发育也趋于成熟，为个体的抽象逻辑思维、自我意识、道德观和世界观的最终形成提供了生理基础；青春期标志着个体性生理发育成熟，女性出现月经初潮，男性出现首次遗精，并伴随着变声和第二性征的发育。

此后，个体生理成长逐渐放缓，并随年龄的增长开始步入衰老。但生命的其他方面，仍在不断发展进步之中。

### （二）心理成长

心理成长和生理成长一样，需要一定的阶段和过程。生理的成熟为心理发展提供了前提和保障，但个体也需要在不同的心理阶段完成发展任务，获得自身心灵的成长。

心理学家埃里克森将心理发展分为了八个阶段，每个阶段都有其发展的核心任务和相应的发展危机。如果某一阶段的发展危机未能得到较好的应对，将使个体心理成长发生停滞并导致后续的心理适应不良。

大学生处在青少年期向成年早期过渡的阶段，需要面对的成长问题是形成稳定而统一的自我形象，以及与他人建立长期、和谐而亲密的关系。这要求我们在学习工作之余，拿出一些时间，思考关于自我的问题：我是一个什么样的人，我的优势与不足在哪里，尝试接纳并欣赏自己。而只有完成了自我同一性发展的个体，才有可能与他人建立良好的亲密关系。

## 三、生命与死亡

有一个母亲，不肯接受儿子已死的现实，抱着儿子的尸体到处求医。她的诚心感动了佛陀，佛陀把起死回生的药方告诉了她。佛陀要这位母亲到城里的每户人家问，看是否有芥菜的种子，讨到的种子可以救活她的儿子，前提是这家从来没有死过人。这位母亲挨家挨户地去找，可无论如何也找不到符合条件的人家。于是，她终于顿悟：没有人可以不死。

生命固然美好，但却不是无限的。每个人都知道自己会死去，但不是每个人都真的相信并意识到这一点。否则，也不会有如此多的人虚度光阴、无所事事。

很多时候，我们甚至在回避讨论死亡。当孩子问起去世的亲人时，家长往往下意识地回避谈及“死亡”这一词汇，只是回答“他们去了遥远的地方”；日常生活中，与死亡有关的事物、场所，甚至只是谐音的数字“4”，都被人所厌恶和避讳。还有的人，想方设法回避死亡：中国古代的帝王们，或发人前往海外追寻虚无缥缈的长生不老药，或寄望于炼丹术以获得益寿延年的仙丹，但却无一例外地失败了。丹药甚至反而成为毒药，加速了死亡。

对死亡的回避，往往使我们忽略了生命中更为重要的东西。心理学家马斯洛在一次突发心脏病被抢救过来后说道：“面对死亡又暂时从死亡中解脱，使世间的一切事物都显得如此珍贵、美丽、神圣。我现在比任何时候都更强烈地热爱这一切，更渴望拥抱这一切，更不可抑制地要投身这一切。”只有直面死亡，才能对生命有所思考；因为有了结束，才更显出过程的宝贵；因为死亡是每个人都无法回避的，才更凸显出生命的价值和难能可贵。

的确，如果没有死亡，谁又会感到生命的珍贵、体验时间的急迫？如果没有死亡，又怎能让人立刻行动，去做自己应该去做的事情，去努力追逐自己的梦想？西方有谚语：如果把每一天都当作你生命里的最后一天，你将在某天发现原来一切皆已在你的掌握之中。“不知死，焉知生”，了解死亡，对死亡有所思考，不仅能使我们坦然面对、接纳死亡，更能使我们用心维护生命的尊严。

正视死亡，方使我们能够去更加珍惜有限的生命，感受生活中的美好，激发生命的潜能，享受生命的价值，活出属于自己的精彩人生。

## 第二节　活出精彩

有一个生活在孤儿院的男孩，常常悲观地问院长：“像我这样没有人要的孩子，活着究竟有什么意思呢？”院长总笑而不答。有一天，院长交给男孩一块石头，说：“明天早上，你拿这块石头到市场去卖，但不是真卖。记住，无论别人出多少钱，绝对不能卖。”第二天，男孩蹲在市场的一个角落，意外地有好多人要向他买那块石头，而且价格越出越高。回到孤儿院，男孩兴奋地向院长报告。院长笑笑，要他明天拿到黄金市场去卖。在黄金市场上，竟有人出比昨天高十倍的价钱来买那块石头。最后，院长叫男孩把石头拿到宝石市场上去展示。结果，石头的身价较昨天又涨了十倍。而且由于男孩怎么都不卖，竟被传扬成“稀世珍宝”。男孩兴冲冲地捧着石头回到孤儿院，将这一切禀报院长。院长望着男孩，慢慢说道：“生命的价值就像这块石头一样，在不同的环境下就会有不同的意义。一块不起眼的石头，由于你的珍惜、惜售而提升了它的价值，被说成稀世珍宝。你不就像这块石头一样吗？只要自己看重自己，自我珍惜，生命就有意义，有价值。”

每一个生命降临于世，都是经过了重重选择与考验，具备了成就生命的所有可能性。有的人，可能出生带有先天的残疾，却能不畏命运、靠自己的努力创出属于自己的篇章;有的人,可能含着金钥匙出生,却在安逸的环境中消磨掉了原本属于自己的能力与决心。你是否足够珍视你自己,激发出属于你生命的精彩呢?

## 一、发挥潜能

一只跳蚤,放在没有盖的杯子之中,很快便能轻易跳脱出来。当用玻璃将杯子盖住后,跳蚤的每一次上跳,都会因玻璃的阻隔而逃不出去。之后,跳蚤开始调整,只在盖子限制的高度之下跳动。一周后,将玻璃盖移开,跳蚤仍然在原有的高度下跳动,它已经再也无法跳出这个玻璃杯了。

因为一次次尝试失败,因为反复的无功而返,使得跳蚤给自己加了无形的盖子,认为自己再也没有办法超过内心认定的高度。人很多时候也是一样:期末复习最花精力的数学没有考好,便认为自己完全没有数学细胞;和朋友一起学乐器总是掌握得最慢,便告诉自己没有音乐天赋,不要妄想了;几次聚会时在角落里不知该如何开口与人攀谈,于是给自己打上了嘴笨、不会说话的标签,从此回避任何社交活动。你是真的做不到吗?还是仅仅只是一时的落后、不适应?还是因为你自己早早便放弃,认定自己永远做不到,给自己加上了无形的"盖子"?

在很多人眼里神秘的催眠中,有一个最常见的表演项目:人桥。一个消瘦的男子,甚至是一个女生,经过催眠师几分钟的暗示和指导后,开始慢慢重复念着"我的身体硬得像一块钢板",进入了似睡非睡的状态。然后催眠师找来两张椅子,指示被催眠者头、脚两端支撑、大腿到下背部架空,仰卧于椅子上,好似--架桥。之后,被催眠者的身体真的硬得如同钢板,无论催眠师如何按压都不会弯折,甚至直接站在人桥身上,也毫无异常。

是催眠的力量使人办到的吗?其实我们每个人不需要催眠,清醒的状态下都可以做到,只要你愿意尝试。有些事情,我们知道自己行;有些事情,我们知道自己不行;有些事情,我们不知道自己不行;还有些事情,我们不知道自己行。而人桥就属于最后一种:我们不知道自己行。其实每个人身体和大脑的潜能都是巨大的,如果全部开发,我们可以做到许多之前认为身体承受不了的动作,掌握远胜于你现在所拥有的知识和技能。一切只在于你是否相信自己可以做到,你是否对自己有更高的期望。

心理学家罗森塔尔曾在一所小学中做过一个关于期望的实验。罗森塔尔和助手们来到一所小学,对校长和教师们说明要进行一项"学生发展潜力"的心理学测试。他们对所有一年级学生都进行了测试,最后列出了一份发展潜力前10%学生的名单给所有任课老师,并反复叮嘱教师要在不告诉学生本人的情况下观察他们的表现。一年过后,罗森塔尔再一次来到学校,想知道这些学生后来的表现是否和预期相符。校长和教师们纷纷激动地告诉罗森塔尔,当初名单上的学生确实表现出色,不仅在成绩和智力表现上处在年级前列,在兴趣、品行、师生关系等方面也都令人赞赏。这时,罗森塔尔才告诉这所学校的老师,其实这个名单是假的,所谓10%最具发展潜力的学生，只是被随机挑选出来的。

为何一份假的名单，却能有真的效果？罗森塔尔认为是期望的结果。假的名单和催眠一样起到了暗示，使教师们对这批学生更加用心，也更关注他们的积极改变。同时，教师的期望也被学生们感受到，使他们更加努力、调整自己的意识与行动。最后，真正的改变发生了，这便是心理学中的"期望效应"。

相信自己的潜能，勇于迈出新的一步，积极发现自己的闪光点，你远比自己相信的更强大。

## 二、实现价值

每个人来到世上，都面临着"一生该如何度过"这一问题。不同的思考，带来了不同的人生选择和追求。生命的长短以时间来计算，但生命的价值则体现在其贡献上。实现生命的价值，不仅在于个人价值的实现，更在于为社会创造价值。

心理学家曾做过一个有趣的实验。请一群大学生完成一份关于主观幸福感的问卷，得到他们的幸福指数。随后，每名大学生都拿到一个信封。信封内是二十美元和简单的指示，不同的是，有的指示是要求在下午五点前将这二十元花在自己身上，另一些指示则是要求把钱花在他人身上：你可以直接给予现金，也可以买一份礼物送给别人。下午五点，当所有学生都完成指示、将这二十元花掉后，心理学家再一次测试他们的幸福指数，并和前一次的数值进行了比较：将钱花在自己身上的人，他们的幸福指数没有大的变化，一笔意外的金钱并不能买到幸福；而那些将钱花在他人身上的学生，他们的幸福感却大大提高。

一个人固然需要追求个人的价值和财富，但金钱不是万能的，唯有回报社会、创造社会价值，才更能体现生命的价值，也能给个体带来更大的幸福体验。如何确定自己的人生目标，使之既能适应自己的能力、性格与兴趣，又能踏实可行达成个人价值和社会价值实现的统一呢？可以尝试使用下面的"六步定位法"。

### 课堂活动

**六步定位法**

首先，准备4～5张小纸片（提示：在考虑目标时，尽量全面，避免仅从一个方面考虑，如不仅要考虑事业，还要考虑家庭、人际、业余生活等方面）。

第一步：寻找终生目标。在第一张纸上写下自己的终生目标。要无拘无束，想什么就写什么，如：事业成功，家庭幸福……

第二步：思考如何度过今后三年。在第二张纸上写下今后三年要做的事，所写的内容要较第一张纸片更为具体。如第一张纸上写了要过幸福的生活，则应该在这张纸上将之分解为具体、细致的目标。

第三步：半年内最重要的事。在第三张纸上写下这半年内应该做的最重要的、最迫切的事。要求比第二张纸上的内容进一步具体、细化，是自己需要也是能够立刻做的。

第四步：浏览前三步。重新审阅前三张纸片上所写的内容，看看它们之间是否具备一种逐步具体化、延伸性的逻辑关系。如果不具备这种逻辑，就需要重新来做。

第五步：目标分类。把三张纸片都拿起来，将上面的目标分别归类，如分为事业目标、婚恋目标、技能素质目标等。

第六步：确立不同时期的目标。将三张纸片上的目标按同类关系，以及同性质的关系连成一条线，这些就是你的短期、中期、长期的目标了。最后，结合自己的个人情况，根据短期目标制定切实可行的月计划、周计划、日计划。

计划的制订只是开始，只有定期检查、评估完成情况，并进行适时的调整，才能帮助我们更好地实现自己的人生目标。有时，也需要给自己列出奖惩办法，甚至可以公开计划表，请周围的人监督自己执行计划。但最为重要的，是形成良好的习惯。开始一项计划时的驱动力，往往是一次偶然的决心，或是受到了某事的激励；但驱使我们长时间向着充满不确定的未来持续努力的，则是长时间坚持后形成的习惯。如同惯性一般，开始时可能每天执行计划都需要不断给自己加油打气，但随着你保持行动的时间越来越长，你也将越来越习惯于每天按照订立好的计划安排自己的生活，向着最终的目标不断努力。所以，不要再犹豫，现在开始行动，持之以恒，你必能实现自己的理想和价值。

## 三、学会感恩

感恩，是指对我们所拥有的资源、所处的环境存有的感激的心态。对生活心存感恩，你就不会有太多的抱怨，比抱怨更重要的是自己为改变这一切所做的努力。感恩之心足以稀释我们心中的狭隘和蛮横，还可以帮助我们克服最大的痛苦和灾难。常怀感恩之心，我们就可以逐渐原谅那些曾与自己结过怨甚至触及自己心灵痛处的人，会使我们已有的人生资源变得更加深厚，使我们的心胸更加宽阔宏远。

可是，不知感恩为何物的人并不是绝无仅有，有些人不仅不感谢父母，反而埋怨父母为什么不是高官，不是巨贾，没有给他带来权力和财富。西方曾有人因为面貌丑陋而起诉自己的父母，算是把恩将仇报演绎到了登峰造极的地步。对于社会的恩惠，有人麻木不仁，熟视无睹，似乎一切都理所当然，丝毫没有感恩意识。有些通过自己摸爬打拼，最终过上品质生活的成功人士，也会理直气壮地说："我因为付出了努力，所以才获得成就，我享用的是自己用汗水搏来的成功，凭什么要感恩别人呢？只要感谢自己就好了。"所以他们总是抱怨，总是需要发泄。

在我们的一生中，会遇到很多的困难，也会获得很多的帮助，难道就不应该去感谢这些帮助我们的人吗？

“一日为师，终身为父”，这讲的是对老师的感恩。在每个人的成就年轮里，都有启蒙老师刻下的痕迹。那些在清贫中坚守着的仁者智者，培养了一代又一代社会精英，而他们自己却在默默无闻间任岁月染白头发。

爱情也需要感恩。“一日夫妻百日恩”，夫妻间只有相互感恩，才能保持家庭稳定。“爱”，从某种意义上来说，等同于“恩”；“情”也就是情欲，应该依附在爱上，才能维持夫妻百年之好。

在人生的道路上，我们离不开方方面面的帮助。“士为知己者死”，讲的是知遇之恩；“与朋友交，言而有信”，讲的是朋友间的诚信之恩；甚至包括对手，我们都应该感谢，至少他从另一个角度“提供了帮助”，他促使你警醒，让你反思，让你成熟，从而让你进步。

个人与社会其实是一个有机的整体，只有产生互动，从而建立良性循环反馈系统，才能形成和谐的有机体。诚然，一个人的成功是自己拼搏所获，但是，难道你不应该感激磨炼你心智的困境吗？难道你不应该感激挫折给予你的体验和锻炼吗？这些曾经的磨砺和现在的拥有，都是如此弥足珍贵，我们都该感恩不尽。

学会感恩，不仅是要学得一种宽广的胸襟和高贵的德行，实际上，它更应当是一种深刻的愉悦自我的智慧。早上起来，看到窗外的阳光，你会感恩；吃一餐一饭，你会感恩；收到朋友的问候，你会感恩；听到小鸟在树上唱歌，你会感恩……如果每一天都在感恩的心情中度过，还有什么不快乐可言呢？

学会感恩，就不会因为所谓的不公而怨天尤人，斤斤计较；学会感恩，就不会一味索取，无限膨胀自己的私欲。在感恩的心情中，我们会成为更积极、更健康、更完美的人。

学会感恩，是正确认识人的生命，对生命怀有珍惜、尊重、热爱的态度，也是对生活的信心和社会的责任感。

感恩，不是压力，不是桎梏，更不是债务负担，而是催人向上的动力。我们在学会感恩的同时，还应该教育我们的孩子，以友善之心对待他人，尊重他人的劳动，也更加尊重自己。很多家长已习惯了付出，并不希望得到回报与感恩，但这会误导孩子，影响孩子的健康成长与发展。因为只有知道感恩的人，他的一生才会生活得更富足，更美好。真正懂得感恩的人明白：与其说这种无形的感恩是要我们感谢自己从生活中得到了什么，倒不如说，它纯粹是在提醒我们对自己所拥有的一切事物的珍惜。只要我们对生活充满感恩之心，充满希望与热情，我们的社会就会少一些指责与推诿，多一些宽容与理解；就会少一些争吵与冷漠，多一些和谐与温暖；就会少一些欺瞒与涣散，多一些真诚与团结，我们的精神家园将永远绿草如茵……

爱自己，爱他人，感恩身边的人，不要等到失去了才后悔没有珍惜。感谢生活的每一分钟和每一份赠予，你的人生会更加多姿多彩。让我们学会感恩，学会在生活中寻找属于自己的快乐吧！

# 四、笑对挫折

引申阅读

**大海里的船**

英国劳埃德保险公司曾从拍卖市场上买下一艘船。这艘船于1894年下水，在大西洋上曾138次遭遇冰山，116次触礁，13次起火，207次被风暴扭断桅杆，然而它从没有沉过。劳埃德保险公司基于它不可思议的经历及在保费方面带来的可观收益，最后决定把它从荷兰买回来捐给国家。现在这艘船就停泊在英国萨伦港的国家船舶博物馆里。不过，使这艘船名扬天下的却是一名来此观光的律师。当时，他刚打输了一场官司，委托人也于不久前自杀了。尽管这不是他第一次失败辩护，也不是他遇到的第一例自杀事件，然而，每当遇到这样的事，他总有一种负罪感。他不知该怎样安慰这些在生意场上遭受了不幸的人。当他在萨伦船舶博物馆看到这艘船时，忽然有一种想法，为什么不让他们来参观这艘船呢？于是，他就把这艘船的历史抄下来和这艘船的照片一起挂在他的律师事务所里。每当商界的委托人请他辩护，无论输赢，他都建议他们去看看这艘船。他想让那些人知道：在大海上航行的船，没有不带伤的。虽然屡遭挫折，却能够坚强、百折不挠地挺住，这就是生命的意义所在。

每个人在生活中都曾不同程度地遭受过挫折，人们在受挫后恢复的能力却不尽相同：有的人弹性十足，有些人则在受挫后一蹶不振，而大多数人介乎二者之间。

海伦·凯勒、张海迪、霍金，我们常常感慨于这些伟大的人物能够在巨大的逆境之中依然目标清晰，创造出令人瞩目的成就。但在自己身上，却往往因挫折和失利而气馁。甚至有人感慨："为何不能让我顺顺当当地成功，为何别人有那样的好运气，总是能遇到最好的情况，获得最好的机会。"殊不知，许多成功人士在他们迈向收获的过程中，也并非一帆风顺，往往需要经历大大小小的挫折，久经历练之后才脱颖而出、走到最后一步。

已故的苹果公司前行政总裁史蒂夫·乔布斯便是一个例子。他21岁与好友沃兹尼亚克一起创办了苹果公司，随后的一系列良好机遇，使得苹果公司迅速发展，占领了个人电脑市场的大量份额。公司成立4年后，苹果公司上市，所有股票不到一个小时便被抢购一空，乔布斯在25岁便成为亿万富翁。这样的人生不可谓不顺利，不可谓不被命运眷顾。那么再过5年后，乔布斯又会有什么更大的成就呢？和之前的人生经历不同，几年后苹果公司陷入低谷，在与竞争对手的市场争夺中力不从心，而乔布斯自己主导的项目也均一再失利。因为公司业绩不佳，与其他高层管理人员的关系也不断恶化，30岁的乔布斯于1985年9月从自己一手创办的苹果公司中被驱赶了出来。如果乔布斯就此一蹶不振，那么也不会有进入21世纪后，苹果公司的一系列优秀产品和设计了。尽管被驱逐，乔布斯仍很快便重新振作，找到了新的事业方向：收购了一间当时默默无闻的电脑动画特效工作室。这个工作室，便是后来创作了世界上第一部全电脑制作动画长片《玩具总动员》以及后来无数经典动画电影的皮克斯(Pixar)公司。乔布斯也因此重返大众视野，并于1996年苹果公司陷入严重困境后重返苹果。之后，乔布斯的一系列举措和主推的新产品帮助苹果公司迅速翻身，成为今天为大家所熟知的科技公司。

如何增加自己的耐挫能力？怎样使挫折从危机变成转机？从许多名人的事迹当中，我们可以获得诸多启示。

首先，看到挫折的两面性。挫折固然会造成打击，影响情绪，造成直接或间接的损失。同时，挫折也能给我们反思的机会。我们是否真正想要，并愿意付出足够的努力，以在挫折之后重整旗鼓、再次来过？我们在过去犯下了哪些错误，以致得到现在的结果？还有什么可改进的方面？上例中的史蒂夫·乔布斯便在重返苹果公司后，反思了自己过去在经营管理上的不足，重视其他管理人员和各领域专家的建议，变独断独行为分工合作，化之前的失败为未来成功的养料。

其次，对于挫折要有理性客观的心态。在行动开始前，对于自己的目标应有一个合理的判断。"我必须"、"我一定"、"我只能"这样过于绝对的目标往往难以实现，极易遭受失败挫折。但是，如果因为害怕面对挫折，在制订计划时过于保守，或是因害怕失败而不敢尝试，则无异于因噎废食。失败的可能性无法完全消除，任何行动都要面临受挫的可能性。只有对自己正确认识，设立一个"踮起脚能够着"的目标，并朝着目标不断努力，方能使挫折维持在可控的范围，带动自己的成长。

再次，当挫折发生后，要进行积极的应对。一方面，不能被挫折打垮，以良好的心态看待失败，从认知的角度，于不幸当中寻找积极的方面。可以尝试对自己说说下面这三句话：

**算了吧**：生活中有许多事，可能你付出再多努力都无法达到，因为一个人目标的实现受各种条件的限制，只要自己努力过、争取过，结果已经不重要了。

**不要紧**：不管发生什么事，没有过不去的坎。上天在关上一扇门时，必定会打开一扇窗，那么现在要做的就是寻找那扇窗。

**会过去的**：不管雨下得多么大，连续下了多少天，你都要对天晴充满信心，因为一切都会过去的。不论何时，以积极的心态去面对生活，坚信总有雨过天晴之时。

另一方面，寻求有效的帮助。冷静思考一下有哪些机会、资源可以把握，从谁那里可以得到指点和启示，善于求助，往往可以帮助我们发现自己的盲区。

## 第三节　自杀——一种不必要的死亡 ❯❯❯

在无数人享受着生命的美好之时，却有另一些人因为种种原因选择以自杀的方式结束生命。据北京市心理危机预防干预和研究中心推算，我国每年有28.7万人自杀身亡，200万人自杀未遂，同时有约150万人因为身边亲人或好友的自杀行为而出现长期的严重心理创伤。自杀已成为我国排名第五位的死亡原因，并是15～34周岁人群的首位死亡原因，占死亡总数的19%。自杀，对于自杀者而言可能是一种结束痛苦的最后手段，但很多时候其实还有更好的解决问题的方式。如果我们能够有一定的自杀预防相关知识，对身边可能有自杀念头的人及早发现、提前干预、积极帮助，将可以阻止很多不必要的死亡，避免悲剧的发生。

引申阅读

有关自杀的误解

1. 自杀是突发的，无规律可循。在对自杀个案的事后调查研究中，往往能够发现大量的自杀预兆和当事人的求助信号。可是由于身边人的不关心，或是不够敏感，使他们没能及时发现这些先期征兆。

2. 与自杀的人讨论自杀将诱导其自杀。事实上，通常应该直接和可能自杀的人谈论自杀话题。与他们讨论自杀可以表达你对于他们想法的理解，令其产生信任之感，继而使得他们愿意与你交流如何处理一些人生重大问题和选择。同时，也能缓解他们的压力，从而能够继续花时间寻找其他解决问题的方法。

3. 威胁别人说要自杀的人不会真正地自杀。事实上大量的自杀身亡者都曾经威胁过别人，或对他人公开过自己关于自杀的想法乃至计划。

4. 一般人不会自杀。的确有不少自杀者是因为抑郁症等心理疾病，但仍有大量通常认为的"一般人"，因为重大变故、突发事件等原因采取自杀行为。人人都会遇到低谷和挫折，每个人都需要了解一点自杀预防有关知识。

5. 自杀是一种不合理的行为。从自杀者自身的角度看来，几乎所有采取自杀行动者都有充足的理由，自杀往往是经过思考后采取的最后行动。

6. 想要自杀的人是真的想要去死。事实上很多人并不想死，他们只是想要逃离那个令他无法忍受的境遇。大部分曾经想过自杀的人很高兴他们还活着，他们说当时所想的并不是结束自己的生命，而只是终止自己的痛苦。

7. 一个想自杀的人表现得慷慨并和他人分享个人财产时，表明开始有好转和恢复的迹象。事实上，大多数自杀者在最为低沉和消极时往往会几乎失去一切行为能力，在情绪好转后才开始有精力制订一定的计划。这种安排个人财产的行为，有时类似于最后的愿望和遗嘱。

## 一、哪些人易发生自杀危机

自杀可能发生在任何人身上，没有人对自杀具有天然的免疫力。但是，自杀又是可以预防的，从念头的最初产生，到不断具体、细化，以至最后的实施，是需要一个过程的。可能是几个小时，也可能是几天或是数月。如果能尽早发现身边可能遭受自杀危机的人，及时予以关心和帮助，便能将自杀过程阻断，避免悲剧的发生。

从自杀个案的调查研究中可以发现，当大学生遭受以下事件或出现下列状况时，容易产生自杀意念和行为。

**遭遇突发事件而出现心理或行为异常的学生**。如家庭重大变故，自己敬爱的人或对自己重要的人离世，发生交通意外或遭受自然灾害等。这些危机事件往往突然发生，且发展迅猛，通常远超过个体一般的心理承受能力。如没有他人的帮助与支持，个体在应对时极易出现心理危机。此外，重大灾害事件还易使个体遭受创伤后应激障碍(PTSD)，使当事人在事件数月甚至几年后都难以走出阴影，这也要求我们对这类人群保持长期关注。

**个人感情受挫**。恋爱的过程往往不会一帆风顺，当恋爱中发生争执、分手以及背叛时，会对个体心理产生重大打击。缺乏必要的感情经历和应对方法，将放大感情受挫的影响，甚至导致部分人采取极端行为。

**人际关系失调**。稳定、良好的人际关系能形成一张社会支持网络，帮助我们更好地应对各种心理危机。人际关系失调则会削弱我们面对挫折的能力，增加心理负担，甚至将一些普通问题放大。

**严重环境适应不良**。进入大学，来到新的环境，绝大多数人都要经历一个适应新环境、新生活的过程。如若适应不顺利，或适应过慢，都将导致心理能量的持续消耗，最后导致心理耗竭，无力再对其他问题进行及时、得当的处理和应对。

**家境贫困、经济负担重、深感自卑的学生**。家庭和经济负担本身会在生活中产生各类问题，如若学生本人不能正确认识自己、面对问题，害怕向他人求助，也将无法得到恰当的帮助。

**身体出现严重疾病，造成个人强烈痛苦，且治疗周期长的学生**。身体疾病会削弱个体对挫折的抵抗力，长时间的治疗也必然对生活和学习的正常进行造成影响，多种因素的结合将大大增加个体遭受心理危机的可能性。

**患有严重心理疾病，特别是抑郁症的患者**。研究表明，70%的抑郁症患者有过自杀想法，10%～15%实施过自杀行动。抑郁症患者完全丧失获得快乐的能力，极易感到彻底的绝望和无助。且抑郁症对个体的思维能力也有影响，使患者难以寻得解决问题的正确方法。

**学习压力过大，或学习困难的学生**。学业压力是大学生群体最常面对的压力来源。长期的学习适应不良、跟不上进度，或是多门功课未通过考试影响学分获得，又或者是论文未被发表，都有可能给当事人带来极大的心理压力。

**身边亲人或朋友于近期发生过自杀行为的学生**。自杀行为存在一定的“传染性”，一件自杀事件往往会影响到其他正处危机状态、无力解脱的个体，甚至诱使其对自杀方式进行效仿。因此，对于已经发生的自杀事件，既要及时公开信息、防止谣言，又要注意报道方式，尤其要避免具体自杀方法的描述。通常应尽量请心理学专家把关、进行消息公布，并同时附上获得心理援助的渠道，如危机干预热线电话等。

## 二、自杀危机的信号与征兆

自杀行为发生前，大多数人往往会存在既想以死解脱，又想获得他人帮助和理解的矛盾心态。同时，从准备到计划，再到最后实施，通常需要几天的时间。这段时间里，自杀者往往会表现出一些特定的反常举动。这些都是自杀危机发生的征兆和信号，为我们预防自杀提供了可能性。

### （一）言语信号

言语信号包括直接说出“我希望一死了之”，“我再也不想活了”；以及间接表达“没有我别人会生活得更好”，“我所有的问题马上就将得到解决”等；又或者是谨慎地暗示“活的没意思”，“想出走”等。这些内容都可能和自杀念头有关，应该被严肃对待，及时与当事人进行讨论、澄清。

此外，言语信号还包括：讨论和自杀有关的事情，或是拿自杀开玩笑，甚至直接问“如果我死了，你会怎么样”；谈论具体的自杀计划，包括自杀的方法、时间和地点，比如讨论什么样的死法会比较没有痛苦等；与亲朋好友告别，如突然与久未联系的朋友写信或是打电话；谈论自己现在的自杀工具；流露出无助、无望的情感。

### （二）行为迹象

自杀危机的行为迹象包括：

**出现突然的、明显的行为改变，或是危险性行为增加**。如看与死亡有关的书籍、出走、自伤、进行没有安全保障的探险活动等。

**有条理地安排后事**。如无缘无故地收拾东西，向人道谢、告别，归还所借财物，或是将大量自己的财务赠予他人。

**频繁出现交通事故**。很多自杀者初期决心较弱时，往往会选择故意不遵守交通事故、往车上靠等方式，希望能借他人之手结束自己的生命。

**奇怪的受伤，或是身上经常出现原因不明的伤痕**。这些可能是过去尝试自杀行为所留下的痕迹。

**抽烟、饮酒和吸毒的量增加**。这种主动伤害自己身体的做法本身，就意在及早结束自己的生命。

### （三）抑郁症表现

如果出现抑郁症的各项表现：情绪长期低落、睡眠障碍、食欲改变、思维迟缓、记忆和注意力下降、产生彻底的无助和无望感，则也需要对其自杀风险进行评估。

需要特别注意的是，一些抑郁症患者在症状最为强烈时，往往失去思考和行动能力，也无力实施自杀。而在他们获得一定帮助、处在恢复期时，往往最容易采取自杀行动。此时他们恢复了一定的思考和行动能力，可以采取自杀计划；尽管有所好转，但过往的抑郁经历仍使他们对未来不抱有任何希望，只求一死了断；同时情况好转后，身边的亲人朋友往往会略为松懈，疏忽了随时陪护。这些都造成了抑郁症患者在恢复期的高自杀风险。

## 三、自杀危机应对

### （一）自杀危机应对的方式

如果你的周围出现了有自杀危机的家人、同学或朋友，可以按照下面的方式进行应对。

**1. 第一阶段**

立即消除死亡的危险。如去除导致死亡的物品（绳子、刀具、安眠药等），设法稳定当事人的情绪。

不要让当事人独处，做好看护工作。

尽快与和当事人有亲密关系的人联系。

尽快寻求专业人士的指导和帮助。

第一阶段应对的主要目的是消除即刻的危险性。因此针对当事人自杀的方式，需要采取最为有效的方式以中止其自杀行为，必要时可以送至医院或是限制其活动。在解除突发危险后，也不能掉以轻心，需要进行 24 小时监控，随时保持当事人处在视线范围之内。即使是洗澡、上厕所等，也要保持门不反锁、定时询问，以防范意外发生。通常，应将当事人带离寝室或其他居住环境，转移至帮助人可以 24 小时陪同的环境共同居住，并尽量安排在低楼层居住，以预防跳楼自杀行为。最后，当发现处在自杀危机中的当事人后，不需也不应该承担全部帮助自杀者的压力由自己。在保证当事人安全后，应尽量联系专业人士进行更有针对性的帮助。

**2. 第二阶段**

鼓励当事人进行心理咨询与心理治疗。

帮助他解决其面对的困扰。

鼓励他建立更积极、乐观的人生观。

帮助他培养兴趣爱好，丰富生活，调节心情。

鼓励他交朋友，建立自己的社会支持系统。

第二阶段是在自杀风险降低后，帮助其树立求生信念，建立支持和帮助系统，协助其找到可以帮助解决自身困扰的资源，订立改变计划。第二阶段是一个长期的过程，需要持续、定期的介入。其中，在当事人周围建立稳定、可依赖的社会支持系统是最为重要的。老师和心理咨询师定期的谈话和帮助也是必不可少的。

在与自杀危机中的当事人接触时,需要注意谈话的方式、方法。应该以倾听为主,鼓励当事人尽可能地说出内心的想法,并从对方的立场出发进行共情。而在进行反馈时,则应保持开放、接纳的态度。

### (二)自杀危机干预中的14个“不要”

**不要对求助者进行责备和说教;**

**不要对求助者的选择和行为提出批评;**

**不要否认求助者的感受,或是试图说服他改变自己的感受;**

**不要与其讨论自杀的是非对错;**

**不要被求助者告之的“危机已过去”的话所误导;**

**不要否定求助者的自杀意念;**

**不要害怕直接询问求助者的自杀意念;**

**不要让求助者一个人留下,不去观察他,或是不去与其取得联系;**

**不要诊断、猜测求助者的行为动机,或是做出自己的解释;**

**不要陷入被动;**

**不要过于着急,尽量保持镇静;**

**不要让求助者保守自杀的秘密,也不要答应帮助其保守秘密;**

**不要把其他人的,或是过去的自杀行为说成是光荣的、殉情等;**

**不要忘记跟踪观察,应当适时回访。**

在生活中,我们对于自己和他人的心理健康状态都应该有所觉察。当产生压力和危机时,应及时释放压力,积极寻找有效对策,并努力寻求周围人以及专家的帮助,真正做到“勤于自助、善于求助、乐于互助”。

## 活动训练营

**活动一:我的人生“五样”**

**目的:**通过活动澄清自己的价值观。

**准备:**纸、笔。

**操作:**

(1) 请同学们把他(她)认为的自己生命中最宝贵的五样东西在纸上写下来。生命中最宝贵的东西,不必从逻辑上思索推敲是否成立,只要是自己赞成的事物或人均可。

(2) 请同学们思考:如果要放弃其中的四样东西,首先会放弃什么?其次会放弃什么?再次会放弃什么?最后会放弃什么?并逐一从纸上把这四样东西划掉。最后看一看,剩下的是什么?自己在这个过程中有什么体会?

(3) 以 8 个人为一个小组，在小组中分享自己的活动感悟。

(4) 在课堂上分享小组讨论结果。

**活动二：学会感恩**

**目的**：通过活动学会去感激自己生命中的一些重要的人和事。

**准备**：纸、笔。

**操作**：

(1) 请同学们认真思索，然后在纸上写下自己生命中最感激的三个(件)重要的人或事，并写下感激的理由。

(2) 以 8 个人为一个小组，在小组中分享自己的活动感悟。

(3) 在课堂上分享小组讨论结果。

## 成长与反思

1. 了解生命发展的特点，与自己的过去、现在比较，有哪些是基本相同的？而又有哪些是你自己独有的特点呢？再想一想自己的未来，对于自己的青年后期、中年以及老年，你又有何期许呢？

2. 你生命中最重要的东西是什么？你现在是否给予了它们充分的关注？

3. 有人说："生命的成长没有界限，没有假期，也没有终点。"你认同这种观点吗？为什么？

4. 挫折是人生最好的锻炼。因为从挫折中我们可以学习反省、吸取教训、锻炼毅力、激发创意。你有过类似的体验与经历吗？再找一找古今中外这样的例子。

## 推荐阅读

《滚蛋吧！肿瘤君》：该作品是由漫画家熊顿所创作的漫画，也是熊顿人生中最后一部作品。漫画最初在天涯和新浪微博上同步连载，作者将自己真实的抗癌经历通过诙谐可爱的漫画表现出来，她的乐观幽默、与病魔抗争的积极向上的精神吸引并感动了众多网友。2012 年 9 月，该书由北京理工大学出版社与微漫画合作正式出版发行。该作品亦被改编成了电影和舞台剧。

# 第十一章

# 激发潜能，创就梦想

## 典型案例

素有“理工马云”美誉的杨晓锋，是国内最早、也是目前最大的定位在大学社团的校园网络服务平台的创始人兼CEO。2007年，杨晓锋从甘肃考进武汉理工大学，学习材料化学专业。为了锻炼自己，这个腼腆的男孩加入了学生会，同时在各个社团活动；为了减轻家里的负担，他在校园里推销银行卡、电话卡，忙得分身乏术。超强度的付出也给他回报了人生第一桶金。2009年6月，杨晓锋创办了武汉华夏飞马信息技术有限公司，代理销售各类大学生所需物品。谁知事与愿违，公司成立不到5个月，两个投资项目同时失败，他不但赔光老本，还负债5万元。

第一次创业失败让他对创业有了新的理解。“创业之初的各种设计，不管创业者有多么聪明，都需要实践来检验和佐证”，“经过研究分析我发现，电子商务已不算什么稀奇，但专门服务于校园的电商平台国内只有5到6家。”杨晓锋敏锐地捕捉到这一商机，脑海里有了建立一个校园电商网站的创业构想。2011年6月，武汉校园导航网络科技有限公司（简称“校导网”）正式成立。“通过整合大学生社团以及成员资源，将这些资源信息化，然后打包给企业或者团体展示，并与企业的服务对接，最终实现校园资源在线服务一体化。”改变传统视角，创新创业让杨晓锋有了更高的起点和回报。目前他的校导网旗下覆盖了全国2000多家高校社团，日访问量超2万人次，吸引了腾讯、雅思等众多知名企业，涉及教育、文化、科技等领域，“上百万的单子已不是新鲜事”。

# 第一节　激发你的创造潜能

看到下面这幅图(图 11.1),你会想到什么呢？帽子？山丘？岩石？还是其他？

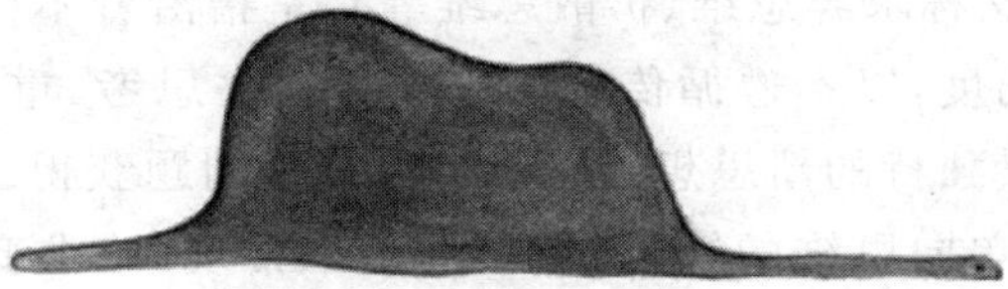

图 11.1　潜能创造图 1

"我把我的这副杰作拿给大人看,我问他们我的画是不是让他们害怕,"他们都回答我说:"一顶帽子有什么可怕的?"

"我画的可不是一顶帽子,是一条巨蟒正在消化着一头大象。"

上面的对话摘自法国的安托万德圣埃克·苏佩里(AntoinedeSaint-Exupéry)的《小王子》,当中的画如图 11.2 所示。

图 11.2　潜能创造图 2

## 一、什么是创造性思维

一般认为创造力是指个体产生新奇的、独特的、有社会价值的产品的能力或特性,也称为创造性。在心理学的研究中,创造力是一个内涵非常丰富的概念。它至少包括了创造性的思维、创造性的人格、创造性的过程、创造性的产品以及创造性的环境。创造性思维是创造力的核心,而创造性思维又以发散性思维为核心。

一提到创造性思维,我们最容易想到的就是牛顿、爱因斯坦、乔布斯等极少数杰出的创造性人物,他们的创造性不仅改变了我们的生活,也改变了整个世界。

那么我们不禁要问了,创造性思维是不是神灵赐予,只有极少数幸运儿才能拥有呢？事实上,越来越多的心理学家认为,凡具有新颖、独特意义的任何观念、想法和见解,都可以看作是创造性思维。每一位正常人都具有创造性思维的能力,它既可表现在重大的科学发现上,也可存在于日常的问题解决中,例如编造一段引人入胜的小故事、提出利于团队建设的新点子等。它存在于每一个头脑中，再平凡的人也具备创造性思维的潜能。

### （一）发散性思维

创造力研究的先驱吉尔福特（Guiford）曾指出，创造性思维的核心是发散性思维（divergent thinking，又称求异思维、扩散思维等），是指沿着不同的方向、在不同的范围、从不同的途径和角度，以不遵循传统的思维方式去思考、重组眼前的和记忆系统的信息，从而产生大量独特的新思想、新观点，最终使问题获得圆满解决的思维方法。它克服了常规思维中单向思维的缺陷，是一种不依常规、寻求变异，从多方面探索答案的思维形式，是创造性思维最重要的组成部分。发散性思维模式如图 11.3 所示。

图 11.3　发散性思维模式

### （二）聚合性思维

我们还必须知道的是，创造性思维并不完全等同于发散性思维，它是发散性思维与聚合性思维的统一。聚合性思维（convergent thinking，也称求同思维、集中思维等），是指思维过程中对信息进行抽象、概括，使之朝着一个方向集中、聚敛，从而形成一种答案、结论或规律的思维方式。它在创造性活动中发挥着集大成的作用。我们要解决某一创造性问题，首先需要进行发散性的思考，设想种种可能的方案，当通过发散性思维提出种种假设后，并不意味着创造性活动的完成，这时候还需要进行聚合性思维，即通过比较、分析和评估，从已有方案中挑选出最合理、最接近客观现实的设想，从而使问题得以创造性的解决。这一过程中，聚合性思维发挥了重要的批判性选择的功能（图 11.4）。因而，在创造性思维中，发散性思维和聚合性思维二者缺一不可。

图 11.4　聚合性思维模式

### （三）创造性思维的特征

创造性思维以发散性思维为本质，主要有以下三大特征：

**流畅性**，指给定时间内想出答案的个数，即发散性思维的“量”。单位时间内产生答案的个数越多，发散性思维的量越大，说明思维的流畅性越好。它反映了思维对外界刺激作出反映的速度和能力。例如在 3 分钟时间内回答“砖头有哪些不同寻常的用途”，有的学生想到了 3 个答案，有的学生则想到了 10 个答案。从这个角度来讲，我们的思维活动越是畅通无阻、灵敏迅速，能在短时间内产生越多的想法，我们创造性思维的能力越强。

**灵活性**，又称为变通性，指思维在发散方向上所表现出的变化和灵活程度，既产生答案的类别数。例如学生回答了砖头的 10 种用途，对这 10 种用途进行归类，能够归属的类别数越多，说明思维越开阔，灵活性越强。此外，灵活性强的个体，善于根据时间、地点、条件等变化，迅速从一个思路跳到另一个思路，从一种意境进入另一种意境，多角度、多方位地解决问题。如一题多解，一个故事多种结尾等都反映了思维的灵活性。

**独特性**，又叫新颖性、独创性，指答案超乎寻常、不同凡俗的新奇程度。它反映了思路不断突破常规定势、超越传统理论框架、指向新领域和新客体的能力，考察的是发散性思维的“质”。例如对于“砖头的非寻常用途”这道题目，我们想到的 10 个答案的独特性可能有所不同，“在上面刻上文字符号跟外星人沟通”这一答案的独特性显然高于“拿来砌房子”。

独特性是创造性思维最核心的特点，体现了创造性思维的最高层次。只有敢于突破习惯思维的束缚，打破常规、另辟蹊径、独立思考，并且运用丰富的知识和经验，充分展开想象的翅膀，才能够迸射出创造性的火花。

## 课堂活动

**创造性思维训练**

**● 1. 替换用途测验**

下面是一些生活中常见的物品，请尽可能多地把这些物品新颖的、不同寻常的用途列出来。每个限时 5 分钟。

空矿泉水瓶，报纸，易拉罐，塑料袋，筷子。

**● 2. 图形完成测验**

下面是两个不完整的图形（图 11.5），请发挥你的想象力，精心构思，通过添加细节，构成新颖、有创意的图画，并为其命名。图画的名字要反映图画主题，构思巧妙，不同寻常。完成时间为 10 分钟。

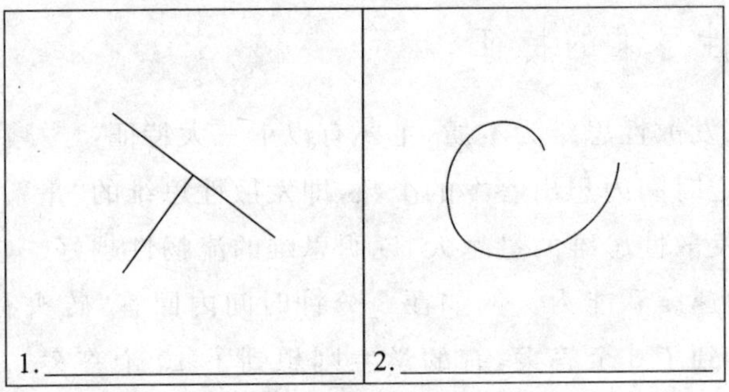

图 11.5 待补充完整的图形

## 二、你是一个有创造力的人吗

“你能盯着白纸，就看到美妙的画作么？你能静静坐着，就听见一首从未写过的美妙歌曲么？你能凝视一颗闪亮的星星，就想到神奇的太空实验室么？向那些充满创造力的、疯狂的家伙们致敬，他们特立独行，桀骜不驯，格格不入，他们用不同的眼光、从不同的角度来看待事物，他们既不墨守成规，也不安于现状。或许他们是别人眼里的疯子，但他们却是我们眼中的天才。在他们的想象的慧眼中，一颗纽扣也是全宇宙。”这是苹果公司“Think Different”广告语。

我们对一些高创造力的人物并不陌生，例如爱因斯坦、弗洛伊德、毕加索等，这些极富创造力的人跟普通大众似乎确实有些不同，苹果公司这则“Think Different”的广告，就生动地展现了那些充满丰富想象力、敢于发明创造、不断探索未知领域从而启迪人类智慧的“疯狂的家伙”的形象。他们始终充满灵感、充满活力、充满好奇又充满勇气。就像《乔布斯传》的作者在书中所描写的一样：“这些人大多是乔布斯心目中的偶像。他们都富有创造性，敢于冒险，不惧失败，赌上自己的职业生涯去做与众不同的事情。”

那么，对于大学生群体而言，什么样的人才算是有创造力的？一个高创造力的人究竟具有什么样的特点？

创造力的著名研究者托兰斯曾对 87 名教育家作了一次调查，要求每人列出 5 种创造性学生的行为特征，其结果如下(百分数表示该行为被提到次数的比例)：①好奇心，不断提问(48%)；②思维和行为的新异性(38%)；③思维和行动的独立性(38%)；④想象力丰富，喜欢叙述(35%)；⑤不随大流，不依赖群体的公认(28%)；⑥探索各种关系(17%)；⑦主意多(14%)；⑧喜欢进行实验(14%)；⑨灵活性强(12%)；⑩顽强、坚韧(12%)；⑪喜欢虚构(12%)；⑫对事物的错综复杂性感兴趣，喜欢用多种思维方式探讨复杂事物(12%)；⑬敢于幻想(10%)。

另一位研究者威廉姆斯进而提出冒险性、好奇性、想象力和挑战性是创造性人格的典型特征。其中，冒险性是指勇于面对失败或批评，敢于猜测，能在杂乱的情境下完成任务，勇于为自己的观点辩护。好奇性是指富有追根究底的精神，主意多，乐于接触模糊迷离的情境，肯深入思索事物的奥妙，能把握特殊的现象并观察其结果。想象力是指善于视觉化并建立心像，善于幻想尚未发生过的事情，可进行直觉的推测，能够超越感官及现实的界限。而挑战性是指善于寻找各种可能性，能够了解事情的可能性及实现间的差距，能够从杂乱中理出秩序，愿意探究复杂的问题或主意。这些人格特质是创造力充分发挥的必备心理品质。

我们可以通过下面的测试来了解自己的创造性倾向。不过需要注意的是，创造性倾向测试只是反映了我们在冒险性、好奇性、想象力和挑战性这几个维度上具有的创造潜能，并不完全代表我们创造能力的实际大小。

## 自我心理测试

### 威廉姆斯创造性倾向测验

这是一份帮助你了解自己创造力的问卷。在下列句子中，如果发现某些句子所描写的情形很适合你，则请你在题目后面代表“完全符合”的数字“3”上划“○”；若有些句子仅是在部分时候适合你，则在题目后面代表“部分符合”的数字“2”上划“○”；如果有些句子对你来说，根本是不可能的，则在题目后面代表“完全不符合”的数字“1”上划“○”。

| | 题目 | 完全不符合 | 部分符合 | 完全符合 |
|---|---|---|---|---|
| WP01 | 我喜欢试着对事情或问题进行猜测，即使不一定猜对也无所谓。 | 1 | 2 | 3 |
| WP02 | 我喜欢仔细观察我没有看过的东西，以了解详细的情形。 | 1 | 2 | 3 |
| WP03 | 我喜欢变化多端和富有想象力的故事。 | 1 | 2 | 3 |
| WP04 | 画图时我喜欢临摹别人的作品。 | 1 | 2 | 3 |
| WP05 | 我喜欢利用废旧物品(如旧报纸、瓶子、盒子等)做些好玩的东西。 | 1 | 2 | 3 |
| WP06 | 我喜欢幻想一些我想知道或想做的事。 | 1 | 2 | 3 |
| WP07 | 如果事情不能一次完成，我会继续尝试，直到完成为止。 | 1 | 2 | 3 |
| WP08 | 我做事情喜欢参考各种不同的材料以便得到多方面的了解。 | 1 | 2 | 3 |

| | | | | |
|---|---|---|---|---|
| WP09 | 我喜欢用相同的或已有的方法做事情，不喜欢另找新方法。 | 1 | 2 | 3 |
| WP10 | 面对问题，我喜欢刨根问底。 | 1 | 2 | 3 |
| WP11 | 我喜欢尝试做一些新鲜的事情。 | 1 | 2 | 3 |
| WP12 | 我不容易结交新朋友。 | 1 | 2 | 3 |
| WP13 | 我喜欢想一些不会在我身上发生的事。 | 1 | 2 | 3 |
| WP14 | 我时常想象有一天能成为艺术家、音乐家或诗人。 | 1 | 2 | 3 |
| WP15 | 我会因为一些令人兴奋的念头而忘了其他的事。 | 1 | 2 | 3 |
| WP16 | 我真想生活在太空站，不想生活在地球上。 | 1 | 2 | 3 |
| WP17 | 我认为所有问题都有固定的答案。 | 1 | 2 | 3 |
| WP18 | 我喜欢与众不同的事情。 | 1 | 2 | 3 |
| WP19 | 我常常想知道别人正在想什么。 | 1 | 2 | 3 |
| WP20 | 我喜欢故事里或电视节目所描写的事。 | 1 | 2 | 3 |
| WP21 | 我喜欢和朋友在一起，跟他们分享我的想法。 | 1 | 2 | 3 |
| WP22 | 如果一本故事书的最后一页被撕掉了，我就自己编一个结尾补上去。 | 1 | 2 | 3 |
| WP23 | 我长大后，想做一些别人从没想过的事。 | 1 | 2 | 3 |
| WP24 | 尝试新的游戏和活动，我认为是一件有趣的事。 | 1 | 2 | 3 |
| WP25 | 我不喜欢受太多规则的限制。 | 1 | 2 | 3 |
| WP26 | 我喜欢尝试解决问题，即使没有正确答案也没关系。 | 1 | 2 | 3 |
| WP27 | 有很多事情我都很想亲自去尝试。 | 1 | 2 | 3 |
| WP28 | 我喜欢唱没有人知道的新歌。 | 1 | 2 | 3 |
| WP29 | 我不喜欢在班上同学面前发表意见。 | 1 | 2 | 3 |
| WP30 | 当我读小说或看电视时，我喜欢把自己想象成故事中的人物。 | 1 | 2 | 3 |
| WP31 | 我喜欢幻想古代的人们生活的情形。 | 1 | 2 | 3 |
| WP32 | 我常想自己编一首新歌。 | 1 | 2 | 3 |
| WP33 | 我喜欢翻箱倒柜，看看有些什么东西在里面。 | 1 | 2 | 3 |
| WP34 | 画图时，我喜欢改变各种事物的颜色和形状。 | 1 | 2 | 3 |

| | | | | |
|---|---|---|---|---|
| WP35 | 我不敢确定我对事情的看法都是对的。 | 1 | 2 | 3 |
| WP36 | 我觉得对于一件事情先猜猜看，然后再看是不是猜对了，这种方法很有趣。 | 1 | 2 | 3 |
| WP37 | 玩猜谜之类的游戏很有趣，因为我想知道结果如何。 | 1 | 2 | 3 |
| WP38 | 我对机器感兴趣，很想知道它里面是什么样子，以及它是怎样转动的。 | 1 | 2 | 3 |
| WP39 | 我喜欢可以拆开来的玩具。 | 1 | 2 | 3 |
| WP40 | 我喜欢想一些新点子，即使用不着也无所谓。 | 1 | 2 | 3 |
| WP41 | 我认为一篇好的文章应该包含许多不同的意见和观点。 | 1 | 2 | 3 |
| WP42 | 我觉得寻找将来可能发生的问题的答案，是一件令人兴奋的事。 | 1 | 2 | 3 |
| WP43 | 我喜欢尝试新的事情，目的只是为了想知道会有什么结果。 | 1 | 2 | 3 |
| WP44 | 玩游戏时，我通常是重在参与，而不在乎赢。 | 1 | 2 | 3 |
| WP45 | 我喜欢想一些别人谈过的事情。 | 1 | 2 | 3 |
| WP46 | 当我看到一张陌生人的照片时，我喜欢去猜测他是一个什么样的人。 | 1 | 2 | 3 |
| WP47 | 我喜欢翻阅书籍及杂志，但只想大致了解一下。 | 1 | 2 | 3 |
| WP48 | 我不喜欢探寻事情发生的各种原因。 | 1 | 2 | 3 |
| WP49 | 我喜欢问一些别人没有想到的问题。 | 1 | 2 | 3 |
| WP50 | 无论是在家里还是在学校，我总喜欢做些有趣的事。 | 1 | 2 | 3 |

计分方式：本量表共有50道题，包括冒险性、好奇性、想象力和挑战性四项。

其中：正面题目完全符合3分，部分符合2分，完全不符合1分；反面题目完全符合1分，部分符合2分，完全不符合3分。4、9、12、17、29、35、45和48共8个题目需要反向计分。

(1) 冒险性题目有11个。正面题目：1、5、21、24、25、28、36、43、44；反面题目：29、35。

(2) 好奇性题目有14个。正面题目：2、8、11、19、27、33、34、37、38、39、47、49；反面题目：12、48。

(3) 想象力题目有13个。正面题目：6、13、14、16、20、22、23、30、31、32、40、46；反面题目：45。

(4) 挑战性题目有12个。正面题目:3、7、10、15、18、26、41、42、50;反面题目:4、9、17。

可分别计算各维度的得分,也可计算整个量表的累积分数。得分越高,说明创造性倾向越强。

## 三、如何增加你的创造力

世界上所有美好的事物都是创造力的果实。——米尔

人可以老而益壮,也可以未老先衰,关键不在岁数,而在于创造力的大小。

——卢尔卡尔斯基

创造力对于个体、民族、国家乃至整个人类社会的发展和进步都具有重要意义。对于大学生来说,创造力是我们拥有的最伟大的潜能,是进行创新活动的关键,更是我们不断保持生命力的源泉。有哪些途径可以帮助我们增强创造力呢?

**常怀好奇之心**。我们出生时一无所知,所以对这个世界充满了好奇,孩童时期小脑袋里总是藏满了各种问题,总是皱着眉头一脸急切地问"为什么",这种好奇心是创造力最初的源泉。好奇心是敲开另一扇门的钥匙,我们要常常回到孩童的"为什么"时代,多问几个"为什么"。如果我们心态开放、充满好奇、乐于思考和探索、乐于接受未知的新鲜事物,我们就会在日常生活的平凡琐事中体验到乐趣,也会收获意想不到的创意。

**激发想象力**。想象力是一种高级的认识能力,是大脑对原有表象进行加工改造、形成新形象的心理能力,对掌握新技术和发明创造有巨大作用。正如爱因斯坦所说:"想象力比知识更重要。"想象力是创造力的工具,它表现在生活中的方方面面。经常去想象打动我们的美好事物,翻阅能够激发思维的图片或书籍,参观美术馆,与能够让我们沉静的人交谈,多去不同的地方旅游,感受不同的风情文化,尝试新鲜的事物,进行各种各样的体育和娱乐活动,甚至没事的时候可以做一做白日梦,让自己不受任何限制地想象各种事物,让思维插上想象的双翼,自由翱翔……这些都可以丰富我们的想象力。

**引申阅读**

### 有关想象力的小故事

古代有位画家以"深山藏古寺"为题考三个学生的绘画能力。一个学生画了四面高山、悬崖峭壁,中间有座寺院,另外一个学生画了峰峦起伏、松柏挺立,并有古寺一角,唯有第三个学生未画山也未画寺,他画了数节石阶通向小溪,一个和尚在挑水,古寺藏而不露反而跃然纸上。

**学会质疑**。学习的过程实质上就是发现问题、探究问题和解决问题的过程。培养我们的创造性思维，重要的是培养发现问题、学会质疑的能力。“疑是思维的火花，思维总是从发现问题开始，以解决问题告终。”不断对已知发出疑问：真的还是假的？从而寻求新的可能性。古人云：“学贵有疑，小疑则小进，大疑则大进；疑者，觉醒之机也，一番觉悟，一番长进。”如果习惯于批判性地深入思考问题，那么思路就会更开阔、灵活，问题解决也会更富有创造性。

**保持积极的情绪**。处在积极愉悦的情绪中更容易激发我们的创造潜能。研究发现，人们在观看一小段独角喜剧视频后，解决脑筋急转弯问题的数量会增加约20%。面对“砖头的用途测验”，积极的情绪状态下个体回答的数量更多，类型也更广泛，说明个体在积极的情绪体验中思维的流畅性和灵活性都显著增加。积极情绪还有助于个体产生丰富的联想，解决问题的效率更高，决策也更加全面。所以，为了增加创造力，别忘了每天保持愉快的心情。

**身心舒展，时常放松**。心理学研究表明，创造性的灵感偏爱民主、自由和宽松的氛围，而在紧张、疲劳和受到压抑的情况下，大脑思维就会停滞，灵感就会被窒息。一些有趣的研究发现，人们在洗澡（bath）的时候、躺在床上（bed）的时候以及坐公交车（bus）的时候特别容易产生灵感，出现有趣的“3B现象”。还有不少心理学的实验研究表明，当我们百思不得其解的时候，洗个澡、睡个觉、来一段冥想、听一首曲子、跳一支舞或者出去游泳、登山、旅行等，这些都有助于我们暂时跳出思维的僵局，使身体和大脑都得到放松，从而让潜意识孕育的创造性想法浮出水面。

**养成记笔记的习惯，随时捕捉闪现的灵感**。灵感来之不易，去之无踪。著名的哲学家费尔巴哈曾说过：“热情和灵感是不为意志所左右的，是不由钟点来调节的，是不会依照预定的日子和钟点迸发出来的。”既然灵感有这样的属性，为了在它不期而至的时候能够迅速捕捉到它，我们就应当像狩猎者一样，时刻做好准备。许多作家、画家、作曲家等都有在“三边”放置记事本的习惯，这“三边”就是书桌边、枕头边和手边，以便在灵感出现时立即把它记录下来。

**引申阅读**

有关贝多芬捕捉灵感的故事流传久远。有一天，他独自行走在维也纳近郊的一条小路中央，忽然脑子里闪现出了灵感，于是他马上蹲在地上记录刚刚构思好的乐曲。他写得那样专注，再加上双耳已经失聪，以至于一支送葬队伍奏着哀乐走到他的跟前，他竟无丝毫反应。吹鼓手们气愤之极，正准备呵斥时，他们认出了是贝多芬，于是他们异口同声地说：“不要惊动他，等一等，让他写完！”

这个故事说明，一方面，灵感是过时不候的，一旦出现了，必须立即把它捉住，决不能让它溜掉；另一方面，要善于尊重他人，不要扰乱他人的灵感，这是支持发明创造的具体表现。

# 第二节 创意成就创业梦想 ❯❯❯

近年来，国家先后在《国家中长期教育改革和发展规划纲要（2010—2020 年）》、《教育部关于大力推进高等学校创新创业教育和大学生自主创业工作的意见》（教办〔2010〕3 号）、《教育部关于全面提高高等教育质量的若干意见》（教高〔2012〕4 号）等文件中明确指出要大力推进高等学校创新创业教育，使创新创业教育面向全体学生，融入人才培养全过程。李克强总理也提出"大众创业，万众创新"是中国经济发展的新发动机。可以说，我们已经进入了大众创业、万众创新的新时代。

## 一、从创新到创业

### （一）创新

创新是以新思维、新发明和新描述为特征的一种概念化过程，起源于拉丁语，它原意含有三层意思：第一，更新；第二，创造新的东西；第三，改变。创新是人类特有的认识能力和实践能力，是人类主观能动性的高级表现形式，是推动民族进步和社会发展的不竭动力。

所谓创新能力是为了达到某一目标，综合运用所掌握的知识，通过分析解决问题，获得新颖的、独创的、具有社会价值的精神和物质财富的能力。创新能力是个体的一种创造力，它从来就不是孤立地存在于个体的心理活动中，而是与每个人都具有的创造性人格特征紧密相连的。根据创新活动中创新对象的不同，可以把创新分为知识创新和技术创新。

### （二）创业

创业是创业者对自己拥有的资源或通过努力对能够拥有的资源进行优化整合，从而创造出更大经济或社会价值的过程。创业是一种劳动方式，是一种需要创业者运营、组织、运用服务、技术、器物作业的思考、推理和判断的行为。

创业模式可以分为两大类：一类是传统型创业，包括复制型创业和模仿型创业，这在近年来的创业实践中已被大量应用；而另一类是创新型创业，它是指创业者突破传统的经营理念，通过自身的创造性活动引导新市场的开发和形成，通过培育市场来营造商机，通过提供有创造性的产品或服务，填补市场需求的空白。创新型创业与传统型创业最根本的差异就是创新，基于技术创新、产品创新、品牌创新、服务创新、商业模式创新、管理创新、组织创新、市场创新、渠道创新等方面的某一点或几点创新而进行的创业活动就可以被称为是创新型创业。这种创业需要创业者具有敏锐的市场眼光、独特的个性特征和旺盛的创业欲望，善于洞察商业机会并敢于冒险，是一种价值创造型创业。

## （三）创新与创业的关系

"创新"与"创业"是一对有机互补、共生共荣的孪生体，"创新"侧重的是精神、思维、理念层面的重构，强调的是原创性，"创业"则强调行动层面的开拓性，注重行动力和执行力。

创新是创业的本质与源泉。经济学家熊彼特曾提出，"创业包括创新和未曾尝试过的技术"。科学技术、思想观念的创新，促进人们物质生产和生活方式的变革，引发新的生产和生活方式，进而为整个社会不断地提供新的消费需求，这是创业活动之所以源源不断的根本动因。而创业者只有在创业的过程中具有持续不断的创新思维和创新意识，才可能产生新的富有创意的想法和方案，才可能不断寻求新的模式、新的思路，最终获得创业的成功。创新是创业的基础和前提，也是创业的灵魂。

创新的价值在于创业。从一定程度上讲，创新的价值就在于将潜在的知识、技术和市场机会转变为现实生产力，实现社会财富的增长，造福于人类社会。而实现这种转化的根本途径就是创业。在创业实践的过程中，个体和团队的创造性都得到了充分的发挥和张扬。创业者可能不是创新者或是发明家，但必须具有发现潜在商机的能力和敢于冒险的精神；创新者也并不一定是创业者或是企业家，但是创新的成果只有经过创业者推向市场，使潜在的价值市场化，才能转化为现实生产力。这也从侧面体现了创新与创业的相互关联。

创业推动并深化创新。创业是一个从无到有的过程，其本质在于把握机会、创造性地整合资源、创新和快速行动。所以说创业在本质上是人们的一种创新性实践活动。创新是创业的基础，而创业进一步推动着创新，是创新的体现和延伸。创业可以推动新发明、新产品或是新服务的不断涌现，创造出新的市场需求，从而进一步推动和深化各方面的创新，因而也就提高了企业乃至整个国家的创新能力，推动了经济的增长。

**引申阅读**

**95后女大学生周詹敏：咖啡渣上玩出的花样**

废弃的咖啡渣，在一般人看来一文不值，却有一群人用它来创业，他们用咖啡渣发酵培植的盆栽，这样的盆栽比普通种植的更绿、更养眼。领头人周詹敏，来自成都，开始创业时还是云南大学大二的学生，一位典型的川妹子。周詹敏坦言，自己创业纯属偶然，机会来自于一场比赛——星巴克中国青年领导力大赛。“因为星巴克是做咖啡的，所以我们就想做一个与咖啡有关的项目，通过咨询老师和自己研究，我们想到了用咖啡渣来种植盆栽，取名叫‘啡尘工坊’，也就是我们后来创业的雏形。”

功夫不负有心人，啡尘工坊的努力得到了回报，他们在层层选拔中脱颖而出，最终夺得云南赛区第一名，获得由星巴克提供的上万元启动资金。几个人一合计，决定以此为契机进行创业。周詹敏作为参赛时的队长，自然而然担起了带领整个团队的重任，而她当时才19岁，是团队中最小的妹妹。2014年11月，在参加完比赛之后，5个年轻人开始规划创业蓝图，同年11月，啡尘工坊成立。在得到许多专业老师的建议后，他们开始跑遍大街小巷，与咖啡店、花卉种植基地寻求合作；他们开始制作宣传手册，在商场里挨家挨户推销自己的产品；他们亲力亲为，从做实验进行咖啡渣配土，到花盆的搭配，再到植物的日常料理、出售，不敢有一丝怠惰。目前推出的多肉植物、绿萝、白掌、金钻、金边吊兰等品种，因创新、时尚，颇受学生的欢迎。

让人意想不到的是，啡尘工坊的成员全是90后，而年纪最小的周詹敏更是生于1995年。他们常被贴上“垮掉的一代”的标签，然而他们却用行动重新定义了90后。

## 二、为什么要创业——大学生的创业动机

对社会而言，创业可以促进国家经济发展与科技创新，创造巨大的经济效益和物质财富，推动我国创新教育的发展，加快培养创新型人才的进程。对个人而言，我们为什么要创业？在决定创业的时候，最好先问问自己这个问题。促使选择创业的原因可能有很多，我们首先要明确创业的原因和目的，也就是创业动机、才能找到创业的动力。

### （一）创业动机的含义

创业动机是指引起和维持个体从事创业活动，并使活动朝向某些目标的内部动力。它是鼓励和引导个体为实现创业成功而行动的内在力量。说得通俗一点，创业动机就是有关创业的原因和目的，即为什么要创业、为何创业的问题。

行为心理学认为：“需要产生动机，进而导致行为。”创业活动是一种综合性很强的社会实践活动，它源于人的强烈的内在需要，这种内在需要是创业活动最初的诱因和动力。只有创业需要上升为创业动机时，才能形成创业者竭力追求获得最佳效果

和优异成绩的心理动力。创业动机是推动创业者从事创业实践活动所必备的积极的心理状态和动力。创业者只有拥有了这一积极的心理状态和动力并将其付诸实践，他才会坚持不懈、勇往直前。

## （二）大学生创业动机的类型

大学生的创业动机有一定的特殊性，归纳起来主要有以下几种：

**现实生存的需要**。如今大学毕业生的就业形势相当严峻，一方面，大学扩招后每年有数百万的毕业生涌向就业市场，找不到工作或者短时间内找不到合适的工作是越来越多的大学生面临的难题，这也就成为部分大学生选择创业的直接原因，这种情况下的创业是一种无奈之举。另一方面，大学毕业生的工资待遇较低，无法满足一些大学生对于薪资的期待，或者受家庭经济条件等影响，承受较大生活压力的大学生有着强烈的挣脱经济压力的现实需要，而自主创业可能带来良好的经济效益，这也是一些大学生选择自主创业的一个重要的现实原因。

**经验积累的需要**。"从干荔枝的味道是没法推想鲜荔枝的风味的"，这句话道出了直接经验的重要。书本知识虽然都是前人认知积累的精华，但亲自实践获得的体悟要比间接经验更加深刻通透。有一部分大学生，基于自己的兴趣，在条件允许的情况下，会利用课外或业余时间走上创业的道路。他们的动机往往比较简单、纯粹，较少地掺杂物质和功利的因素，更多是为了通过亲身体验创业的过程，积累第一手经验财富，丰富自己的社会阅历，为自己以后的发展或实现更长远的目标做好充足的准备。这种创业动机的背后，其实蕴藏着下面两种需要。

**追求自由的需要**。不少人厌倦朝九晚五的工作，希望自己在时间的掌控上更加自由，也能够拥有更多的自我空间，而创业者从某种程度来说可以自己支配时间、按照自己的想法来决定大小事情，而不受别人的约束和控制，这种独立和自由对很多人来说具有巨大的吸引力。尤其是很80后、90后的大学生，其创业的最大动力正来源于此。此外，不少选择自主创业的大学生抱着这样一种心态——"替别人打工不如为自己打工！"自己的事业做起来会更有激情、更加投入，从而更容易取得成功，并且这种成功是完全属于自己的，即使失败，也不后悔自己的选择。这种自我掌控感也是很多大学生创业的动力之源。

**自我实现的需要**。心理学研究表明：25～29岁是创造力最为活跃的时期，这个年龄段的青年正处于创造能力的觉醒时期，对创新充满了渴望和憧憬。他们思维活跃、创新意识强烈，同时所受的限制和束缚较少，对成长的需要也更为强烈。另外，基于大学生所处的环境，他们往往更容易接触一些新的发明和学术上的新成果，或者他们中的一部分人本身便拥有具有自主知识产权的科研成果。为了圆梦，实现自己的人生梦想和自我价值，他们中的一部分人改变了自己的成功观念，开始了创业生涯。这种"创业理想"最终成为创业者持之以恒的核心信念。

除了上面几种主要的创业动机之外，大学生创业还有其他原因，比如偶像崇拜。

而创业动机也具有一些特点：首先，创业动机常常是复杂的，真正选择创业的大学生，其创业的动机往往不是单一的，而是多种原因兼有，我们称之为复合动机；其次，每个创业者的创业动机不尽相同。为了助力家乡反哺社会，为了化解自己从小到大的情结，为了开创全新的商业模式……每个人选择创业的原因可能千差万别；最后，创业动机并非是一成不变的，相反，在创业的不同阶段，创业的动机也常常动态变化。但不管是基于什么样的原因选择创业，动机的作用都是相同的，它是创业行为产生并前进的推动力。成功的创业者在上路之前，已经给自己找好了动力之源。

### 引申阅读

**你为什么要创业——创业的基本面**

对于“为什么要创业”这个问题，马云当年的回答是：“互联网必将改变世界！”马云没有说我要成为中国IT巨头，没有说我要成为全民偶像，更没有说我实在没有可干的所以只能做这个了。他只说了：“互联网必将改变世界！”这其实是一个创业的基本面：价值中枢。马云之所以不顾他人的反对（他当时请了24个朋友去他家商量，其中23个人反对，只有一个人说你可以试试看，不行赶紧逃回来）而义无反顾地开办中国黄页，在于他找到了创业的基本面——价值中枢，为商人提供一个可以做成生意的电子商务平台。

“我们就再打造一个伊利！”谈到为什么创办蒙牛时，牛根生曾如是说。因为离开伊利之前，牛根生对整个行业都非常熟悉，他是当年伊利的第一功臣，伊利80%以上的营业额来自他所主管的各个事业部。牛根生希望“再打造一个伊利”，因为他找到了一个创业的基本面——经营能力。

“希望网民上网变得容易。”这是丁磊给自己创办的公司起名“网易”的原因。他这样说，也有这个能力实现它。在创办网易之前，他曾经先后在宁波电信局、sybase（关系型数据库系统的创立者）、飞捷（一家互联网接入服务商）等公司工作过。他非常熟悉Unix系统，熟悉关系型数据库系统，也正因此他在飞捷开辟了BBS，而这正是网易虚拟社区的前身。技术型人才丁磊创业的原因在于他找到了创业的基本面——技术能力。

“为什么要创业”绝对不是你实施创业行动的动力，能为你行动提供动力的是你的目标。“为什么要创业”并不是目标，而是用来解答目标是否可行的答案。

**创业动机有正确与错误之分吗？**

李开复指出，四个正确的创业动机是：

（1）拥有强烈的内在热忱打造一个有价值的企业；

（2）渴望财富但是理解需要时间、耐心；

（3）渴望和一个志同道合的团队一起改变世界，但是理解且不畏惧可能存在的巨大风险；

(4) 想让一个点子成真，或想在一个特别好的领域做点什么，但是深知执行和深度了解行业更重要。

而失业或就业困难、讨厌老板或公司、讨厌被人使唤、想做老板过瘾、看到比自己差的人都创业致富了等都是错误的创业动机。李开复同时强调，并不是说不可以有这些欲望，而是主要理由不应该是这些。

**创业成功的真正动机是什么？**

你也许在为是创业还是打工而犹豫不决，那么，请问自己：你是为了什么创业？这是你必须考察的第一件事。经过这一番考察，你就可以确定自己究竟只是一个徒怀空想的人，还是真正走创业之路的人。

和任何一个职业一样，创业也只是一种生活方式的选择，没有那么阳春白雪。它的背后在于你确实想做一件事情，这件事情于你、于社会、于人类都有价值，你不去做便可能很后悔，而目前还没有这个平台，你一定要去做，而且去做了，这就是创业！而你对这个价值理念的深刻理解和洞察，你的文化底蕴，你的追求以及对人生、对社会的认识层次，将决定了你将会走多远，做多大。这其实就是我们所说的战略高度。

如果你是因为"不愿再终日听命于人"，而希望更加自由自在些；或者因为得不到赏识、遭人瞧不起，才想在自己办的企业里工作，那么，你趁早还是把这个念头忘了，因为这些都算不上是开创企业的理由，倒是你离开目前工作岗位的借口。

如果你是因为想"发大财"，那也未必是个很恰当的理由。这个目标很好，你值得为此努力，不过，倘若你的主要动机仅止于此，那么，恐怕它还不足以支撑你熬过万事开头难的艰辛岁月。

创业成功的真正动机应该是：你深刻感受到，要是不能一试身手，必将抱憾终生。这就将使你获得冲动，要走出公司大门，要切断存在于你同公司之间的那根脐带；还将使你有可能勇往直前，哪怕其他一切事物使你感到阻力重重，你也在所不顾。这样，你成功创业的概率就变得很大。即使失败了，那也将是另外一种意义上的成功。

在创业之初，想想你的动机，让你更理智地选择；遇到困难时，想想你的动机，让你获得冲破困难的力量；成功时，想想你的动机，让你重新获得前进的动力。

## 三、大学生创新创业能力的培养

### （一）大学生创业者需要具备的心理品质

大多数人把创业看得非常简单，似乎创业成功是唾手可得的果实。事实上，创业是一件异常艰苦、复杂且十分具有技术含量的事情，并非人人都适合创业，创业往往也只有少数人才能成功。这其中需要良好的心理素质为你的创业之路保驾护航。

**1. 独立思考、判断、选择和行动的心理品质**

独立性是创业者需要具备的最基本的个性品质之一。这种品质主要体现在：一是自主抉择，即在选择创业目标、选择前进道路时，有自己的见解和主张，而且能够开拓创新，不因循守旧、步人后尘；二是自主行为，即在行动上较少受他人的影响或支配，能够按照自己的主张将决策执行下去、贯彻到底。

当然，这种独立性的人格并不等同于孤僻、一意孤行等，因为创业活动虽然是个体的实践活动，但其本质是社会性的活动，是在人与人之间的交往、配合、协调中发生、发展并取得成功的。因此，创业者在具有独立性品质的同时还应具有善于交流、沟通与合作的心理品质。

**2. 善于交流、沟通与合作的心理品质**

良好的人际关系是我们生活快乐的源泉，也是问题解决的润滑剂。在创业的过程中，需要与员工、客户、媒体等不同类型的人打交道，需要通过语言、文字等多种形式，与周围的人进行有效的交流与沟通，这时候良好的人际交往技巧可以帮助我们排除障碍、化解矛盾、降低工作难度并且增加人际信任度，从而有助于创业的发展。

**3. 敢于冒险、勇于拼搏、乐于承担的心理品质**

只要从事创业活动，就必然有风险伴随。事业的范围和规模越大，取得的成就越大，伴随的风险也越大，需要承受风险的心理负担也就越大。但在创业过程中，风险往往与机遇是密不可分的。大学生立志创业，需要有胆有识、敢于实践、敢冒风险，面对挑战保持积极的心理状态，不断寻找新的起点并及时果敢地付诸行动，才有可能变理想为现实。

**4. 坚持不懈、不屈不挠、顽强努力的心理品质**

创业过程是一个长期坚持努力奋斗的过程，立竿见影、迅速见效的事是极少的，因而坚持不懈、持之以恒的毅力和意志对于创业者就显得尤为重要。心理学中有关心理韧性(Resilience)的研究发现，坚韧不拔的人患抑郁症的概率较低，相比脆弱的人，更容易因逆境而提升自我。在创业的路上，成功与失败是孪生兄弟，普通人遭遇挫折容易一蹶不振，但创业者却能够从挫折和危机中努力寻找机会，波折反而激起了他们的兴奋点。许多成功的企业家比如俞敏洪、马云、史玉柱、褚时健等，无不具备百折不挠、坚忍不拔的特质，在挫折和失败中愈挫愈勇，最终成就一番大事业。

**5. 善于自我调节、灵活应变的心理品质**

“水因地而制流，兵因敌而制胜。故兵无常势，水无常形；能因敌变化而取胜者，谓之神。”面对变化多端、竞争激烈的市场，创业者能否及时地随客观变化而“动”，灵活地调整自我心理状态，是创业成功的关键所在。这种灵活性包括了两个方面，一是对外界环境变化的积极应对，二是对内部心理状态的灵活调控。创业者需要通过不断地调整和适应，达到内外部平衡，才能“以不变应万变”。

## （二）大学生创新创业的优势与弊端

大学生进行创新创业具有较为明显的优势。

首先，大学生有着年轻的血液，往往喜欢追求变化、尝试新奇事物，对新鲜事物的接受速度快、适应能力强，而且学习能力也很强，对未来充满希望和激情，这些都是一个创业者应具备的重要素质。

其次，大学生受到了良好的高等教育，学到了很多理论性的知识，更容易进行知识创新，并且大学生也有着较高层次的技术优势，为科技创新打下了坚实的基础。知识和技术的重要性是不言而喻的，“用智力换资本”是大学生进行创新创业的特色和必然之路。

最后，现代大学生不少都怀揣着创业梦想，有对传统观念和传统行业挑战的信心和欲望，有“初生牛犊不怕虎”的精神，有打破常规、挑战既定模式和框架的勇气，这种创新精神往往造就了大学生创业的动力源泉，成为成功创业的精神基础。

但不可忽视的是，大学生进行创新创业还存在不少弊端。

一是心理资本不足。大学生创业常常急于求成、盲目乐观，对可能遭遇的失败没有足够的心理准备，当遇到挫折和失败时，心理抗挫能力较弱，容易感到痛苦、茫然，甚至沮丧消沉、一蹶不振。

二是实践经验欠缺。大学生虽然掌握了一定的书本知识，也怀揣颇有创意的创业想法，但缺乏必要的市场意识和经营管理经验，“纸上得来终觉浅，绝知此事要躬行”，把美好的创业理念转化为切实可操作的实践方案，并一步步执行、落实，这是大学生开始创业时面临的一大挑战。

**引申阅读**

**创业不可急于求成**

一辈子很长，创业不可急于求成。大学生处于创业阶段中厚积薄发的潜伏期，在这段时期内，我们需要做好如下十件事：

1. 建立职业目标，找准职业定位。
2. 开阔视野，拓展思维。
3. 发现并确立自己的优势。
4. 多向周围优秀的人请教。
5. 主动迎接各种挑战，全面提升自己的能力。
6. 积累和建立自己的人脉。
7. 和老师、同学等进行积极的沟通。
8. 敢于担当，勇于负责。
9. 定期反思和总结自己，不断改进。
10. 持续前进，使自己尽可能变得强大。

# 第三节　创业心理素质的提升 ❯❯❯

## 一、创业过程中可能出现的心理问题

我们经常可以看到很多关于创业成功者的报道，他们成为不少创业者心目中的偶像或英雄，然而创业不只是科技媒体上的激情万丈、融资新闻中的春风得意，创业者们更多的是在压力、焦虑、抑郁和苦闷中艰难挣扎。甚至有这样一种说法："没有焦虑、抑郁过的创业者没有真的在创业"，这似乎才是创业者的真实面目。创业就像是在走钢索，创业者或多或少都被压力压得喘不过气来，但很多人并没有意识到自己的情绪或心理问题，或者即使有所觉察，却不得不硬扛。在这种情况下，心理问题几乎成为所有创业者的一个隐疾。

旧金山大学加州分校临床教授费曼本身也是创业者，他是首批将精神健康问题和创业联系起来的人。他根据对 242 名创业者的调查发现，49%的创业者存在一项甚至多项终身的精神健康疾病。

排在第一位的是抑郁症。数据显示，65%的创业者都有抑郁的情绪，达到抑郁症程度的高达 30%（美国抑郁症的平均比例约 7%）。不少创业者长期处在低落、压抑、绝望、痛苦、无价值感、失去动力甚至想自杀的情绪状态中，且饱受头痛、失眠、食欲和体重骤变等问题的困扰。然而几乎所有人都会拼命地想要掩饰他们与抑郁症这一顽疾作着长期斗争的事实，甚至到了自欺欺人的地步。

焦虑症也在创业者中非常普遍。34%的创业者说他们很焦虑，这比其他类型的工作者高 4%。面对不断出现的各种棘手的问题，创业者往往都有非常强烈的焦虑情绪，他们时常处于担心、害怕、紧张不安、提心吊胆的内心体验中。严重的焦虑症会伴随着植物神经症状，例如胸闷、心悸、手抖、出汗、尿频等。

耶克森和多德森经过实验研究归纳出来的耶克森-多德森定律（又称为"倒 U 曲线"，如图 11.6 所示）告诉我们，适度的焦虑能够使我们在所开创的事业中保持觉醒和警惕，避免因疏忽大意而蹈入覆辙。但过度焦虑却容易干扰甚至阻断创业者正常的认知过程，进而损害判断力、理性决策能力，还会损害创业者的身心健康。

此外，"创业是一场孤独的旅行"，创业者常常会有深刻的孤独体验。在诸多的情绪体验中，孤独是人们最容易忽视的一个危险因素，很多人对其可能的危害不以为意。然而孤独也是一种情绪创伤，长期的孤独可能使人对各种身心疾病更具有易感性，也容易导致因缺乏社会支持而陷入负性情绪的恶性循环。孤独还与抑郁有着密切关联，长期被孤独侵蚀可能出现敌对、抑郁的情绪以及攻击行为、睡眠障碍等各种

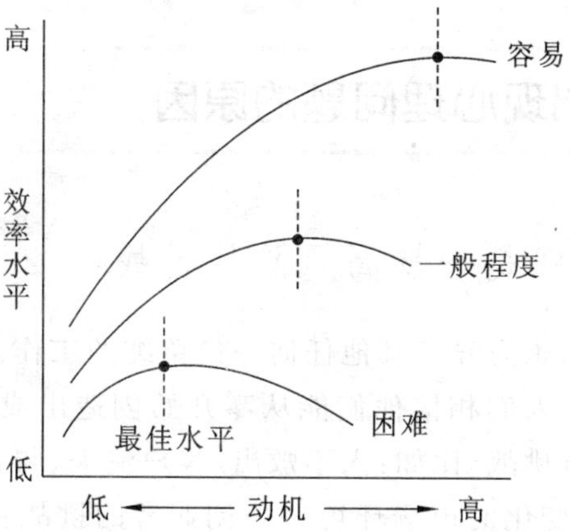


图 11.6　耶克森—多德森倒 U 曲线

心理和行为问题，甚至还可能出现自杀的想法和行为。

值得我们注意的是，承受巨大精神压力不仅仅是创业者本身，在费曼教授的研究中，72%的受访者表示自己的亲属也存在精神上的困扰。创业过程中可能出现的心理问题亟须引起足够的重视。

## 引申阅读

### 光鲜背后的阴云

合成生物创业公司(Cambrian Genomics)的创始人和首席执行官 Austen Heinz，从和朋友的冲浪之旅回来才两周，就自杀身亡，年仅 31 岁。

噩耗很快通过社交网络传开，创业圈乃至社会都震惊不已。著名孵化器 Y Combinator 的负责人 Sam Altman 表示，“这再次警醒我自己，我们无法预测那些创业者正在经历什么样的挣扎”。走上这条道路的，Heinz 并不是唯一一个。

2013 年 1 月，专门销售幼儿环保健康产品的电子商务网站 Ecomom 宣告破产，创始人 Jody Sherman 结束了自己的生命。和 Sherman 自杀事件几乎同时发生的，还有互联网新秀、网络活跃政治家 Aaron Swartz 自杀身亡的消息。这再次引起了人们关于创业者心理健康问题的讨论。

虽然仅凭这些并不足以说明与从事其他高压行业的人群相比，创业者的自杀比例更高，但一系列事件也在创业界激起了不少的反思。一位资深创业者 Jason Calacanis 在博客中提出疑问，是否“作为创业者的压力，与带领团队不断追求进步的压力，在某种程度上促成了他们的死亡？”

当然，面对难以言语的压力时，这些创业者选择的是一条极端的道路。但一同身陷各种困境或挣扎的创业者却不是少数。

## 二、创业者容易出现心理问题的原因

### (一) 创业本身就是一场高风险的挑战

创业就是一场冒险,压力异于其他任何一份单纯的工作。对创业者来说,他们的工作就是“无中生有”:让人们相信他们能从零开始创造出成果。创业者还需要同时扮演很多角色,面对多重挑战,比如:入不敷出、客户流失、与合作伙伴发生纠纷、高度竞争的压力情境和时刻变化的市场环境……创业者的挑战在于平衡所有这些活动,因此时常会觉得无处分身,感到身心俱疲,“创业之路伤痕累累。”

相比传统创业,创新创业风险性更高。创新创业是建立在创新基础上的创业,但是大众对创新的了解和接纳程度受限于他们已有的认知和行为习惯等,因而创新创业会面临比传统创业更高的风险和挑战。正如彼得·德鲁克所言:真正重大的创新,每成功一个,就有 99 个失败,有 99 个闻所未闻。

调查显示,3/4 的初创企业最后都失败了,超过 95%的创业企业达不到他们预期的目标。然而,创业本身依然充满了诱惑,驱使创业者“一天 24 小时除了满足最基本的生理需求之外,其他所有时间几乎都在工作”,这就是创业者生活的真实写照。因为必须投入大量的时间和精力在工作上,就不得不放弃许多宝贵的机会,比如休息、和家人相处、与朋友聚餐、逛街、旅游、运动休闲等,这也使得创业者的心理问题更加肆意生长。

### (二) 创业者的特性

除了创业本身的重重压力之外,创业者的个人特质也对心理问题的出现起着很重要的作用。创业者,尤其是创新型创业的人,多属于高创造力的个体,他们思维开阔、想象力丰富、精力旺盛……这些正是我们前面介绍过的高创造性个体的特质,在创业的过程中,它们可能成为双刃剑。正是这样的创造性特质,一方面成就了创业者的优势,另一方面也可能造就其劣势。

例如创业者常伴有轻躁这类情绪,有时候轻度躁狂的状态使得创业者想法多、思维活跃、精力旺盛、行动力和执行力都很强,能促使创业者产生驱动力和创新力,在冒险突进中迈向成功,但处于轻躁状态的创业者常常会对睡眠的需求减少,甚至通宵工作不知疲倦,他们需要一直忙碌、活跃并进行大量的活动或工作,这无疑是对身心能量的巨大消耗。一旦进入抑郁状态,则面临着更大的危险。

此外,创业者普遍还具有的一些人格特质,比如完美主义倾向、A 型人格等,都使得他们更容易过度焦虑、紧张、冲动,出现不稳定的情绪状态。

### （三）来自社会文化的压力

当创业者独当一面地创办了一家公司时，不管是员工、投资人还是其他，都期待创业者是能干的、强大的甚至是无所不能的，这种社会角色期待使得无数创业者默默经历和承受着极度痛苦的心理挣扎，却不能对外透露半点脆弱。与之相反，创业者还必须在企业中担当“啦啦队长”的角色，必须坚强、自信、乐观，必须保持旺盛的活力和持久的热情，对外还需要进行形象管理，而不是展现他们的软弱和怯懦。有时候创业者的心理问题已经相当严重，但在我们的文化中，承认心理问题是大忌，迫于这种社会压力，很多成功的、很显眼的、很有魅力的创业者不得不把自己焦虑、绝望等糟糕的情绪状态隐藏起来，这种压抑、回避、掩饰的做法会使问题变得更糟糕。

对于不少创业者来说，“永远不要示弱”已然成为自己的人生信条，对这种文化的心理认同阻碍了他们寻求相应的社会支持系统，80％的创业者表示出现心理压力后不知道去找谁诉说、能和谁说。

### （四）忽视身体健康导致恶性循环

创业者们常常把大量的时间和精力投入到工作中，睡眠不足、饮食不规律、缺乏锻炼等严重侵蚀着创业者的身体健康，而心理健康与身体健康是相互依存、相互影响的。一方面，身体健康是心理健康的物质基础，创业者对身体健康的忽视会导致自身的情绪更加脆弱，身体健康的每况愈下也会导致已出现的心理问题更加难以恢复，这会令他们的心理问题更为复杂；另一方面，情绪、性格又影响着身体健康，处于不健康的心理状态，则会导致一些身心疾病的发生。一个人的情绪变化，特别是忧郁、悲伤、失望、惊恐等强烈的情感波动对人体机制的影响很大。长期不良的心理刺激，容易导致神经中枢失调、机制紊乱、激素合成受阻，进而引起免疫缺陷而发生病变，对身体健康带来破坏性的影响，继而陷入身体一心理的恶性循环模式。

## 三、创业者如何释放压力

压力并无好坏之分。我们在本书前面的章节也探讨过如何变压力为快乐之源。尽管创业的过程时常会像过山车一样跌宕起伏，但是创业者同样也可以尝试一些方法来帮助自己释放情绪、缓解压力，保持良好的心理状态，从而更加顺利地实现创业梦想。

### （一）接纳情绪，合理宣泄

我们或许都曾有过这样的体会，某些情绪会让我们感觉不舒服，于是第一反应是拒绝、排斥、质疑和阻抗，并会想方设法地逃离。其实，调控情绪的第一步，是接纳它作为朋友。接纳和拥抱我们的情绪本身，不管是所谓的正性情绪还是负性情绪，它都是我们重要的部分，也是反映我们心理健康状态的信号灯。对于创业者来说，能够诚实地对待自己的真实感受，即使是在办公室等工作场合，接受和承认自己的焦虑、愤怒或者脆弱，是一项非常强大的能力。

当我们愿意诚实地面对自己的情绪时，我们跟周围的人会有更加深入的沟通。这正是合理宣泄的途径之一。情绪如同我们内在流动的河水，压抑如同堵塞，抗拒如同冰封，而有效地加以疏导、宣泄，才能让河水成为灌溉与滋润心灵的养分。适当地向家人、朋友、同事、上司甚至是下属倾诉自己的问题，一方面可以让情绪的河水找到疏通的良性出口，另一方面，跟他人倾诉也让别人知道我们现在的问题和困境，往往可能会得到意想不到的帮助，让我们在漫漫艰辛的创业道路上，得到慰藉、滋养甚至疗愈。

**引申阅读**

波西佛(Sean Percival)曾因为创建电商平台 Wittlebee 失败而一度陷入抑郁，开始他都是独自承受，直到 2013 年环保电子商务平台 Ecomom 宣告破产，创始人 Jody Sherman 自杀的消息传来，他才警醒，开始慢慢向妻子和亲友倾诉自己的抑郁。“几次都是他们把我从死亡的边缘劝说回来的。”波西佛说。

走出阴郁后，波西佛开始在创业孵化加速器 500 startups 工作，他接触到众多的创业者，其中至少有 20%都面临同样的困境：难以推动公司发展、缺乏资金或资源、自我怀疑、抑郁。

一次接受采访时，波西佛分享了自己曾经在死亡边缘的那段经历，并提到如果有同样经历的创业者，可以和他联络谈心。在那之后，波西佛收到了来自全世界的超过 500 封电子邮件。

## （二）调整目标和期待

创业者要有这样的认识：接受自己的不完美，为自己的能力画一条界线，我们不是超人，不是什么事都能干。为逞一时之能，做事不分大小，都想自己一个人完成，这样，由于力所不及，在屡屡碰壁之下就会丧失信心，久而久之，陷入“习得性无助”的境地。

作为大学生创业者，更应该为自己的能力画一条界线，评估一下自己到底有多大的能量，能完成哪些事情，然后再去尽力而为。有些时候，我们给自己的目标也可能是不切实际的，需要懂得适时适当地修正目标、调整期待。人生的智慧在于明白什么是可以实现的，什么是不可以实现的；想尽一切办法实现可以实现的，果断放弃无法实现的，这样一来，做事的成功率就大得多了。

调整目标和期待的过程中要经常自我激励，每当我们顺利完成一项工作时，不管别人怎么看，只要自己觉得它是出类拔萃的，就应该承认自己的能力，为自己的能力而自豪，通过一点一点积累成功的经验，逐步激发出我们的自信心，从而挖掘出我们生命深处的潜能。

**引申阅读**

烧饭饭的创始人舒为经历了创业中几乎灭顶式的打击后开始反省，二十多岁时的她总是认为自己一定能够让奇迹发生。但是现在她觉得，这一切假设都变了，"我对自己的体能和智能预估都没有那么高，对外界风险预估也没有那么低。我对于事情的预期也从偏向乐观转变成可能失败，但是如果有好的事情发生我会很高兴，这样我的正面的情绪会增加很多。"创业让舒为开始看到了世界的真相，"美好不一定会如预期所来，但美好发生的时候，一定要为她非常高兴——即使只有一瞬间"。

## （三）正确地对待错误和失败

错误不是一件可耻的事情，失败也并非我们想象得那么可怕。在创业中犯错和失败似乎是必不可少的。

犯错是我们在成长过程中要交的"学费"，犯错所带来的痛苦和教训远比做对事情更让人刻骨铭心，更能帮助我们矫正自己的观念和做法。我们要允许自己犯错，正如马云所说，要允许年轻人犯错，给年轻人提供犯错、改错的机会。

失败是创业成功的垫脚石。飞人乔丹有句名言："我成功是因为我经历了别人想象不到、也碰不到的失败"。失败就像电脑死机，死机不可怕，可怕的是没有存档。失败本身没什么，就怕没有从失败中学到什么。

创业是一个不断尝试—犯错的过程，平静地面对错误和失败，不过分夸大它们的影响，而是从中学习经验，吸取教训，这才是真正考验我们的心理素质和创业能力的时刻。

**引申阅读**

**马云：怕失败，就不要创业**

"如果你要创业，多花点时间思考别人为什么失败，不要去思考别人为什么成功。你选择创业这条路的时候就不要怕失败，怕失败，不要创业。其实失败真的没有那么可怕。又不是失败了你要进监狱去了，失败了可以重新来过，人生最后不是你取得了什么，而是你经历了什么。这是今天阿里巴巴最骄傲的事情，在座的每一个人，你们愿意听阿里巴巴取得了多少辉煌的成绩呢，还是愿意听这十五年来阿里巴巴到底犯了多少愚蠢的错误？大家肯定说愚蠢的错误更好。挫折、错误，是最珍贵的财富，我并不觉得犯了那些错误很丢脸，因为谁都会犯错。

犯错误并不耻辱，不承认自己犯错误才是一种耻辱。今天阿里巴巴敢继续走下去，是因为我们犯了这么多错误，这是我们最大的财富。在座的所有老板们记住，永远不要把常胜将军放在最关键的位置上，要把那些失败的人放到重要的位置上，要因为经历过失败的人，才知道什么是成功。常胜将军没有，常胜将军死得很惨，我查了马姓最大的官，是马谡，被诸葛亮给杀了。所以人只有犯过错误才可以成功。”

## （四）接受压力，直面问题，解决问题

很多人面临压力时，不是想办法解决问题，而是陷入不停的抱怨和不断的责备中。其实创业过程就是不断地解决问题的过程，当问题出现时，如果总是一味地抱怨和指责，我们的大脑就会被这种非理性的情绪所占领，从而无法理性思考。

接受压力就像接纳情绪，承认它不可避免地存在是关键的一步。而直面问题意味着不找借口、不怨天尤人、不逃避推诿，而是静下心来分析问题出现的原因，并且主要是从自己身上找原因——“我的问题出在哪里？”真正成功的人，一定是从自身出发去找原因，一定是改变自己的人。

不论遇到什么问题，坦然地接受它，勇敢地直视它，积极地解决它，这才是创业者应有的心态。一旦问题得以解决，我们的自我效能感就会随之增加，创业成功的信念也会增强。

**引申阅读**

我创业遇到过几次压力比较大的时候，一次是因为意外的原因，收入不能到账，马上就要发工资了，但是公司账上只有3000元，根本不够发工资。另一次是因为公司员工频繁离职，招聘渠道有限，很难招到合适的人。连续多名工作人员离开，很多项目都没有办法继续做下去。那一段时间我很无助，一天晚上，又一个实习生要离职，我跟他电话交流后，整个人感觉很崩溃。回家后什么都没干，好好睡了一觉。

这是我印象深刻的两次压力比较大的时候。创业过程各种压力一定会有，找朋友、家人倾诉是一种有效的减轻压力的办法。但是，真正能释放压力的办法是把造成压力的问题解决掉。在我们公司没有钱的时候，借到钱给员工发工资才能真正释放压力。而第二件事，也是在那之后，想尽一切办法进行招聘，同时提高员工待遇，公司的离职率降低后，压力才得到释放。

所以，我的建议是，释放压力的最好办法是直面压力本身，干掉它。

——来自知乎网友

### （五）明确工作和生活的界限

对于创业者来说，工作和生活之间的界限可能非常模糊，以至于满脑子都塞满了工作的各项事宜。但是，许多成功的创业者总结经验时都会强调："不要让你的工作挤掉了你与人交流的时间。"在忙碌的创业进程中，腾出一些时间给你的家人，陪伴父母、爱人和孩子，和朋友聚会或者培养自己的兴趣爱好等，适当地回归生活，是缓解创业压力的一剂良药。

而当遇到一些棘手的问题时，暂时放下问题，投入到自己喜欢的生活状态中，哪怕是泡个澡、听听音乐或者短暂的安静也好，都有助于让我们潜在的创造性得以酝酿。另外，有些事情不是一定要立刻去解决，解决后也不一定非得立即有个结果，而是需要经过一段时间的积累，才能显现出问题的根源，也才能找到理想的解决方案。

### （六）适当运动、健康饮食和充足睡眠

运动能有效地促进血液循环，增强心肺功能，使大脑获取更多的氧气，使神经系统的兴奋和抑制过程更加有效，使其对各种刺激的反应更加迅速、准确；健康的饮食给大脑的记忆和思维能力提供必要的物质保障，能够提高脑力劳动的效率，为智力的发展奠定物质基础；充足的睡眠让紧张的大脑得到适当的放松，能够积蓄新的创造性力量，而长期睡眠不良会对人的心理产生严重影响，使人情绪烦躁、疲倦、易怒，严重的还可能诱发精神疾病如抑郁症、焦虑症等。重要的是，运动、饮食和睡眠在保证身体健康的同时还能够给我们带来积极的情绪体验，别忘了，积极的情绪状态更有助于灵感激发，或许原本备受困扰的难题会因为情绪状态积极突然有了创造性的解答。

## 章末回顾

创造力是个体产生新奇的、独特的、有社会价值的产品的能力或特性，也称为创造性，其内涵非常丰富。创造性思维是创造力的核心，而创造性思维又以发散性思维为核心。"处处是创造之地，天天是创造之时，人人是创造之人"，陶行知先生的这句话无不激励着我们去发掘创造潜能。大学生正处于创造力的高产期，也是创业的准备期或萌芽期。如何将个人的创造性与创业的社会实践结合起来，实现自身价值的同时为社会的发展和进步做出独特的贡献？这是值得每一个大学生思考的问题。

创新创业是近年来备受关注的一个概念，与传统创业不同，创新创业是指建立在创新基础上的创业。它通过对已有技术、产品和服务的更优化组合，实现对现有资源的更优化配置，从而开创所在创业领域的"蓝海"。这种创业能获取更多的竞争优势，也能够给社会带来更多的新价值，获取更大、更长远的回报。

然而创业非一日而成，创新创业的风险和压力更是常人难以想象和承受的。大学生初步茅庐，涉世未深，不管是出于什么样的动机选择创业，在这厚积薄发的潜伏

期，都需要锤炼相应的心理素质，培养独立、冒险、坚持、灵活等多种心理品质，并坦诚地面对自己的情绪和心理状态，学会处理自己在创业过程中遇到的心理压力。只有这样才能跨过创新创业的漫漫长路，取得成功，并获得更为深刻、更有价值的心智的成长。

## 活动训练营

### 1. 九点问题(the nine-dot problem)

请用四条连续的直线把图 11.7 中所有的点都连接起来，要求笔不能离开纸。限时 5 分钟。

图 11.7　待连线的九点图

### 2. 三角问题(The Triangle of Circles spatial insight problem)

图 11.8 中的三角形是指向页面上方的，请你思考如何移动三个圆圈使得三角形指向页面的下方。整个图案必须依然是一个完整紧凑的等边三角形。限时 5 分钟。

①<br>
② ③<br>
④ ⑤ ⑥<br>
⑦ ⑧ ⑨ ⑩

图 11.8　待移动的三角圆圈

### 3. 测测你是否身怀创业 DNA

无论是刚从学校毕业进入就业市场的年轻人，还是在社会上打滚多年的上班族，许多人都希望拥有一份属于自己的事业。但当老板可不是一件容易的事，你是否适合创业？有多少创业潜力？下面是一份很灵验的创业性格测试题，想创业的你一定要亲自做一遍！它可以帮助你决定自己是否应当加入老板的行列。

每一题答“是”得 1 分，答“否”得 0 分，一定要记录自己的得分哦！

1. 你是否曾经为了某个理想而设下两年以上的长期计划，并且按计划进行直到完成？

2. 在学校和家庭生活中，你是否能在没有父母及师长的督促下，就自觉地完成分派的工作？

3. 你是否喜欢独自完成自己的工作，并且做得很好？

4. 当你与朋友们在一起时，你的朋友是否常寻求你的指引和建议，你是否曾被推举为领导者？

5. 求学时期，你有没有赚钱的经验？你喜欢储蓄吗？

6. 你是否能专注地投入个人兴趣连续 10 小时以上？

7. 你是否有习惯保存重要资料，并且井井有条地整理，以备需要时可以随时提取查阅？

8. 在平时的生活中，你是否热衷于社区服务工作？你关心别人的需要吗？

9. 不论成绩如何，你是否喜欢音乐、艺术、体育等活动课程？

10. 在求学期间，你是否曾经带动同学，完成一项由你领导的大型活动，譬如运动会、唱歌比赛、海报宣传活动等？

11. 你喜欢在竞赛中看到自己表现良好吗？

12. 当你为别人工作时，发现其管理方式不当，你是否会想出适当的管理方式并建议改进？

13. 当你需要别人资助时，是否能充满自信地要求，并且能说服别人来帮助你？

14. 当你需要经济支援，是否能说服别人掏钱给你帮助？你在募款或义卖时，是不是充满自信而不害羞？

15. 当你要完成一项重要的工作时，是否总是给自己足够的时间仔细完成，而绝不会让时间虚度，在匆忙中草率完成？

16. 参加重要聚会时，你是否准时赴约？在平时的生活中，你有时间观念吗？你是否能充分运用时间？

17. 你是否有能力安排一个恰当的环境，使你在工作时能不受干扰，有效率地专心工作？

18. 你交往的朋友中，是否有许多有成就、有智慧、有眼光、有远见、老成稳重型的人物？

19. 在社区或学校社团等团体中，你被认为是受欢迎的人物吗？

20. 你自认为是个好的理财人物吗？当储蓄到一定数额时，你是否能想出好的生财计划，钱滚钱，赚出更多的利润来？

21. 你愿意为钱辛苦工作吗？钱对你重要吗？你是否可以为了赚钱而牺牲个人娱乐？

22. 你有足够的责任感为自己完成的工作负起责任吗？你是否总是独自挑起责任的担子，彻底了解工作目标并认真执行工作？

23. 你在工作时，是否有足够的耐心与耐力？

24. 你是否能在很短的时间内，结交许多新朋友？你是否能使新朋友对你留下深刻的印象？

请统计你所得的分数，并参照以下说明看看自己的创业 DNA 有多少吧！

0～5分　你目前并不适合自行创业，应当训练自己为别人工作的技术与专业。

6～10分　你需要在旁人的指导下去创业，才有创业成功的机会。

11～15分　你非常适合自己创业，但是在所有“否”的答案中，你必须分析出自己的问题并加以纠正。

16～20分　你个性中的特质，足以使你从小事业慢慢开始，并从妥善管理中获得经验，成为成功的创业者。

21～25分　你有无限的潜能，只要懂得掌握时机和运气，你将是未来的商业巨子。祝你成功！

附：第一节中“图形完成测验的高创造性”答案举例(图 11.9)

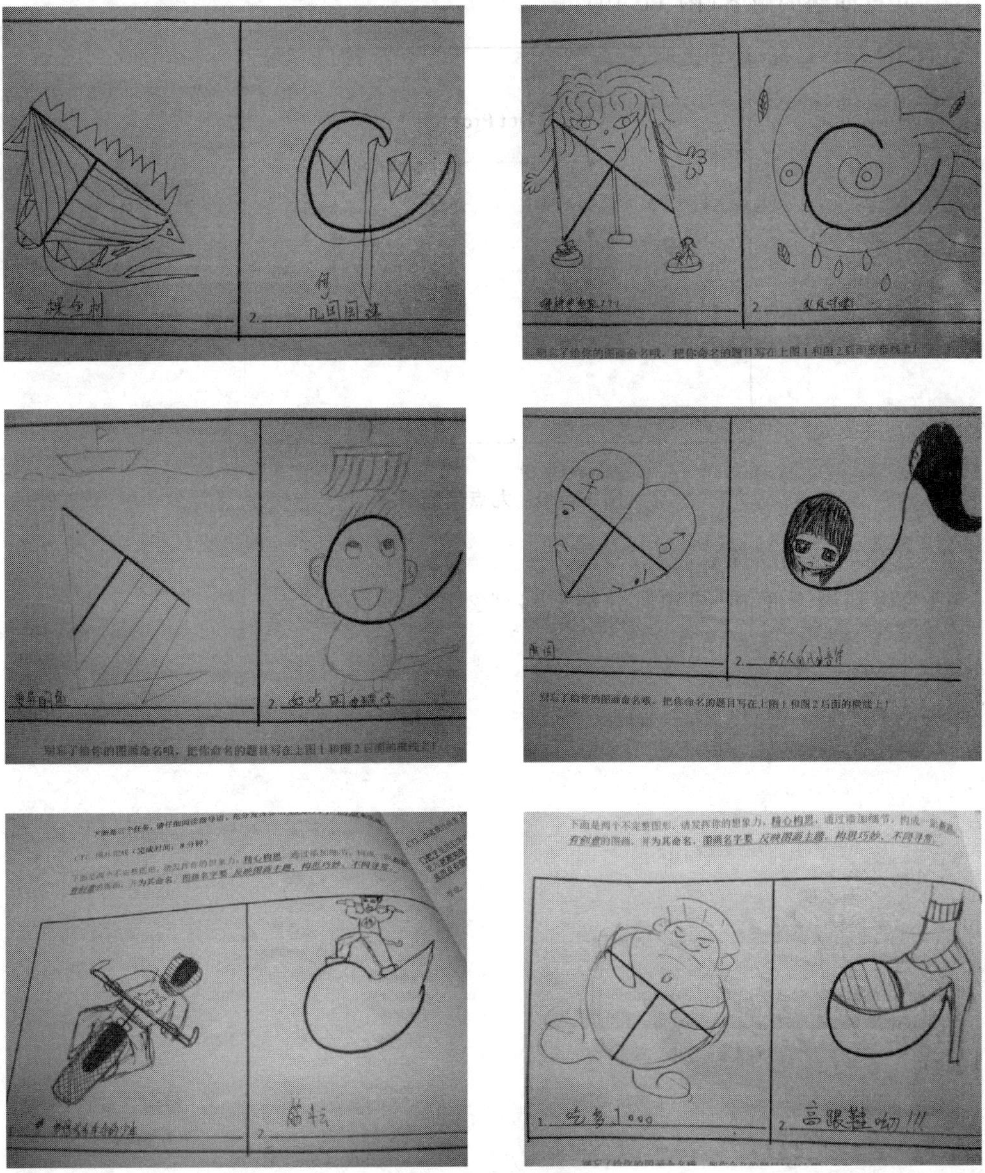


图 11.9　高创造性测验图形

**第三节中有关问题的答案。**

1. 九点问题的解答(图 11.10)：

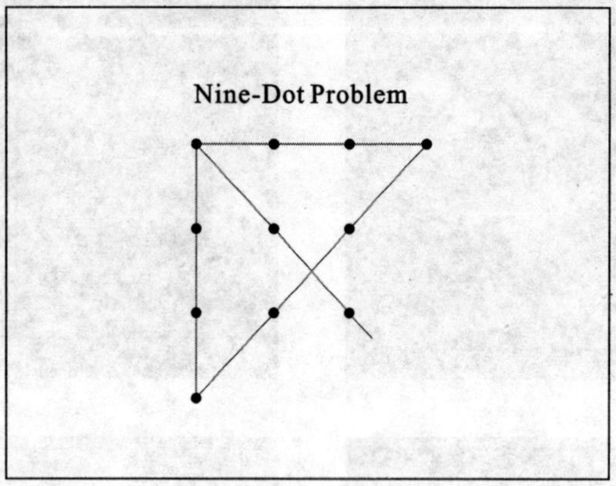


**图 11.10 九点问题解答**

2. 三角问题的答案：

把①移到最下面，把⑦和⑩分别上移到②和③的旁边。

REFERENCES

# 参考文献


1. 樊富珉.团体咨询的理论与实践.北京:清华大学出版社,1996.

2. 江光荣.心理咨询与治疗.合肥:安徽人民出版社,2001.

3. 江光荣.选择与成长——大学生心理学.武汉:华中师范大学出版社,2004.

4. 钱铭怡.心理咨询与心理治疗.北京:北京大学出版社,1994.

5. 汪海燕.走进阳光地带:大学生心理健康导航.武汉:华中师范大学出版社,2004.

6. 王登峰,崔红.心理卫生学.北京:高等教育出版社,2003.

7. 杨怀中.心理健康概论.武汉:武汉工业大学出版社,2000.

8. 樊富珉,王建中.当代大学生心理健康教程.武汉:武汉大学出版社,2006.

9. 周宗奎.现代儿童发展心理学.合肥:安徽人民出版社,2000.

10. 韩培.大学生心理健康教育.广州:世界图书出版公司,2014.

11. G. H. Meed.心灵、自我与社会.北京:华夏出版社,1999.

12. 凯力·麦格尼格尔.自控力.王岑卉,译.北京:文化发展出版社,2012.

13. 阿尔伯特·埃利斯,雷蒙德·奇普·塔夫瑞特.控制愤怒.北京:机械工业出版社,2014.

14. 阿尔伯特·埃利斯,阿瑟·兰格,张蕾芳.我的情绪为何总被他人左右.北京:机械工业出版社,2015.

15. 约瑟夫·J.卢斯亚尼.自我训练:改变焦虑和抑郁的习惯.重庆:重庆大学出版社,2012.

16. 刘玉新,张建卫,金盛华.社会支持与人格对大学生压力的影响.心理学报,2005,37(1):92-99.

17. 陈建文,王滔.关于大学生心理承受力的几个基本问题.现代教育科学,2004(4):72-74.

18. 陈端颖,吴玉成,王娟.451名大学生压力事件、人格特质与心理健康的关系.中国民康医学,2009,21(9):1035-1036.

19. 孙颖,张宝帆.大学生心理疾患产生原因及心理保健对策.天津大学学报(社会科学版),2002,4(3):254-257.

20. 王维勋,王海燕.高等院校贫困学生的心理压力.中国临床康复,2005,9(12):211.

21. 陈琴,丁霞,黄雪梅.贫困大学生生活压力事件与心理健康的相关研究.中国健康心理学,2007,15(7):609-611.

22. 张建卫,刘玉新,李顺.特困大学生的压力源及应对方式研究.中国心理卫生,2000,14(4):261.

23. 李海重.大学贫困生心理健康状况的调查分析.健康心理学,2001,9(6):424-426.

24. [美]凯洛·涂金顿.减压 献给忙碌者的礼物.北京:人民邮电出版社,2003.

25. [美]达菲.心理学改变生活.张莹,丁文峰,杨洋,译.北京:世界图书出版公司北京公司,2006.

26. 牧之,张震.心理学与你的生活.北京:新世界出版社,2006.

27. 侯玉波.社会心理学.第二版.北京:北京大学出版社,2007.

28. 王春永.原来如此:问题背后的心理学.北京:中国发展出版社,2008.

29. [美]赖斯.压力与健康.石林,等,译.北京:中国轻工业出版社,2000.

30. 侯清恒.缓解压力的生存艺术.北京:中国纺织出版社,2003.

31. [德]塞韦特.压力管理.张羽霆,译.北京:中信出版社,2007.

32. [英]哈格里夫斯.压力管理.刘子正,译.北京:中国社会科学出版社,2001.

33. [美]戴维·迈尔斯.心理学精要.第五版.黄希庭,等,译.北京:人民邮电出版社,2009.

34. 萨伦·布雷姆.爱情心理学.北京:人民邮电出版社,2010.

35. 武志红.心理的七个寓言.北京:世界图书出版社,2008.

36. 武志红.为何越爱越孤单.北京:化学工业出版社,2009.

37. 岳晓东.爱情中的心理学.北京:机械工业出版社,2010.

38. 莎伦·布雷姆.亲密关系.北京:人民邮电出版社,2005.

39. 张筠怡.爱情其实很简单.石家庄:河北教育出版社,2007.

40. 霭理士.性心理学.潘光旦,译.北京:商务印书馆,1997.

41. 刘荣才.性心理学辞典.武汉:湖北辞书出版社,1992.

42. A.金西.男性性行为.黄忠晶,等,译.海口:海南人民出版社,1989.

43. K.马尔库塞.爱欲与文明.黄勇,等,译.上海:上海译文出版社,1987.

44. 乔纳森·哈迪.情爱·结婚·离婚.苏斌,等,译.石家庄:河北人民出版社,1988.

45. 约翰·格雷.男人来自火星,女人来自金星.于海生,译.吉林文史出版社,2005.

46. Z.拉里亚,M.D.罗斯.人类性行为.张从元,等,译.北京:光明日报出版社,1989.

47. 王新塘.大学生心理健康.西安:陕西人民教育出版社,2012.

48. (美)奥姆罗德. 学习心理学. 第 6 版. 汪玲，等，译 北京：中国人民大学出版社，2015.

49. 桑青松. 学习心理研究. 合肥：安徽人民出版社，2010.

50. 王小明. 学习心理学—发展与教育心理学系列. 北京：中国轻工业出版社，2009.

51. 吴增强. 学习心理辅导. 上海：上海教育出版社，2012.

52. 聂振伟. 大学心理. 北京：中国人民大学出版社，2009.

53. 林正范. 大学心理学. 杭州：浙江大学出版社，2010.

54. 王群. 大学心理健康教育. 上海：复旦大学出版社，2005.

55. 姚斌. 大学生心理健康与自我发展. 北京：北京师范大学出版社，2014.

56. 鲁忠义. 大学生心理健康教育. 北京：教育科学出版社，2015.

57. 赵海信. 大学生心理健康教育. 长春：东北师范大学出版社，2013.

58. 张大均. 大学生心理健康教育. 北京：科学出版社，2010.

59. 白树虎，谭经纬. 大学生心理健康读本. 北京：北京师范大学出版社，2014.

60. 张松. 大学生心理健康教育. 武汉：武汉大学出版社，2012.

61. 周莉. 大学生心理健康教育. 北京：中国人民大学出版社，2010.

62. 张大均，吴明霞. 大学生心理健康. 北京：清华大学出版社，2007.

63. 杨艳，毛茂山，陈国宏. 大学生心理健康教育：注入心能量 放飞心梦想. 北京：高等教育出版社，2013.

64. 文书锋，胡邓，俞国良. 大学生心理健康通识. 第二版. 北京：中国人民大学出版社，2013.

65. Sternberg, R. J. The nature of creativity. Creativity Research Journal, 2006, 18(1), 87～98.

66. 林崇德. 教育与发展：创新人才的心理学整合研究. 北京：北京师范大学出版社，2004.

POSTSCRIPT

# 后 记

高校心理健康教育工作，承担着向大学生传播心理健康知识，提高大学生心理健康水平，及时解决大学生学习和生活中遇到的各种心理困惑，甚至是心理危机事件的重要任务。“大学生心理健康教育”课堂教学作为向大学生传播心理健康知识的重要和有效的途径之一，具有受众面广、传播知识内容全的特点。如何讲好“大学生心理健康教育”这门课，如何设置课程内容，如何编写教材内容，既能体现内容的专业性，又能与大学生的生活实际相联系，引起大学生的学习兴趣，一直是高校心理健康教育教师们努力探索的一个课题。

为了讲好“大学生心理健康教育”这门课程，真正地让大学生通过课堂的学习和课本知识的阅读，对心理健康有比较全面和正确的认识，并能在遇到心理困惑时学会自助及助人，我们特组织长期从事心理健康教育和教学的教师编写了《大学生心理健康教育》这一教材。本教材着眼于融知识性和趣味性于一体、专业性和学生实际生活问题相结合、学与练相统一的原则来组织内容。全书共十一章，由王世杰、王长喜构建编写大纲，编写组讨论后确定。具体各章的编写分工为：第一章，梁宇颂；第二章，李倩；第三章，孙灯勇；第四章，熊婕；第五章，陈震宇；第六章，程江红；第七章，周树芝；第八章，高潮，王长喜；第九章，雷五明，马丽娅；第十章，李竹；第十一章，唐光蓉，王长喜。全书由孙灯勇和楼燕芳统稿，王世杰审定。

本书是集体智慧的结晶，感谢各位作者的辛勤笔耕，感谢书中参考引用资料的各位同仁。书中有些地方可能还存在引用了某文献的内容，但没有明确注明出处的情况，在此表示衷心的感谢，同时也感谢武汉理工大学出版社编辑的辛勤劳动。

尽管我们尽了最大努力，但错误和局限仍在所难免。我们诚恳地欢迎同行专家和读者提出批评和建议。

编　者

2016 年 5 月